古典文獻研究輯刊

十二編

潘美月・杜潔祥 主編

第8冊

五家《補晉書藝文志》比較研究（下）

許慧淳 著

國家圖書館出版品預行編目資料

五家《補晉書藝文志》比較研究（下）／許慧淳 著 — 初版 —
新北市：花木蘭文化出版社，2011〔民 100〕
目 8+240 面；19×26 公分
（古典文獻研究輯刊 十二編；第 8 冊）
ISBN：978-986-254-401-3（精裝）
1. 藝文志 2. 晉代 3. 研究考訂
011.08 100000210

ISBN-978-986-254-401-3

9 789862 544013

古典文獻研究輯刊
十二編 第八冊 ISBN：978-986-254-401-3

五家《補晉書藝文志》比較研究（下）

作　　者 許慧淳
主　　編 潘美月 杜潔祥
總 編 輯 杜潔祥
企劃出版 北京大學文化資源研究中心
出　　版 花木蘭文化出版社
發 行 所 花木蘭文化出版社
發 行 人 高小娟
聯絡地址 新北市永和區中正路五九五號七樓之三
電話：02-2923-1455／傳眞：02-2923-1452
網　　址 http://www.huamulan.tw 信箱 sut81518@ms59.hinet.net
印　　刷 普羅文化出版廣告事業
初　　版 2011 年 3 月
定　　價 十二編 20 冊（精裝）新台幣 31,000 元

五家《補晉書藝文志》比較研究（下）

許慧淳　著

目次

上冊

中　冊

附錄二：五家《補晉書藝文志》「史部」著錄書目比較表

一、正史類著錄書目比較表

1 正史類									
史志 編號	丁本 1 正史類 35 部	吳本 1 正史類 33 部	文本 1 正史類 36 部	黃本 1 正史 28 部	秦本 1 正史類 17 部	存佚情形			
						存	殘	輯	佚
1	1《古史考》二十五卷，譙周		1 譙周《古史考》二十五卷		1《古史考》二十五卷，譙周撰			○	
2					2 條古史考百二十二事，司馬彪撰				○
3					3《史記正傳》九卷，張瑩撰				○
4	20《史記音義》十二卷，徐廣	1 徐廣《史記音義》十三卷	28 徐廣《史記音義》十二卷		4《史記音義》十三卷，徐廣撰				○
5					5《漢書音義》七卷，韋昭撰				○
6	22《漢書集注》十三卷，晉灼	3 晉灼《漢書集注》十四卷	31 晉灼《漢書集注》十三卷	1《漢書集注》十三卷，晉灼子盛撰	6《漢書集注》十三卷，晉灼撰				○
7	25《漢書音義》十七卷，晉灼	4 晉灼《漢書音義》十七卷	32 晉灼《漢書音義》十七卷	2《漢書音義》十七卷，晉灼撰	7《漢書音義》十七卷，晉灼撰				○
8	30《漢書音義》，司馬彪	15 司馬彪《漢書音義》			8《漢書音義》，司馬彪撰	○			
9	26《漢書集解音義》二十四卷，臣瓚		30 臣瓚《漢書注》二十四卷	3《漢書集解音義》二十四卷，臣瓚撰	9《漢書集解》二十四卷，臣瓚撰				○
10	21《漢書駁議》二卷，劉寶	6 劉寶《漢書駁義》二卷	3 劉寶《漢書駁議》二卷	5《漢書駁議》二卷，劉寶道真撰	10《漢書駁議》二卷，劉寶撰				○
11	29《漢書音義》，郭璞	12 郭璞《漢書音義》			11《漢書音義》，郭璞撰				○
12	23《班固漢書集解》，蔡謨	7 蔡謨《漢書集解》	29 蔡謨《漢書集解》	21《漢書集解》，蔡謨撰	12《漢書集解》，蔡謨撰				○

13	27《漢書注》，齊恭	8 齊恭《漢書注》	34 齊恭《漢書注》	19《漢書注》，齊恭撰	13《漢書注》，齊恭撰				○
14	31《漢書音義》，呂忱	9 呂忱《漢書音義》			14《漢書音義》，呂忱撰				○
15	24《漢書音義》，徐廣	2 徐廣《漢書音義》			15《漢書音義》，徐廣撰				○
16	2《續漢書》八十三卷，司馬彪	14 司馬彪《續漢書》八十三卷	5 司馬彪《續漢書》八十三卷	7《續漢書》八十三卷，司馬彪紹統撰	16《續漢書志》三十卷，司馬彪撰	○			
17	13《三國志》六十五卷，陳壽	23 陳壽《三國志》六十五卷，《敘錄》一卷	14 陳壽《三國志》六十五卷，《敘錄》一卷	14《三國志》六十五卷，《序錄》一卷，陳壽承祚撰	17《三國志》六十五卷，《敘錄》一卷，陳壽撰	○			
18	3《後漢書》十七卷，華嶠	16 華嶠《後漢書》九十七卷	6 華嶠《後漢書》九十七卷	8《後漢書》十七卷，華嶠叔駿撰				○	
19	4《後漢書》八十五卷，謝沈	17 謝沈《後漢書》一百二十卷	7 謝沈《後漢書》一百二十二卷	9《後漢書》八十五卷，謝沉撰				○	
20	5《後漢書》九十五卷，袁山松	20 袁山松《後漢書》一百卷	11 袁山松《後漢書》一百卷	10《後漢書》九十五卷，袁山松撰				○	
21	6《後漢記》一百卷，薛瑩	13 薛瑩《後漢記》一百卷	4 薛瑩《後漢記》一百卷	6《後漢記》六十五卷，薛瑩道言撰				○	
22	7《後漢南記》四十五卷，張瑩	21 張瑩《後漢南記》五十五卷	10 張瑩《後漢南記》五十八卷	11《後漢南記》四十五卷，張瑩撰					○
23	8《魏書》四十八卷，王沈	22 王沈《魏書》四十八卷	12 王沈《魏書》四十八卷	13《魏書》四十八卷，王沉處道撰					○
24	9《魏書》，傅玄	24 傅玄《魏書》							○
25	10《吳書》，周處		18 周處《吳書》	26《吳書》，周處子隱撰					○
26	11《魏書》，夏侯諶	25 夏侯湛《魏書》		25《魏書》，夏侯湛孝若撰					○
27	12《吳紀》九卷，環濟	26 環濟《吳紀》九卷	13 環濟《吳紀》九卷						○
28	14《吳錄》三十卷，張勃	27 張勃《吳錄》三十卷	15 張勃《吳錄》三十卷				○		
29	15《晉書》九十三卷，王隱	30 王隱《晉書》九十三卷	27 王隱《晉書》九十三卷	15《晉書》八十六卷，王隱處叔撰				○	

30	16《晉書》四十四卷，虞預	31 虞預《晉書》四十四卷	25 虞預《晉書》四十四卷	16《晉書》二十六卷，虞預叔寧撰				○	
31	17《晉書》十四卷，朱鳳	33 朱鳳《晉書》十四卷	26 朱鳳《晉書》十四卷	17《晉書》十卷，朱鳳撰				○	
32	18《晉書》三十餘卷，謝沈	19 謝沈《晉書》三十餘卷	23 謝沈《晉書》三十餘卷	18《晉書》三十卷，謝沉撰					○
33	19《晉書帝紀》十卷，束皙	32 束皙《晉書帝紀》十卷	22 束皙《晉書》	27《晉書》，束皙撰					○
34	28《漢書注》，郭璞	11 郭璞《漢書注》	35 郭璞《漢書注》	20《漢書注》，郭璞撰					○
35	32《三國志序評》三卷，王濤	28 王濤《三國志序評》三卷	19 王濤《三國志序評》三卷						○
36	33《論三國志》九卷，何琦	29 何琦《論三國志》九卷	21 何琦《論三國志》九卷						○
37	附錄存疑類 34《東晉新書》七卷，庾銑								○
38	附錄存疑類 35《晉書鴻烈》六卷，張氏								○
39		5 傅瓚《漢書集解音義》二十四卷							○
40		10 劉兆《漢書音義》							○
41		18 謝沈《後漢書外傳》十卷	8 謝沈《後漢書外傳》十卷	12《後漢書外傳》十卷，謝沉撰					○
42			2 劉寶《漢書注》						○
43			9 華譚《漢書》						○
44			16 王崇《蜀書》	24《蜀書》，王崇撰					○
45			17 常寬《蜀後志》						○
46			20 徐衆《三國評》三卷						○
47			24 郄紹《晉中興書》						○

48			33 司馬彪《漢書注》			○			
49			36 綦毋邃《史記注》						○
50				4《漢書敘傳》五卷，項岱注					○
51				22《漢書音義》，項岱撰					○
52				23《補東觀漢記》，王崇幼遠撰					○
53				28《晉洛京史》，王銓撰					○

二、古史類著錄書目比較表

2 古史類									
史志 編號	丁本 2 編年類 20 部	吳本 2 編年類 15 部	文本 2 編年類 21 部	黃本 2 編年 18 部	秦本 2 編年類 38 部	存佚情形			
						存	殘	輯	佚
1					1《洞紀》三卷，韋昭撰				○
2					2《晉紀》，阮籍撰				○
3					3《汲冢竹書紀年》十三篇			○	
4			16《紀年》十二卷		4《竹書紀年》十二卷，荀勖、和嶠撰次			○	
5				8《吳紀》九卷，環濟撰	5《吳紀》十卷，環濟撰				○
6					6《魏陽秋異同》八卷，陳壽撰				○
7					7《晉書帝紀》，束晳撰				○
8	9《晉紀》四卷，陸機	8 陸機《晉紀》四卷	15 陸機《晉紀》四卷		8《晉紀》四卷，陸機撰			○	
9					9《晉後略記》五卷，荀綽撰			○	
10			20《晉錄》五卷		10《晉錄》五卷，荀綽撰				○

11	8《魏紀》十二卷，陰澹	6陰澹《魏紀》十二卷	5 陰澹《魏紀》十二卷	5《魏紀》十二卷，陰澹撰	11《魏紀》十二卷，陰澹撰				○
12				6《魏武本紀》四卷，習鑿齒彥威撰	12《魏武本紀》四卷，樂資撰				○
13	10《晉紀》三十卷，干寶	9干寶《晉紀》二十三卷	11 干寶《晉紀》二十三卷	9《晉紀》二十三卷，干寶撰	13《晉紀》二十三卷，干寶撰			○	
14					14《晉紀注》六十卷，劉協撰				○
15			7孔衍《漢春秋》十卷		15《漢春秋》十卷，孔衍撰				○
16			8孔衍《後漢春秋》六卷		16《後漢春秋》六卷，孔衍撰				○
17			9孔衍《後魏春秋》九卷		17《後魏春秋》九卷，孔衍撰				○
18	2《漢魏春秋》九卷，孔衍	7孔衍《漢魏春秋》九卷	6孔衍《漢魏春秋》九卷		18《漢魏春秋》九卷，孔衍撰				○
19	3《漢晉陽秋》四十七卷，習鑿齒	11 習鑿齒《漢晉陽秋》五十四卷	10 習鑿齒《漢晉陽秋》四十七卷	7《漢晉陽秋》四十七卷，習鑿齒撰	19《漢晉陽秋》四十七卷，習鑿齒撰			○	
20	1《魏氏春秋》二十卷，孫盛	4孫盛《魏氏春秋》二十卷	4孫盛《魏氏春秋》二十卷	4《魏氏春秋》二十卷，孫盛安道撰	20《魏氏春秋》二十卷，孫盛撰			○	
21	4《晉陽秋》三十二卷，孫盛	5孫盛《晉陽秋》三十二卷	14孫盛《晉陽秋》三十二卷	12《晉陽秋》三十二卷，孫盛撰	21《晉陽秋》三十二卷，孫盛撰			○	
22	7《後漢紀》三十卷，袁宏	1袁宏《後漢紀》三十卷	1袁宏《後漢紀》三十卷	2《後漢紀》三十卷，袁宏撰	22《後漢紀》三十卷，袁宏撰	○			
23	11《晉紀》十卷，曹嘉之	10曹嘉之《晉紀》十卷	12 曹嘉之《晉紀》十卷	10《晉紀》十卷，曹嘉之撰	23《晉紀》十卷，曹嘉之撰			○	
24	6《後漢紀》三十卷，張璠	2張璠《後漢紀》三十卷	2張璠《後漢紀》三十卷	1《後漢紀》三十卷，張璠撰	24《後漢紀》三十卷，張璠撰			○	
25	12《晉紀》十一卷，鄧粲	12 鄧粲《晉紀》十一卷	13 鄧粲《晉紀》十一卷	11《晉紀》十一卷，鄧粲撰	25《晉紀》十一卷，鄧粲撰			○	

26	5《晉陽秋》三十二卷，鄧粲	13 鄧粲《晉陽秋》三十二卷		13《晉陽秋》二十二卷，鄧粲撰	26《晉陽秋》三十二卷，鄧粲撰				○
27	13《晉紀》四十六卷，徐廣	14 徐廣《晉紀》四十五卷	17 徐廣《晉紀》四十六卷		27《晉紀》四十五卷，徐廣撰				○
28		3 袁曄《漢獻帝春秋》十卷	3 袁曄《獻帝春秋》十卷	3《獻帝春秋》十卷，袁曄思光撰	28《獻帝春秋》十卷，袁曄撰				○
29	16《崇安記》二卷，周衹		18 周衹《崇安紀》二卷	14《隆安紀》二卷，周衹穎文撰	29《崇安紀》二卷，周衹撰				○
30					30《晉中興書》八十卷，郗紹撰				○
31					31《晉紀》十卷，王韶之撰			○	
32					32《晉安帝陽秋》，王韶之撰			○	
33	15《中興記》	15《中興記》			33《中興記》				○
34					34《漢魏晉帝要紀》三卷，賈匪之撰				○
35					35《晉紀》二十三卷，劉謙之撰			○	
36					36《後漢略》二十七卷，張緬撰				○
37					37《漢靈獻二帝紀》六卷，劉艾撰				○
38					38《戰國策春秋》二十卷，木概撰				○
39	14《蜀本紀》，譙周			17《蜀本紀》，譙周撰					○
40	附錄存疑類 17《三國陽秋》，孫盛			16《三國陽秋》，孫盛撰					○
41			19《竹書》三卷						○

42			21 胡沖《吳歷》六卷						○
43				15《周紀》，王倫太沖撰					○
44				18《晉陽秋》，庾翼撰		○			

三、雜史類著錄書目比較表

3 雜史類									
史志 編號	丁本 3 雜史類 55 部	吳本 3 雜史類 49 部	文本 3 雜史類 39 部	黃本 3 雜史 47 部	秦本 4 雜史類 64 部	存佚情形			
						存	殘	輯	佚
1					1《國語注》二十二卷，韋昭撰	○			
2					2《春秋外傳國語注》二十卷，孔晁撰			○	
3					3《汲冢國語》三篇				○
4	35《古國志》五十篇，陳壽	12 陳壽《古國志》五十篇	16 陳壽《古國志》五十篇	3《古國志》五十篇，陳壽撰	4《古國志》五十篇，陳壽撰				○
5				18《後漢雜事》十卷，司馬彪撰	5《後漢雜事》十卷，司馬彪撰				○
6	4《九州春秋》十卷，司馬彪	13 司馬彪《九州春秋》十卷	1 司馬彪《九州春秋》十卷	15《九州春秋》十卷，司馬彪撰	6《九州春秋》十卷，司馬彪撰			○	
7					7《蜀志》，杜襲撰				○
8	38《蜀後志》，常寬	25 常寬《蜀志》一卷			8《蜀後志》，常寬撰				○
9					9《漢國君臣紀傳》，公師彧撰				○
10					10《涼國史》，劉慶撰				○
11					11《涼記》十二卷，劉慶撰				○
12					12《涼國春秋》五十卷，索綏撰				○

13					13《趙記》，徐光、宗曆、傅暢、鄭愔等撰				○
14					14《燕紀》，杜輔全錄				○
15					15《涼記》八卷，張諮撰			○	
16					16《漢趙記》十卷，和苞撰			○	
17					17《上黨國記》，佐明楷、程機等撰				○
18					18《二石傳》二卷，王度撰			○	
19					19《二石僞治時事》二卷，王度撰				○
20					20《西河記》二卷，喻歸撰			○	
21					21《秦書》八卷，何仲熙撰				○
22					22《趙書》十卷，田融撰			○	
23					23《二石記》二十卷，田融撰				○
24					24《趙石記》二十卷，田融撰				○
25					25《苻朝雜記》一卷，田融撰				○
26					26《趙書》，吳篤撰			○	
27					27《後燕書》三十卷，董統受詔草創				○
28					28《涼書》，索暉撰				○
29					29《涼記》十卷，段龜撰			○	
30					30《燕書》，申秀撰				○
31					31《燕書》二十卷，范亨撰			○	
32					32《漢之書》十卷，常璩撰				○

33					33《燕記》，崔逞撰				○
34					34《燕書》，封懿撰				○
35					35《秦國史》，趙整撰				○
36					36《秦書》二卷，車頻撰			○	
37					37《後秦史》，馬僧虔撰				○
38					38《後秦史》，衛隆景撰				○
39					39《秦紀》十卷，姚和都撰			○	
40					40《南燕錄》五卷，張詮撰			○	
41					41《南燕錄》六卷，王景暉撰			○	
42					42《南燕書》七卷，遊覽先生撰			○	
43					43《鄴洛鼎峙記》十卷				○
44					44《翟遼書》二卷				○
45					45《諸國略記》二卷，無撰人名				○
46					46《永嘉後纂年記》二卷				○
47					47《段業傳》一卷				○
48					48《南涼國紀》，郭韶撰				○
49					49《燕書》，封懿撰				○
50					50《桓玄僞事》三卷，應德詹撰				○
51					51《桓玄僭僞事》三卷				○
52					52《涼書》十卷，劉昞撰				○

53					53《敦煌實錄》二十卷，劉昞撰				○
54					54《涼書》十卷，高謙之撰				○
55					55《梁書》十卷，沮渠國史撰				○
56					56《吐谷渾記》二卷，段國撰				○
57					57《托跋涼錄》十卷				○
58					58《蒙遜記》十卷，宗欽撰				○
59					59《馮記》，韓顯宗撰				○
60					60《禿髮記》				○
61					61《魏國記》，鄧淵撰				○
62					62《夏書》，趙思羣撰				○
63					63《西涼書》				○
64					64《西秦書》				○
65	1《汲冢周書古文釋》一卷，續咸	2 續咸《汲冢周書古文釋》十卷							○
66	2《周書注》八卷，孔晁	1 孔晁注《周書》八卷	25 孔晁《周書注》八卷	1《周書》八卷，孔晁注		○			
67	3《吳越春秋削繁》五卷，楊方	10 楊方《吳越春秋削繁》五卷	2 楊方《吳越春秋削繁》五卷	7《吳越春秋削繁》五卷，楊方撰					○
68	5《魏尚書》十卷，孔衍	19 孔衍《魏尚書》十卷	8 孔衍《魏尚書》十卷	10《魏尚書》十卷，孔衍撰					○
69	6《魏晉世語》十卷，郭頒	29 郭頒《魏晉世語》十卷	9 郭頒《魏晉世語》十卷	25《魏晉世語》十卷，郭頒長公撰			○		
70	7《晉諸公讚》二十一卷，傅暢	35 傅暢《晉諸公讚》二十一卷	10 傅暢《晉諸公讚》二十一卷	24《晉諸公讚》二十一卷，傅暢世道撰				○	
71	8《晉後略記》五卷，荀綽	36 荀綽《晉後略記》五卷	12 荀綽《晉後略記》五卷	37《晉後略記》五卷，荀綽彥舒撰				○	

72	9《史漢要集》二卷，王蔑	37 王蔑《史漢要集》二卷	11 王蔑《史漢要集》二卷	40《史漢集要》二卷，王蔑撰					○
73	10《史記正傳》九卷，張瑩	38 張瑩《史記正傳》九卷		38《史記正傳》九卷，張瑩撰					○
74	11《帝王世紀》十卷，皇甫謐	39 皇甫謐《帝王世紀》十卷	13 皇甫謐《帝王世紀》十卷	16《帝王世紀》十卷，皇甫謐撰				○	
75	12《帝工要略》十二卷，環濟	42 環濟《帝工要略》十二卷	17 環濟《帝工要略》十二卷	17《帝王要略》十二卷，環濟撰				○	
76	13《周載》三十卷，孟儀	43 孟儀《周載》三十卷	18 孟儀《周載》三十卷	35《周載》八卷，孟儀撰					○
77	14《史記鈔》十四卷，葛洪	45 葛洪《史記鈔》十四卷	19 葛洪《史記鈔》十四卷	32《史記鈔》十四卷，葛洪撰					○
78	15《漢書鈔》三十卷，葛洪	46 葛洪《漢書鈔》三十卷	20《漢書鈔》三十卷	33《漢書鈔》三十卷，葛洪撰					○
79	16《後漢書鈔》三十卷，葛洪	47 葛洪《後漢書鈔》三十卷	21《後漢書鈔》三十卷	34《後漢書鈔》三十卷，葛洪撰					○
80	17《拾遺記》十卷，王嘉		34 王嘉《拾遺記》十卷			○			
81	18《拾遺錄》二卷，王嘉		33 王嘉《拾遺錄》三卷	26《拾遺錄》三卷，王嘉子年撰					○
82	19《漢尚書》十卷，孔衍	17 孔衍《漢尚書》十卷	6 孔衍《漢尚書》十卷	8《漢尚書》十卷，孔衍撰					○
83	20《漢春秋》十卷，孔衍	20 孔衍《漢春秋》十卷		11《漢春秋》十卷，孔衍撰					○
84	21《後漢尚書》六卷，孔衍	18 孔衍《後漢尚書》六卷	7 孔衍《後漢尚書》六卷	9《後漢尚書》八卷，孔衍撰					○
85	22《後漢春秋》六卷，孔衍	21 孔衍《後漢春秋》六卷		12《後漢春秋》六卷，孔衍撰					○
86	23《後魏春秋》九卷，孔衍	22 孔衍《後魏春秋》九卷		14《後魏春秋》九卷，孔衍撰					○
87	24《春秋時國語》十卷，孔衍	15 孔衍《春秋時國語》十卷	23 孔衍《春秋時國語》十卷	4《春秋時國語》十卷，孔衍撰					○

88	25《春秋後國語》十卷，孔衍	16 孔衍《春秋後國語》十卷	24 孔衍《春秋後國語》十卷	5《春秋後國語》十卷，孔衍撰			○		
89	26《古史考》二十五卷，譙周			2《古史考》二十五卷，譙周撰				○	
90	27《刪補蜀記》七卷，王隱	33 王隱《刪補蜀記》七卷	32 王隱《刪補蜀記》七卷	36《刪補蜀記》七卷，王隱撰					○
91	28《吳歷》六卷，胡沖	31 胡沖《吳曆》六卷		29《吳曆》六卷，胡冲撰					○
92	29《吳朝人士品秩狀》八卷，胡沖	32 胡沖《吳朝士人品秩狀》八卷							○
93	30《吳士人行狀名品》二卷，虞禹	34 虞禹《吳士人行狀名品》二卷							○
94	31《國歷志》五卷，孔衍	23 孔衍《國志曆》五卷		28《國志曆》五卷，孔衍撰					○
95	32《晉歷》二卷	41《晉曆》		30《晉曆》二卷					○
96	33《年歷》六卷，皇甫謐	40《年曆》六卷	14 皇甫謐《年歷》六卷	27《年曆》六卷，皇甫謐撰				○	
97	34《三國評》三卷，徐衆	11 徐衆《三國評》三卷							○
98	36《七代通記》，束晳	4 束晳《七代通記》		43《七代通記》，束晳撰					○
99	37《蜀後記》，杜襲	24 杜襲《蜀後記》	5 杜襲《蜀後志》						○
100	39《魏晉傳記》，華暢	26 華暢《魏晉傳記》		47《魏晉紀傳》，華暢撰					○
101	40《蜀書》，王崇	27 王崇《蜀書》							○
102	41《三國異同評》，孫盛								○
103	42《江表傳》五卷，虞溥			21《江表傳》五卷，虞溥撰					○
104	43《晉紀》，阮籍	28 阮籍《晉紀》							○
105	44《漢書外傳》，謝沈								○

106	45《山陽公載記》十卷，樂資	9 樂資《山陽公載記》十卷	4 樂資《山陽公載記》十卷	19《山陽公載記》十卷，樂資撰					○
107	46《汲冢書釋》，束晳	3 束晳《汲冢書釋》		31《汲冢書鈔》一卷，束晳撰				○	
108	47《難束晳汲冢書釋》，王庭堅	5 王庭堅《難束晳汲冢書釋》							○
109	48《汲冢書釋難》，束晳								○
110	49《詳正王束二家汲冢書難釋得失》，王接	6 王接《詳正王束二家汲冢書釋難》							○
111	50《春秋後傳》三十一卷，樂資	8 樂資《春秋後傳》三十一卷	3 樂資《春秋後傳》三十一卷	6《春秋後傳》三十一卷，樂資撰				○	
112	51《天文志》，譙周								○
113	52《災異志》，譙周								○
114	補遺 53《獻帝春秋》十卷，袁曄							○	
115	附錄存疑類 54《三史略記》八十四卷，劉昺	48 劉昺《三史略記》八十四卷							○
116	附錄存疑類 55《涉史隨筆》一卷，葛洪					○			
117	附錄存疑類 56《陳帝紀》六卷，皇甫謐								○
118	附錄存疑類 57《晉徵祥說》								○
119	附錄存疑類 58《晉中興徵祥記》							○	
120		7 荀勖、和嶠撰次《竹書》十五部八十七卷							○

121		14 習鑿齒《魏武本紀》四卷							○
122		30 孫盛《魏陽秋異同》八卷	30 孫盛《魏陽秋異同》八卷	22《魏陽秋異同》八卷，孫盛撰					○
123		44 周祇《隆安記》二卷							○
124		49 僞秦姚萇《方士王子年拾遺錄》二卷							○
125			15 木概《戰國策春秋》三十卷						○
126			22《吳志鈔》一卷						○
127			26《魏世譜》						○
128			27《晉世譜》					○	
129			28 孫盛《蜀世譜》						○
130			29 孫盛《魏世譜》						○
131			31 孫盛《雜記》						○
132			35 譙周《蜀王本紀》						○
133			36 薛瑩條列吳事	44 條列吳事，薛瑩撰					○
134			37 王倫《周紀》						○
135			38《汲冢書梁邱藏》一篇						○
136			39《生封》一篇						○
137				13《漢魏春秋》九卷，孔衍撰					○
138				20《吳錄》三十卷，張勃撰					○
139				23《晉紀》四卷，陸機撰				○	

140				39《史要》三十八卷，王延秀撰					○
141				41《三國志序評》三卷，王濤茂堂撰					○
142				42《論三國志》九卷，何琦萬倫撰					○
143				45條古史考事，司馬彪撰					○
144				46《魏世籍》，孫盛撰					○

四、霸史類著錄書目比較表

4霸史類									
史志 編號	丁本4霸史類47部	吳本4霸史類45部	文本4霸史類26部	黃本4僞史26部	秦本8載記類92部	存佚情形			
						存	殘	輯	佚
1					1《泰始起居注》二十卷，李軌撰			○	
2					2《咸寧起居注》十卷，李軌撰			○	
3					3《泰康起居注》二十一卷，李軌撰			○	
4					4《永平起居注》八卷，李軌撰				○
5					5《愍帝起居注》三十卷，李軌撰				○
6					6《咸和起居注》十六卷，李軌撰			○	
7					7《咸康起居注》二十二卷，李軌撰			○	
8					8《武帝起居注》			○	

9					9《泰始以來大事錄》				○
10					10《惠帝起居注》二卷，陸機撰			○	
11					11《永平元康永寧起居注》六卷				○
12					12《元康起居注》一卷				○
13					13《永安起居注》			○	
14					14《永嘉建興起居注》十三卷				○
15					15《建武太興永昌起居注》二十二卷			○	
16					16《太寧起居注》十卷				○
17					17《建元起居注》四卷				○
18					18《康帝起居注》			○	
19					19《永和起居注》二十四卷			○	
20					20《升平起居注》十卷				○
21					21《隆和興寧起居注》五卷				○
22					22《泰和起居注》十六卷				○
23					23《咸安起居注》三卷				○
24					24《孝武起居注》			○	
25					25《寧康起居注》六卷				○
26					26《泰元起居注》五十四卷			○	
27					27《隆安起居注》十卷			○	
28					28《元興起居注》九卷				○

29					29《義熙起居注》三十四卷			○	
30					30《元熙起居注》二卷				○
31					31《晉起居注》二十四卷			○	
32					32《晉宋起居注》				○
33					33《三代起居注鈔》十五卷，王悛之撰				○
34					34《人將軍起居注》，傅彪、賈蒲、江軌撰				○
35					35《趙石起居注》，徐光、宗曆、傅暢、鄭愔等撰				○
36					36《前秦起居注》，趙淵、車敬、梁熙、韋譚相與著述				○
37					37《前秦起居注》，董誼追錄				○
38					38《前燕起居注》				○
39					39《南燕起居注》一卷，王景暉撰				○
40					40《桓玄起居注》，于道作				○
41					41《魏世籍》，孫盛撰				○
42					42《山陽公載記》十卷，樂資撰				○
43					43《戰略》，司馬彪撰			○	
44					44《晉書十志》，束晳撰				○

45	29《大單于志》，石泰等撰	5後趙石泰、石同、石謙、孔隆《大單于志》	5《大單于志》	18《大單于志》，石泰等撰	45《大單于志》，石泰、石同、孔隆撰				○
46					46《漢魏吳蜀舊事》八卷				○
47					47《泰始太康故事》五卷				○
48					48《交州雜事》九卷				○
49					49《宗廟太府金墉故事》				○
50					50《東關故事》				○
51					51《咸寧故事》				○
52					52《永平故事》三卷				○
53					53《晉八王故事》十卷，盧綝撰			○	
54					54《晉四王起事》四卷，盧綝撰			○	
55					55《晉建武故事》一卷			○	
56					56《晉建武已來故事》三卷				○
57					57《晉東宮舊事》十卷，張敞撰			○	
58					58《魏氏大事》三卷				○
59					59《華林故事名》一卷				○
60					60《中興伐逆事》二卷				○
61					61《隆安故事》				○
62					62《晉故事》四十三卷				○
63					63《晉故事》三卷				○
64					64《晉要事》三卷			○	
65					65《晉朝雜事》二卷			○	

66					66《晉諸雜故事》二十二卷				○
67					67《晉雜議》十卷				○
68					68 條列吳事，薛瑩撰				○
69					69《秦州軍事》，杜預撰				○
70					70《劉弘教》				○
71					71《鄴中記》三卷，陸翽撰			○	
72					72《沔南故事》三卷，應思遠撰				○
73					73《鄴都故事》二卷				○
74					74《吳越春秋削繁》五卷，楊方撰				○
75	1《華陽國志》十二卷，常璩	18 常璩《華陽國志》十二卷	7 常璩《華陽國志》十二卷	6《華陽國志》十二卷，常璩撰	75《華陽國志》十二卷，常璩撰	○			
76	32《平蜀記》十卷	20《蜀平記》十卷			76《蜀平記》十卷，常璩撰				○
77	33《蜀漢僞官故事》一卷	21《蜀漢僞宮故事》			77《蜀漢僞官故事》一卷，常璩撰				○
78					78《晉咸和咸康故事》四卷，孔愉撰				○
79					79《大司馬陶公故事》三卷				○
80					80《郗太尉爲尚書令故事》三卷				○
81					81《晉脩復山陵故事》五卷，車灌撰				○
82					82《魏晉世語》十卷，郭頒撰			○	
83	19《符命傳》，索綏				83《符命錄》，索綏撰				○
84					84《帝王要略》十二卷，環濟撰			○	

85					85《魏氏大事》六卷				○
86					86《救襄陽上都督府事》一卷，王愆期撰				○
87					87《荊州揚州遷代記》四卷				○
88					88《登城三戰簿》三卷				○
89					89《北征記》，伏滔撰				○
90					90《西征記》二卷，戴祚撰			○	
91					91《宋武北征記》一卷，戴氏撰				○
92					92《從征記》，伍緝之撰				○
93	2《漢之書》十卷，常璩	19 常璩《漢之書》十卷	6 常璩《漢之書》十卷	5《漢之書》十卷，常璩道將撰					○
94	3《趙書》十卷，田融	6 後燕田融《趙書》十卷	1 田融《趙書》十卷	2《趙書》十卷，田融撰				○	
95	4《趙石記》二十卷，田融								○
96	5《二石記》二十卷，田融								○
97	6《漢趙記》十卷，和苞	2 前趙和苞《漢趙記》十卷	24 和苞《漢趙記》十卷	1《漢趙記》十卷，和苞撰				○	
98	7《二石傳》二卷，王度	9 王度《二石傳》二卷	2 王度《二石傳》二卷	4《二石傳》二卷，王度撰				○	
99	8《二石僞治時事》二卷，王度	10 王度《二石僞治時事》二卷	3 王度《二石僞治時事》二卷	3《二石僞治時事》二卷，王度撰					○
100	9《燕書》二十卷，范亨	11 前燕范亨《燕書》二十卷	11 范亨《燕書》二十卷					○	
101	10《南燕錄》五卷，張詮	35 南燕張詮《南燕錄》五卷	12 張詮《南燕錄》五卷	8《南燕錄》五卷，張詮撰				○	
102	11《南燕錄》六卷，王景暉	38 南燕王景暉《南燕錄》六卷	13 王景暉《南燕錄》六卷	7《南燕錄》六卷，王景暉撰				○	

103	12《涼記》八卷，張諮	22 前涼張諮《涼記》八卷	17 張諮《涼記》八卷	13《涼記》八卷，張諮撰				○	
104	13《西河記》二卷，喻歸	28 喻歸《西河記》二卷	18 喻歸《西河記》三卷	16《西河記》二卷，喻歸撰				○	
105	14《涼記》十卷，段龜龍	29 後涼段龜龍《涼記》十卷	22 段龜龍《涼記》十卷	15《涼記》十卷，段龜龍撰				○	
106	15《秦史》，馬僧虔	16 後秦馬僧虔、衛隆景《秦史》	20 馬僧虔《秦史》						○
107	16《秦史》，衛景隆		21 衛隆景《秦史》	22《秦史》，衛景隆撰					○
108	17《趙高祖本紀及功臣傳》，公師彧	1 前趙公師彧《高祖本紀功臣傳》	23 公師彧《高祖本紀功臣傳》	21《趙漢君臣紀傳》，公師彧撰					○
109	18《涼春秋》五十卷，索綏	25 前涼索綏《涼國春秋》五十卷	14 索綏《涼國春秋》五十卷	12《涼國春秋》五十卷，索綏士艾撰					○
110	20《二石書》十卷，王度、隋翽								○
111	21《二石僞事》六卷，王度、隋翽								○
112	22《涼記》十二卷，劉慶	26 前涼劉慶《涼記》十二卷	16 劉慶《涼記》十二卷	14《涼記》十二卷，劉慶撰					○
113	23《涼書》，索暉	27 前涼索暉《涼書》	15 索暉《涼書》						○
114	24《燕書》，申秀	12 申秀《燕書》	10 申秀《燕書》						○
115	25《燕記》，杜輔	13 前燕杜輔《燕紀》	8 杜輔《燕紀》	23《燕紀》，杜輔撰					○
116	26《後燕書》三十卷，董統	30 後燕董統《後燕書》三十卷	9 董統《燕書》三十卷	9《燕書》三十卷，董統撰					○
117	27《苻朝雜記》，田融	8 後燕田融《苻朝雜記》一卷	25 田融《苻朝雜記》一卷	11《苻朝雜記》一卷，田融撰					○
118	28《上黨國記》，佐明楷、程機等撰	3 後趙徐光、宗歷、傅暢、鄭愔等《上党國記》	4《上黨國記》	19《上黨國記》，佐明楷、程機撰					○

119	30《秦書》三卷，車頻	14 前秦車頻《秦書》三卷						○	
120	31《段業傳》一卷	39《段業傳》一卷							○
121	34《翟遼書》二卷	43《翟遼書》二卷							○
122	35《諸國略記》二卷	44《諸國略記》二卷							○
123	36《永嘉後纂年記》二卷	45《永嘉後纂年紀》二卷							○
124	附錄存疑類 37《燉煌實錄》十卷，劉景	24 前梁劉昞《燉煌實錄》十卷						○	
125	附錄存疑類 38《西河記》二卷，段龜龍								○
126	附錄存疑類 39《趙義》一卷，周融								○
127	附錄存疑類 40《南燕書》七卷，游覽先生								○
128	附錄存疑類 41《燕記》，崔逞	31 崔逞《燕紀》		24《燕記》，崔逞叔祖撰					○
129	附錄存疑類 42《燕書》，封懿	36 封懿《燕書》		25《燕書》，封懿處德撰					○
130	附錄存疑類 43《涼書》十卷，劉景	23 前梁劉昞《涼書》十卷							○
131	附錄存疑類 44《涼書》十卷，沮渠國史	40《涼書》十卷							○
132	附錄存疑類 45《秦書》八卷，何仲熙	15 何仲熙《秦書》八卷		10《秦書》八卷，何仲熙撰					○
133	附錄存疑類 46《拓跋涼錄》十卷	34《拓跋涼錄》十卷							○

134	附錄存疑類 47《魏國記》十卷，鄧淵	37 鄧淵《魏國記》十卷		17《魏國記》十卷，鄧淵彥海撰					○
135		4 後趙徐光、宗歷、傅暢、鄭愔等《趙書》		20《趙書》，佐明楷、程機撰					○
136		7 後燕田融《鄴都記》							○
137		17 後秦姚和都《秦紀》十卷						○	
138		32 韓顯宗《馮氏記》							○
139		33《禿髮氏記》							○
140		41 宗欽《沮渠氏記》							○
141		42 夏趙思羣、張淵《國書》							○
142			19 董誼《秦書》	26《秦書》，董誼撰					○
143			26 郭韶《南涼國記》						○

五、起居注類著錄書目比較表

5 起居注類									
史志 編號	丁本 5 起居注類 34 部	吳本 5 起居注類 53 部	文本 5 起居注類 31 部	黃本 5 起居注 58 部	秦本	存佚情形			
						存	殘	輯	佚
1	1《穆天子傳注》六卷，郭璞	1 郭璞注《穆天子傳》六卷	31 郭璞注《周王游行記》六卷	1《穆天子傳》六卷，郭璞注		○			
2	2《泰始起居注》二十卷，李軌	2 李軌《晉泰始起居注》二十卷	1 李軌《泰始起居注》二十卷	2《泰始起居注》二十卷，李軌撰				○	
3	3《咸寧起居注》十卷，李軌	3 李軌《晉咸寧起居注》十卷	2 李軌《咸寧起居注》十卷	3《咸寧起居注》十卷，李軌撰				○	
4	4《太康起居注》二十一卷，李軌	4 李軌《晉太康起居注》二十一卷	3 李軌《泰康起居注》二十一卷	4《太康起居注》二十九卷，李軌撰				○	
5	5《元康起居注》一卷	11《晉元康起居注》一卷		7《元康起居注》一卷					○

6	6《元康起居注》一卷								○
7	7《惠帝起居注》，陸機	9陸機《晉惠帝起居注》	5《惠帝起居注》二卷	5《惠帝起居注》二卷，陸機撰				○	
8	8《永平元康永寧起居注》六卷	10《晉永平元康永寧起居注》六卷	4《永平元康永寧起居注》六卷	8《永平元康永寧起居注》六卷					○
9	9《永平起居注》八卷，李軌	5李軌《晉永平起居注》八卷	26 李軌《晉永平起居注》八卷	6《永平起居注》八卷，李軌撰					○
10	10《永嘉建興起居注》十三卷	14《晉永嘉建興起居注》十三卷	7《永嘉建興起居注》十三卷	9《永嘉建興起居注》十三卷					○
11	11《愍帝起居注》三十卷，李軌	6李軌《晉愍帝起居注》三十卷	25 李軌《晉愍帝起居注》三十卷	10《愍帝起居注》三十卷，李軌撰					○
12	12《建武太興永昌起居注》九卷	13《晉建武大興永昌起居注》二十卷	8《建武大興永昌起居注》二十卷	11《建武太興永昌起居注》二十卷				○	
13	13《咸和起居注》十六卷，李軌	7李軌《晉咸和起居注》十六卷	9李軌《咸和起居注》十六卷	13《咸和起居注》十六卷，李軌撰				○	
14	14《咸康起居注》二十二卷，李軌	8李軌《晉咸康起居注》二十二卷	10《咸康起居注》二十二卷	14《咸康起居注》二十二卷，李軌撰				○	
15	15《建元起居注》四卷	15《晉建元起居注》四卷	11《建元起居注》四卷	15《建元起居注》四卷					○
16	16《永和起居注》十七卷	16《晉永和起居注》二十四卷	12《永和起居注》二十四卷	16《永和起居注》二十四卷					○
17	17《升平起居注》十卷	17《晉升平起居注》十卷	14《升平起居注》十卷	17《升平起居注》十卷					○
18	18《隆和興寧起居注》五卷	18《晉隆和興寧起居注》五卷	15《隆和興寧起居注》五卷	18《隆和興寧起居注》五卷					○
19	19《咸安起居注》三卷	20《晉咸安起居注》三卷	16《咸安起居注》三卷	20《咸安起居注》三卷					○
20	20《泰和起居注》十卷	19《晉太和起居注》十卷	17《泰和起居注》六卷	19《泰和起居注》十卷					○
21	21《寧康起居注》六卷	21《晉寧康起居注》六卷	18《寧康起居注》六卷	21《寧康起居注》六卷					○
22	22《太元起居注》五十四卷	22《晉太元起居注》五十四卷	19《泰元起居注》五十四卷	22《泰元起居注》五十四卷				○	

23	23《隆安起居注》十卷	23《晉隆安起居注》十卷	20《隆安起居注》十卷	23《隆安起居注》十卷				○	
24	24《元興起居注》九卷	24《晉元興起居注》九卷	21《元興起居注》九卷	24《元興起居注》九卷					○
25	25《義熙起居注》三十四卷	25《晉義熙起居注》三十四卷	22《義熙起居注》三十四卷	25《義熙起居注》三十四卷				○	
26	26《元熙起居注》二卷	26《晉元熙起居注》二卷	23《元熙起居注》二卷	26《元熙起居注》二卷					○
27	27《南燕起居注》一卷		28《南燕起居注》一卷	50《南燕起居注》一卷，王景暉撰					○
28	28《大將軍起居注》，傅彪等撰	30《大將軍起居注》	27《大將軍起居注》	55《大將軍起居注》，江軌撰					○
29	29《前燕起居注》	31《前燕起居注》	29《前燕起居注》	58《前燕起居注》					○
30	30《桓玄起居注》	32《桓玄起居注》	30 桓玄自撰《起居注》	56《桓玄起居注》					○
31	附錄存疑類 31《流別起居注》								○
32	附錄存疑類 32《晉起居注》			51《晉起居注》				○	
33	附錄存疑類 33《晉宗起居注》								○
34	附錄存疑類 34《晉起居注鈔》								○
35		12《晉永安起居注》		54《晉永安起居注》				○	
36		27《晉崇寧起居注》十卷	24《崇寧起居注》十卷						○
37		28 後趙徐光、宗歷、傅暢、鄭愔等《起居注》		57《後趙起居注》					○
38		29 南燕王景暉《二主起居注》							○
39		33《晉雜詔書》一百卷，《錄》一卷		29《晉雜詔書》一百卷，《錄》一卷					○

40		34《晉雜詔書》二十八卷，《錄》一卷		28《晉雜詔》二十八卷，《錄》一卷					○
41		35《晉詔》六十卷		27《晉詔》六十卷					○
42		36《晉朝雜詔》九卷		30《晉朝雜詔》九卷					○
43		37《錄晉詔》十四卷		31《錄晉詔》十四卷					○
44		38《晉詔書黃素制》五卷		32《晉詔黃素制》五卷					○
45		39《晉定品雜制》八卷		33《晉定品制》一卷					○
46		40《晉文帝武帝雜詔》十二卷		34《晉文王武帝雜詔》十二卷					○
47		41《晉元帝詔》十二卷							○
48		42《成帝詔草》十七卷							○
49		43《晉咸康詔》四卷		38《晉咸康詔》四卷					○
50		44《建元直詔》三卷		39《建元直詔》三卷					○
51		45《康帝詔草》十卷		36《康帝詔草》十七卷 37《康帝詔草》十卷					○
52		46《永和副詔》九卷		40《永和副詔》九卷					○
53		47《升平隆和興寧副詔》十卷		41《升平隆和興寧副詔》十卷					○
54		48《泰元咸寧寧康副詔》二十二卷		43《泰元咸寧寧康副詔》二十二卷					○
55		49《晉太元副詔》二十一卷		42《太元副詔》二十一卷					○
56		50《隆安直詔》五卷		44《隆安直詔》五卷					○
57		51《元興大亨副詔》三卷		46《元興大亨副詔》三卷					○

58		52《晉義熙詔》十卷		47《晉義熙詔》十卷 48《晉義熙詔》二十二卷					○
59		53《義熙副詔》十卷		49《義熙副詔》十卷					○
60			6《晉武帝起居注》	52《晉武帝起居注》				○	
61			13《晉孝武起居注》					○	
62				12《太寧起居注》十卷					○
63				35《晉武帝詔》十二卷					○
64				45《隆安元興大亨副詔》八卷					○
65				53《惠帝建興大元起居注》					○

六、舊事類著錄書目比較表

6 舊事類									
史志 編號	丁本 6 舊事類 27 部	吳本 6 舊事類 29 部	文本 6 故事類 34 部	黃本 6 舊事 32 部	秦本	存佚情形			
						存	殘	輯	佚
1	1《晉太始太康故事》五卷	8《晉太始太康故事》八卷	7《泰始太康故事》八卷	6《晉太始太康故事》五卷					○
2	2《永平故事》一卷	11《永平故事》三卷	6《永平故事》三卷	7《永平故事》二卷					○
3	3《晉建武故事》一卷	12《晉建武故事》一卷		8《晉建武故事》一卷				○	
4	4《晉建武以來故事》三卷	13《晉建武以來故事》三卷	4《建武以來故事》三卷	9《晉建武已來故事》三卷					○
5	5《咸和咸康故事》四卷，孔愉	14 孔愉《晉咸和咸康故事》四卷	5 孔愉《咸和咸康故事》四卷	10《晉咸和咸康故事》四卷，孔愉敬康撰					○

6	6《修復山陵故事》五卷，車灌	15 車灌《晉修復山林故事》五卷	14 車灌《修復山陵故事》五卷	12《晉修復山陵故事》五卷，車灌撰				○	
7	7《交州雜事》九卷	19《交州雜事》九卷	17《交州雜事》十卷	14《交州雜事》九卷					○
8	8《四王起事》四卷，盧綝	21 盧綝《晉四王起事》四卷	16 盧綝《晉四王起事》四卷	16《晉四王起事》四卷，盧綝撰					○
9	9《八王故事》十卷，盧綝	20 盧綝《晉八王故事》十卷	15《晉八王故事》十卷	15《晉八王故事》十二卷，盧綝撰				○	
10	10《東關故事》	29《東關故事》		29《東關故事》					○
11	11《大司馬陶公故事》三卷	23《大司馬陶公故事》三卷	29《大司馬陶公故事》三卷	17《大司馬陶公故事》三卷					○
12	12《郄太尉爲尚書令故事》三卷	24《郄太尉爲尚書令故事》三卷	31《郄太尉爲尚書令故事》三卷	18《郗太尉爲尚書令故事》三卷					○
13	13《桓玄僞事》	26《桓玄僞事》三卷	28《桓玄僞事》三卷	22《桓公僞事》二卷，應德詹撰					○
14	14《晉東宮舊事》十卷，張敞	16 張敞《晉東宮舊事》十卷	23 張敞《東宮舊事》十一卷	19《東宮舊事》十一卷，張敞撰				○	
15	15《尚書大事》二十卷，范汪	17 范汪《尚書大事》二十卷	22 范汪《尚書大事》二十卷	13《尚書大事》二十卷，范汪撰					○
16	16《救襄陽上都督府事》一卷，王愆期	25 王愆期《救襄陽上都督府事》一卷	27 王愆期《救襄陽上都督府事》一卷	21《救襄陽上都督府事》一卷，王愆期撰					○
17	17《沔南故事》三卷，應詹	22 應詹《沔南故事》三卷		20《沔南故事》三卷，應詹思遠撰					○
18	18《咸寧故事》	9《咸寧三年武皇帝故事》	32《咸寧三年武皇帝故事》	26《咸寧故事》					○
19	19《隆安故事》	10《隆安故事》		28《隆安故事》					○
20	20《晉故事》三十卷	2《晉故事》四十三卷	3《晉故事》四十三卷	3《晉故事》四十三卷					○
21	21《晉諸雜故事》二十二卷	3《晉諸雜故事》二十二卷	9《晉諸雜故事》二十二卷	4《晉諸雜故事》二十二卷					○

22	22《晉雜議》十卷	5《晉雜議》十卷	10 荀顗等《晉雜議》十卷	11《晉雜議》十卷					○
23	23《晉要事》三卷	4《晉要事》三卷	2《晉要事》三卷	5《晉要事》三卷				○	
24	**附錄存疑類** 24《晉朝故事》三卷								○
25	**附錄存疑類** 25《東宮舊事》三卷，應詹								○
26	**附錄存疑類** 26《魏晉故事》								○
27	**附錄存疑類** 27《西京雜記》二卷，葛洪	1 葛洪《西京雜記》二卷		1《西京雜記》二卷，葛洪撰		○			
28		6《晉朝雜事》二卷	1《晉朝雜事》二卷	25《晉雜事》				○	
29		7《晉氏故事》三卷	8《晉氏故事》二卷	2《晉故事》三卷					○
30		18《華林故事名》一卷	25《華林故事名》一卷						○
31		27《徐江州本事》	33《徐江州本事》	32《徐江州本事》					○
32		28《石崇本事》	34《石崇本事》	30《石崇故事》					○
33			11 干寶《雜議》五卷						○
34			12 孔朝等《晉明堂郊社議》三卷						○
35			13 蔡謨《晉七廟議》三卷						○
36			18 張靖《謚法》二卷						○
37			19《晉謚議》八卷						○
38			20《晉簡文謚議》四卷						○
39			21 荀顗《演劉熙謚法》三卷						○

40			24《秦漢以來舊事》十卷						○
41			26《鄴城故事》						○
42			30 李嵩《行事記》						○
43				23《蜀漢僞官故事》一卷					○
44				24《晉制》					○
45				27《咸康故事》					○
46				31《王闓本事》					○

七、職官類著錄書目比較表

7 職官類									
史志 編號	丁本 7 職官類 34 部	吳本 7 職官類 35 部	文本 7 職官類 31 部	黃本 7 職官 34 部	秦本 11 職官類 26 部	存佚情形			
						存	殘	輯	佚
1					1《咸熙元年百官名》				○
2					2《官儀職訓》一卷，韋昭撰				○
3	10《官師論》七篇，陳壽	25 陳壽《官師論》七篇		14《官師論》七篇，陳壽撰	3《官司論》七篇，陳壽撰				○
4	13《晉武帝百官名》	16《晉武帝百官名》		18《晉武帝百官名》	4《武帝百官名》				○
5	18《晉武帝太始官名》	17《晉武帝太始官名》	12《晉武帝太始官名》	17《晉武帝太始官名》	5《武帝太始官名》				○
6	7《晉惠帝百官》三卷，陸機	18 陸機《晉惠帝百官名》三卷	11 陸機《晉惠帝百官名》三卷	2《晉惠帝百官名》三卷，陸機撰	6《晉惠帝百官名》三卷，陸機撰				○
7	19《元康百官名》	19《元康百官名》	14《元康百官名》	19《元康百官名》	7《元康百官名》				○
8	3《百官表注》十六卷，荀綽	7 荀綽《晉百官表注》十六卷	5 荀綽《百官表注》十六卷	4《百官表注》十六卷，荀綽撰	8《百官表注》十六卷，荀綽撰			○	
9					9《晉永嘉百官名》三卷，衛禹撰				○

10	11《懷帝永嘉官名》	20《晉懷帝永嘉官名》	13《晉懷帝永嘉官名》	20《懷帝永嘉官名》	10《懷帝永嘉官名》				○
11	17《太興二年定官品事》五卷	24《大興二年定百官事》五卷	10《大興二年定官品事》五卷	6《大興二年定官品事》五卷	11《大興二年定官品事》五卷				○
12	21《公卿故事》九卷，傅暢	1 傅暢《晉公卿禮秩故事》九卷	1 傅暢《晉公卿禮秩故事》九卷	7《晉公卿禮秩故事》九卷，傅暢撰	12《晉公卿禮秩故事》九卷，傅暢撰			○	
13	附錄存疑類 33《魏晉官名》五卷	4《魏晉百官名》五卷	19《魏晉百官名》五卷		13《魏晉百官名》五卷				○
14	6《晉官屬名》四卷	6《晉官屬名》四卷	21《晉官屬名》四卷	3《晉官屬名》四卷	14《晉官屬名》四卷				○
15	15《晉百官名》三十卷	10《晉百官名》三十卷	20《晉百官名》三十卷	1《晉百官名》三十卷	15《晉百官名》三十卷			○	
16	12《晉百官表》				16《晉百官表》				○
17	14《晉百官名志》	14《晉百官名志》		15《晉百官名志》	17《晉百官名志》				○
18	22《晉百官公卿表》	15《晉百官公卿表》		29《晉百官公卿表》	18《晉百官公卿表》				○
19			9《晉王公百官志》	16《晉王公百官志》	19《晉王公百官志》				○
20	16《晉東宮官名》	27《晉東宮官名》	23《晉東宮百官名》	21《晉東宮官名》	20《晉東宮官名》				○
21					21《晉尚書儀曹事》九卷				○
22	2《晉官品》一卷，徐瑜宣	8 徐宣瑜《晉官品》一卷	3 徐宣瑜《晉官品》一卷	5《晉官品》一卷，徐宣瑜撰	22《晉官品》一卷，徐宣瑜撰				○
23					23《朝堂制》，姚艾、房晷撰				○
24	20《晉官品令》	13《晉官品令》	30《晉官品令》		24《晉官品令》			○	
25					25《百官品》九卷				○
26					26《百官階次》一卷				○
27	1《晉新定儀注》十四卷	2《晉新定儀注》十四卷	2《晉新定儀注》十四卷						○
28	4《司徒儀》一卷，干寶	3 干寶《司徒儀》一卷	6 干寶《司徒儀》一卷	8《司徒儀》一卷，干寶撰					○
29	5《晉百官儀服錄》五卷	11《晉百官儀服錄》五卷	7《晉百官儀服錄》五卷	9《晉百官儀服錄》五卷					○

30	8《晉過江士人目》一卷	23《晉過江人士目》一卷	16《晉過江人士目》一卷	11《晉過江人士目》一卷					○
31	9《晉永嘉流士》十三卷，衛禹	21 衛禹《晉永嘉流士》十三卷	17 衛禹《晉永嘉流士》十三卷	10《晉永嘉流士》十三卷，衛禹撰					○
32	23《明帝東宮僚屬名》	26《明帝東宮寮屬名》	22《明帝東宮僚屬名》	22《明帝東宮僚屬名》					○
33	24《征西僚屬名》	29《征西寮屬名》	26《征西寮屬名》	24《征西僚屬名》					○
34	25《庾亮僚屬名》	32 庾亮《寮屬名》	28 庾亮《寮屬名》	25 庾亮《僚屬名》					○
35	26《庾亮參佐名》	33《參佐名》	29 庾亮《參佐名》	26 庾亮《參佐名》					○
36	27《齊王官屬名》	28《齊王官屬名》	24《齊王官屬名》	23《齊王官屬名》					○
37	28《齊王功臣格》	30《齊王功臣格》		31《齊王功臣格》					○
38	29《大司馬僚屬名》，伏滔	31 伏滔《大司馬寮屬名》	25 伏滔《大司馬僚屬名》	28《大司馬寮屬名》，伏滔玄度撰					○
39	30《己亥格》	34《己亥格》		33《己亥格》					○
40	31《甲午制》	35《甲午制》		34《甲午制》					○
41	附錄存疑類 32《晉功臣表》	9《晉功臣表》	8《晉功臣表》	30《晉功臣表》					○
42	附錄存疑類 34《魏晉官品令》	5《魏晉官品令》							○
43		12《王朝目錄》	31《王朝目錄》					○	
44		22《晉中興士人書》							○
45			4《尚書逸令》						○
46			15《會稽貢舉簿》						○
47			18《永嘉流人名》						○
48			27 謝安石《寮屬名》						○

49				12《吳朝人士品秩狀》八卷，胡沖撰					○
50				13《吳朝人行狀名品》二卷，虞尚撰					○
51				27《大司馬官屬名》					○
52				32《選例》，李胤宣伯撰					○

八、儀注類著錄書目比較表

8 儀注類									
史志 編號	丁本 8 儀制類 43 部	吳本 8 儀注類 38 部	文本 8 儀注類 23 部	黃本 8 儀注 30 部	秦本 12 政書類（通制之屬／儀制之屬）78 部	存佚情形			
						存	殘	輯	佚
1	1《晉新禮》百六十卷，荀顗等撰	10 荀顗等《晉新禮》百六十卷		1《新禮》百六十五卷，荀顗景倩撰	1《新禮》百六十五卷，荀顗撰				○
2	18《晉雜議》十卷，荀顗等	11 荀顗等《晉雜議》十卷		16《晉雜議》十卷，荀顗等撰	2《晉雜議》十卷，荀顗撰				○
3					3《新禮討論》十五篇，摯虞撰				○
4					4《晉雜制》六十卷				○
5					5《晉刺史六條制》一卷				○
6					6《甲午制》				○
7					7《己亥格》				○
8					8《庚戌制》				○
9	19《雜議》五卷，干寶			17《雜議》五卷，干寶撰	9《雜議》五卷，干寶撰			○	
10				27《晉尚書大事》	10《尚書大事》二十卷，范汪撰				○

11					11《要典》三十九卷，王景之撰				○
12					12《晉籍》				○
13	26《咸寧注》	25《咸寧注》			13《咸寧注》				○
14	16《晉明堂郊社議》三卷，孔晁等撰	23 孔晁等《晉明堂郊社議》三卷		14《晉明堂郊社議》三卷，孔晁等撰	14《晉明堂郊社議》三卷，孔朝等撰				○
15				19《謚法》三卷，荀顗演，劉熙注	15《謚法演劉熙注》三卷				○
16					16《晉雜議》十卷，荀顗撰				○
17					17《晉禮》，荀顗撰				○
18					18《晉禮集成》百六十五篇，羊祜、任愷、庾峻、應貞撰				○
19	40《禮儀志》，譙周 附錄存疑類 42《禮儀志》，譙周			28《禮儀志》，譙周撰	19《禮儀志》，譙周撰				○
20	37《祭志》，譙周			29《祭志》，譙周撰	20《祭志》，譙周撰				○
21	25《五禮議》，傅玄	29 傅玄《五祀議》			21《五禮議》，傅玄撰				○
22					22《晉禮續製》，摯虞、傅咸撰				○
23		31 摯毅《新禮雜禮議》		26《新禮儀志》，摯虞撰	23《新禮儀志》，摯虞撰				○
24	7《決疑注要》一卷，摯虞	32 摯毅《決疑要注》一卷	14 摯虞《決疑要注》一卷	18《決疑要注》一卷，摯虞撰	24《決疑要注》一卷，摯虞撰			○	
25	24《雜禮議》，摯虞				25《雜祀議》，摯虞撰				○
26					26《約禮記》十篇，王長文撰				○
27	36《冠禮》，裴頠	20 裴頠《冠禮》			27《冠禮》，裴頠撰				○
28	39《荀氏祠制》	22 晉安昌公《荀氏祠制》			28《荀氏祠制》				○

29					29《家儀》一卷，徐爰撰				○
30	32《晉鹵簿圖》一卷	33《晉鹵簿圖》一卷	16《晉鹵簿圖》一卷	12《晉鹵簿圖》一卷	30《晉鹵簿圖》一卷				○
31	33《鹵簿儀》二卷	34《鹵簿儀》二卷		13《鹵簿儀》二卷	31《大駕鹵簿儀》二卷				○
32		35《晉中朝大駕鹵簿》	22《晉鹵簿令》		32《晉中朝散大駕鹵簿儀》				○
33	3《晉雜儀注》十一卷 20《晉雜儀注》二十一卷	4《晉雜儀注》十一卷	2《晉雜儀注》十一卷	5《晉雜儀注》十一卷	33《晉雜儀注》十一卷				○
34	4《晉尚書儀》十卷	6《晉尚書儀》十卷	3《晉尚書儀》十卷	7《晉尚書儀》十卷	34《晉尚書儀》十卷				○
35			11張華《封禪儀》		35《封禪儀》六卷				○
36	30《晉先蠶儀注》	27《晉先蠶儀注》	10《晉先蠶儀注》	24《晉先蠶儀注》	36《晉先蠶儀注》				○
37		26《晉服制令》	21《晉服制令》		37《服制令》				○
38	12《晉儀注》三十九卷	5《晉儀注》三十九卷		2《晉儀注》三十九卷	38《晉儀注》三十九卷				○
39	附錄存疑類 43《諸王國雜儀注》十卷	14《諸王國雜儀注》十卷		6《諸王國雜儀注》十卷	39《諸王國雜儀》十卷				○
40	11《晉尚書儀曹吉禮注》三卷	8《晉尚書儀曹吉禮儀注》三卷	9《晉尚書儀曹吉禮儀注》三卷	9《晉尚書儀曹吉禮儀注》三卷	40《晉尚書儀曹吉禮儀注》三卷				○
41	10《晉尚書儀曹事》九卷	9《晉尚書儀曹事》九卷		8《尚書儀曹事》九卷	41《晉尚書儀曹事》九卷				○
42	14《晉謚議》八卷	12《晉謚議》八卷		21《晉謚議》八卷	42《晉謚議》八卷				○
43					43《雜儀注》一百卷				○
44					44《廣謚》一卷				○
45					45《晉祠令》				○
46					46《冠婚儀》四卷				○
47					47《晉百官儀服錄》五卷				○
48	23《雜祭法》六卷，盧諶				48《雜祭法》六卷，盧諶撰			○	
49	6《辛未令書》	17《辛未令書》			49《辛未令書》				○

50	5《甲辰儀》五卷，江左撰	16《甲辰儀》五卷	4《甲辰儀》五卷，江左撰	10《甲辰儀》五卷，江左撰	50《甲辰儀》五卷，江左撰				○
51					51《中興朝儀》，元帝踐阼與刁協共定				○
52				3《晉新定儀注》十四卷	52《晉新定儀注》十四卷				○
53	2《晉新定儀注》四十卷，傅瑗	1 傅瑗《晉新定儀注》四十卷	1 傅瑗《晉新定儀注》四十卷	4《晉新定儀注》四十卷，傅瑗叔玉撰	53《晉新定儀注》四十卷，傅瑗撰				○
54					54《尚書逸令》				○
55	29《藉田儀》，賀循	28 賀循《藉田儀》	12 賀循《藉田儀》	25《藉田儀》，賀循撰	55《藉田儀》，賀循撰				○
56					56《葬禮》，賀循撰			○	
57					57《宗義》，賀循撰				○
58					58《司徒儀注》一卷，干寶撰				○
59		7 干寶《雜議》五卷			59《雜儀》五卷，干寶撰				○
60					60《雜鄉射等義》二卷，庾亮撰				○
61	38《降幕祠儀》，王悠期	21 王悠期《降幕祠儀》			61《降幕祠議》，王悠期撰				○
62				20《謚法》二卷，張靖撰	62《謚法》二卷，張靖撰				○
63	15《晉簡文謚議》四卷	13《晉簡文謚議》四卷		22《晉簡文謚議》四卷	63《晉簡文謚議》四卷				○
64	17《晉七廟議》三卷，蔡謨	15 蔡謨《晉七廟議》三卷		15《晉七廟議》三卷，蔡謨撰	64《晉七廟議》三卷，蔡謨撰				○
65	21《雜府州郡郡儀》十卷，范汪	30 范汪《雜府州郡儀》十卷	17 范汪《雜府州郡儀》十卷	11《雜府州郡儀》十卷，范汪撰	65《雜府州郡儀》十卷，范汪撰				○
66	22《祭典》三卷，范汪				66《祭典》三卷，范汪撰			○	
67					67《祠制》，范汪撰				○
68	27《內外書儀》四卷，謝玄	18 謝玄《內外書儀》四卷	18 謝元《內外書儀》四卷		68《內外書儀》四卷，謝玄撰				○
69	28《古履儀》，徐乾	19 徐乾《古履儀》			69《古履儀》，徐乾撰				○

70					70《謁拜儀》，江統祚撰				○
71					71《南北郊宗廟迭毀禮》，徐邈撰				○
72	41《元日冬至進見儀》，劉臻妻陳氏	38 劉臻妻陳氏《元日冬至進見儀》	19 劉臻妻陳氏《元日冬至進見儀》		72《元日冬至進見儀》，劉臻妻陳氏撰				○
73					73《朝儀》，裴獻、王波撰				○
74	35《三正東耕儀》，裴憲	37 裴憲《三正東耕儀》	23 裴憲《三正東耕儀》		74《三正東耕儀》，裴憲撰				○
75	34《北涼朝堂制》，房咎撰	36 北涼姚艾、房晷《明堂制》			75《北涼朝堂制》，房晷撰				○
76	9《晉尚書儀曹新定儀注》四十一卷，徐廣	2 徐廣《晉尚書儀曹新定儀注》四十一卷	5 徐廣《晉尚書儀曹新定儀注》四十一卷		76《晉尚書儀曹新定儀注》四十一卷，徐廣撰				○
77	8《車服雜注》一卷，徐廣	3 徐廣《車服儀注》一卷	15 徐廣《車服雜注》一卷		77《車服雜注》一卷，徐廣撰				○
78					78《禮儀制度》十三卷，王逡之撰				○
79	13《古今注》一卷，崔豹					○			
80	31《晉元康儀》	24《晉元康儀》	7《晉元康儀》	23《晉元康儀》					○
81			6《魏晉儀注》						○
82			8《晉尚書儀曹雜禮儀注》三卷						○
83			13 華恆《納后儀》						○
84			20《晉喪葬令》						○
85				30《雜記》，摯虞撰					○

九、刑法類著錄書目比較表

9 刑法類									
史志 編號	丁本 9 刑法類 15 部	吳本 9 刑法類 17 部	文本 9 刑法類 13 部	黃本 9 刑法 13 部	秦本 12 政書類(法令之屬)11 部	存佚情形			
						存	殘	輯	佚
1					79《魏晉律令》				○
2					80《甲令以下》九百餘卷				○
3		1 賈充、杜預《刑法律本》二十一卷		2《刑法律本》二十一卷，賈充等撰	81《刑法律本》二十一卷，賈充等撰				○
4	5《晉令》四十卷，賈充等	2 賈充、杜預《晉令》四十卷	5《晉令》四十卷	1《晉令》四十卷，賈充公閭等撰	82《晉令》四十卷，賈充等撰				○
5		4 賈充、杜預《晉故事》三十卷	6 賈充等《晉故事》三十卷		83《故事》三十卷，賈充等撰				○
6	1《律本》二十一卷，杜預撰	1 賈充、杜預《刑法律本》二十一卷	1 杜預《律本》二十一卷		84《律本》二十一卷，杜預撰				○
7	3《雜律》七卷，杜預	3 賈充、杜預《雜律》七卷	2 杜預《雜律》七卷	3《雜律》七卷，杜預撰	85《雜律》七卷，杜預撰				○
8	4《雜律解》二十一卷，張斐	6 張斐《雜律解》二十一卷	4 張斐《雜律解》二十一卷	4《雜律解》二十一卷，張斐撰	86《雜律解》二十一卷，張斐撰				○
9	2《漢晉律序注》一卷，張斐	5 張斐《漢晉律序注》一卷	3 張斐《漢晉律序注》一卷	5《漢晉律序注》一卷，張斐撰	87《漢晉律序注》一卷，張斐撰				○
10					88《脩陳杜律》，續咸撰				○
11	13《辛亥制度》	15《辛亥制度》		13《辛亥制度》，史貫志撰	89《辛亥制度》五千文，史貫志				○
12	6《晉雜議》十卷	13《晉雜議》十卷							○
13	7《晉彈事》十卷	10《晉彈事》十卷	7《晉彈事》十卷	6《晉彈事》十卷					○
14	8《漢名臣奏事》三十卷，陳壽	7 陳壽《漢名臣奏事》三十卷		10《漢名臣奏事》三十卷，陳壽集					○
15	9《魏名臣奏事》四十卷，《目》一卷，陳壽	8 陳壽《魏名臣奏事》四十卷，《目》一卷		11《魏名臣奏事》四十卷，《目》一卷，陳壽集					○

16	10《晉駮事》四卷	9《晉駮事》四卷	8《晉駮事》四卷	7《晉駮事》四卷					○
17	11《晉雜制》六十卷	11《晉雜制》六十卷	9《晉雜制》十六卷	8《晉雜制》六十卷					○
18	12《晉刺史六條制》一卷	12《晉刺史六條制》一卷	10《晉刺史六條制》一卷	9《晉刺史六條制》一卷					○
19	14《庚戌制》	14《庚戌制》		12《庚戌制》					○
20	**補遺** 15《張錡狀》，蔡洪								○
21		16 韋謏《典林》二十三篇							○
22			11《晉百官勅戒》						○
23			12 沮渠蒙遜《朝堂制》						○
24			13《燕律》						○

十、雜傳類著錄書目比較表

10 雜傳類									
史志／編號	丁本 10 雜傳類 255 部	吳本 10 雜傳類 233 部	文本 10 雜傳類 230 部	黃本 10 雜傳 91 部	秦本 6 傳記類 344 部	存佚情形			
						存	殘	輯	佚
1					1《孔子讚》一卷，河西人所著書				○
2					2《四科傳》四卷，河西人所著書				○
3					3《成侯命婦傳》，鍾會撰				○
4					4《焦先傳》，耿黼撰				○
5				67《焦先傳》，傅玄撰	5《焦先傳》，傅玄撰				○
6					6《馬鈞序》，傅玄撰				○
7					7《司馬朗序傳》，司馬彪撰				○
8					8《孫資別傳》				○

9	86《王弼傳》，何劭	90 何劭《王弼傳》	80 何劭《王弼傳》	71《王弼傳》，何卲敬祖撰	9《王弼傳》，何劭據				○
10	97《嵇康傳》，嵇喜	92 嵇喜《嵇康傳》	73 嵇喜《嵇康傳》	73《嵇康傳》，嵇喜公穆撰	10《嵇康傳》，嵇喜撰				○
11					11《程曉別傳》				○
12	125《荀勖別傳》	91《荀勖別傳》	71《荀勖別傳》		12《荀勖別傳》				○
13					13《山濤行狀》				○
14	88《曹志別傳》	194《曹志別傳》	74《曹志別傳》		14《曹志別傳》				○
15	85《顧潭傳》，陸機	98 陸機《顧譚傳》	82 陸機《顧譚傳》	74《顧譚傳》，陸機撰	15《顧譚傳》，陸機撰				○
16	89《孫惠別傳》	195《孫惠別傳》	81《孫惠別傳》		16《孫惠別傳》				○
17					17《曹志別傳》				○
18					18《劉廙別傳》				○
19	95《盧諶別傳》	95《盧諶別傳》	77《盧諶別傳》		19《盧諶別傳》				○
20	94《潘岳別傳》	94《潘岳別傳》	76《潘岳別傳》		20《潘岳別傳》				○
21					21《任嘏別傳》				○
22		96 謝鯤《樂康傳》	78 謝鯤《樂廣傳》	75《樂廣傳》，謝鯤幼輿撰	22《樂廣傳》，謝鯤撰				○
23		97 陸機《陸雲傳》	83 陸機《陸雲別傳》		23《陸機雲別傳》				○
24	159《潘尼別傳》	93《潘尼別傳》	75《潘尼別傳》		24《潘尼別傳》				○
25	120《孫登別傳》，孫綽	223《孫登別傳》	161《孫登別傳》		25《孫登別傳》，孫綽撰				○
26					26《蜀相諸葛亮故事集》二十四篇，陳壽撰				○
27	57《諸葛亮隱沒五事》一卷，郭沖	102 郭沖《諸葛亮隱沒五事》一卷	216 郭沖《諸葛亮隱沒五事》一卷	33《諸葛亮隱沒五事》一卷，郭沖撰	27《諸葛亮隱沒五事》一卷，郭沖撰				○
28	91《荀粲傳》，何劭	89 何劭《荀粲傳》	185 何劭《荀粲傳》	72《荀粲傳》，何卲撰	28《荀粲傳》，何劭撰				○
29	22《玄晏春秋》三卷，皇甫謐	20 皇甫謐《元晏春秋》三卷	39 皇甫謐《玄晏春秋》三卷	34《玄晏春秋》三卷，皇甫謐撰	29《玄晏春秋》三卷，皇甫謐撰			○	
30	46《管輅傳》三卷，管辰撰	86 管辰《管輅傳》三卷	64 管辰《管輅別傳》三卷	35《管輅傳》三卷，管辰撰	30《管輅傳》三卷，管辰撰				○

31	93《辛獻英傳》，夏侯湛	108《辛憲英傳》	79 夏侯湛《辛憲英傳》	81《辛憲英傳》，夏侯湛孝若撰	31《辛憲英傳》，夏侯湛撰				○
32	90《夏侯稱夏侯榮序》，夏侯湛	107 夏侯湛《夏侯稱夏侯榮序》			32《夏侯稱夏侯榮序》，夏侯湛撰				○
33	補遺 247《敘羊秉》，夏侯湛		94 夏侯湛《羊秉敘》		33《羊秉敘》，夏侯湛撰				○
34	184《敘趙至》，嵇紹		203 嵇紹《趙至敘》		34《趙至敘》，嵇紹撰				○
35	177《王祥別傳》	224《王祥別傳》	206《王祥別傳》		35《王祥別傳》				○
36	80《王祥世家》	105《王祥世家》	86《王祥世家》		36《王祥世家》				○
37	222《賈充別傳》	170《賈充別傳》	148《賈充別傳》		37《賈充別傳》				○
38	203《向秀別傳》	119《向秀別傳》	95《向秀別傳》		38《向秀別傳》				○
39	141《周處別傳》	169《周處別傳》	147《周處別傳》		39《周處別傳》				○
40	151《陸機別傳》	204《陸機別傳》			40《陸機別傳》				○
41	163《陸雲別傳》				41《陸雲別傳》				○
42	198《左思別傳》	142《左思別傳》	120《左思別傳》		42《左思別傳》				○
43	補遺 241《蔡克別傳》		207《蔡克別傳》		43《蔡克別傳》				○
44	207《阮孚別傳》	154《阮孚別傳》	130《阮孚別傳》		44《阮孚別傳》				○
45	124《衛玠別傳》	120《衛玠別傳》	96《衛玠別傳》		45《衛玠別傳》				○
46	212《王澄別傳》	160《王澄別傳》	137《王澄別傳》		46《王澄別傳》				○
47	182《王堪傳》，謝朗	121 謝朗《王堪傳》		77《王堪傳》，謝朗長度撰	47《王堪傳》，謝郎撰				○
48	181《王汝南別傳》 補遺 242《王汝南別傳》	112《王汝南別傳》	149《王汝南別傳》		48《汝南別傳》				○
49	75《趙吳郡行狀》	104《趙吳郡行狀》	213《趙吳郡行狀》		49《趙吳郡行狀》				○

50	108《王敦別傳》 178《王敦別傳》	137《王敦別傳》	116《王敦別傳》		50《王敦別傳》				○
51	169《王含別傳》	123《王含別傳》	98《王含別傳》		51《王含別傳》				○
52	138《桓彝別傳》	101《桓彝別傳》	87《桓彝別傳》		52《桓彝別傳》				○
53	199《郭璞別傳》	143《郭璞別傳》	121《郭璞別傳》		53《郭璞別傳》				○
54	174《王丞相別傳》	111《王丞相別傳》	88《王丞相別傳》		54《王丞相別傳》				○
55	64《王丞相德音記》	103《王丞相德音記》	229《王丞相德音記》		55《王丞相德音記》				○
56	171《桓温別傳》	126《桓温別傳》	101《桓温別傳》		56《桓温別傳》				○
57	218《桓沖別傳》	167《桓沖別傳》	144《桓沖別傳》		57《桓沖別傳》				○
58	219《桓豁別傳》	168《桓豁別傳》	145《桓豁別傳》		58《桓豁別傳》				○
59		173《蔡充別傳》	153《蔡充別傳》		59《蔡充別傳》				○
60	214《卞壺別傳》	162《卞壺別傳》	139《卞壺別傳》		60《卞壺別傳》				○
61	104《阮裕別傳》				61《阮裕別傳》				○
62	103《阮光祿別傳》	113《阮光祿別傳》	89《阮光祿別傳》		62《阮光祿別傳》				○
63	200《周顗別傳》	145《周顗別傳》	123《周顗別傳》		63《周顗別傳》				○
64	164《郄鑒別傳》	99《郄鑒別傳》	84《郄鑒別傳》		64《郗鑒別傳》				○
65	192《鍾雅別傳》	132《鍾雅別傳》	111《鍾雅別傳》		65《鍾雅別傳》				○
66	147《陶侃別傳》	191《陶侃別傳》	126《陶侃別傳》		66《陶侃別傳》				○
67	211《王彬別傳》	158《王彬別傳》	135《王彬別傳》		67《王彬別傳》				○
68	131《王珉別傳》	136《王珉別傳》	115《王珉別傳》		68《王珉別傳》				○
69	228《王舒傳》	159《王舒傳》	136《王舒傳》		69《王舒傳》				○
70	197《王述別傳》	139《王述別傳》	118《王述別傳》		70《王述別傳》				○

71	128《王濛別傳》	185《王濛別傳》	168《王濛別傳》		71《王濛別傳》				○
72	129《王長史別傳》		105《王長史別傳》		72《王長史別傳》				○
73	196《謝鯤別傳》	138《謝鯤別傳》	117《謝鯤別傳》		73《謝鯤別傳》				○
74	193《陸玩別傳》	133《陸玩別傳》	112《陸玩別傳》		74《陸玩別傳》				○
75	補遺 245《謝玄別傳》	140《謝玄別傳》	119《謝元別傳》		75《謝玄別傳》				○
76	179《謝車騎家傳》	88《謝車騎家傳》	150《謝車騎傳》		76《謝車騎家傳》				○
77	213《王邃別傳》	161《王邃別傳》	138《王邃別傳》		77《王邃別傳》				○
78	補遺 246《江淳傳》	124《江惇別傳》	113《江惇傳》		78《江惇別傳》				○
79	226《石勒傳》		134《石勒傳》		79《石勒傳》				○
80	189《諸葛恢別傳》	144《諸葛恢別傳》	122《諸葛恢別傳》		80《諸葛恢別傳》				○
81	173《王司徒別傳》	131《王司徒別傳》	110《王司徒傳》		81《王司徒傳》				○
82	172《郄超別傳》	128《郄超別傳》	108《郄超別傳》		82《郗超別傳》				○
83	220《郄曇別傳》	171《郄曇別傳》	151《郄曇別傳》		83《郗曇別傳》				○
84	216《郄愔別傳》	164《郄愔別傳》	141《郄愔別傳》		84《郗愔別傳》				○
85	206《祖約別傳》	150《祖約別傳》	129《祖約別傳》		85《祖約別傳》				○
86	190《王彪之別傳》	148《王彪之別傳》	127《王彪之別傳》		86《王彪之別傳》				○
87	117《王廙別傳》	183《王廙別傳》	162《王廙別傳》		87《王廙別傳》				○
88	205《孔愉別傳》	146《孔愉別傳》	124《孔愉別傳》		88《孔愉別傳》				○
89					89《羊曇別傳》				○
90	165《劉尹別傳》	114《劉尹別傳》	90《劉尹別傳》		90《劉尹別傳》				○

91	82《徐江州本事》				91《徐江州本事》				○
92	補遺 249《王獻之別傳》	116《王獻之別傳》	92《王獻之別傳》		92《王獻之別傳》				○
93	175《王中郎別傳》	127《王中郎別傳》	107《王中郎傳》		93《王中郎傳》				○
94	166《范宣別傳》	115《范宣別傳》	91《范宣別傳》		94《范宣別傳》				○
95	補遺 250《王乂別傳》	100《王乂別傳》	85《王乂別傳》		95《王乂別傳》				○
96	201《王雅別傳》	175《王雅別傳》	155《王雅別傳》		96《王雅別傳》				○
97	215《陳逵別傳》	165《陳逵別傳》	142《陳逵別傳》		97《陳逵別傳》				○
98	142《孫放別傳》	124《孫放別傳》	99《孫放別傳》		98《孫放別傳》				○
99	180《蔡司徒別傳》	147《蔡司徒別傳》	125《蔡司徒別傳》		99《蔡司徒別傳》				○
100	194《殷羨言行》		215《殷羨言行》		100《殷羨言行》				○
101	195《殷浩別傳》	135《殷浩別傳》	114《殷浩別傳》		101《殷浩別傳》				○
102					102《陸玩別傳》				○
103	209《王劭別傳》 210《王薈別傳》》	156《王劭別傳》 152《王薈別傳》	132《王劭別傳》 133《王薈別傳》		103《王劭王薈別傳》				○
104	202《虞光祿傳》	151《虞光祿傳》	140《虞光祿傳》		104《虞光祿別傳》				○
105	221《范汪別傳》	172《范汪別傳》	152《范汪別傳》		105《范汪別傳》				○
106	224《司馬無忌別傳》	177《司馬無忌別傳》	157《司馬無忌別傳》		106《司徒無忌別傳》				○
107	170《庾翼別傳》	125《庾翼別傳》	100《庾翼別傳》		107《庾翼別傳》				○
108	168《顧和別傳》	122《顧和別傳》	97《顧和別傳》		108《顧和別傳》				○

109	140《羅府君別傳》	149《羅府君別傳》	128《羅府君別傳》		109《羅府君別傳》				○
110	188《王胡之別傳》	129《王胡之別傳》	109《王胡之別傳》		110《王胡之別傳》				○
111	161《顧悅傳》，顧愷之	52 顧愷之《顧悅傳》	102 顧凱之爲其父傳	82《顧悅傳》，顧愷之撰	111《顧悅傳》，顧愷之撰				○
112	補遺 238《顧愷之家傳》	50 顧愷之《家傳》一卷	104 顧愷之《家傳》	85《顧愷之家傳》	112《顧愷之家傳》				○
113	176《孟嘉別傳》	182《孟嘉別傳》	160《孟嘉別傳》		113《孟嘉別傳》				○
114	223《司馬晞傳》	174《司馬晞傳》	154《司馬晞傳》		114《司馬晞傳》				○
115	160《會稽孝文王傳》	109《會稽孝文王傳》	106《孝文王傳》		115《會稽孝文王傳》				○
116	191《顧愷之別傳》	130《顧愷之別傳》	103《顧凱之別傳》		116《顧愷之別傳》				○
117	208《羊曼別傳》	155《羊曼別傳》	131《羊曼別傳》		117《羊曼別傳》				○
118	167《王恭別傳》	117《王恭別傳》	93《王恭別傳》		118《王恭別傳》				○
119	102《桓玄別傳》	110《桓玄別傳》	146《桓玄別傳》		119《桓玄別傳》				○
120	98《嵇中散傳》，孫綽	25 孫綽《嵇中散傳》	214 孫綽《嵇中散傳》		120《嵇中散傳》，孫綽撰	○			
121	144《羊祜別傳》	219《羊祜別傳》	196《羊祜別傳》		121《羊祜別傳》				○
122	232《曹肇傳》，曹毗	74 曹毗《曹肇傳》	166 曹毗《曹肇傳》	78《曹肇傳》，曹毗撰	122《曹肇別傳》，曹毗撰				○
123	231《傅咸別傳》	210《傅咸別傳》	186《傅威別傳》		123《傅咸別傳》				○
124	119《雷煥別傳》	218《雷煥別傳》	194《雷煥別傳》		124《雷煥別傳》				○
125	227《石勒別傳》	153《石勒別傳》			125《石勒別傳》				○
126	83《陶侃故事》				126《陶侃故事》				○
127	229《郭文舉別傳》	157《郭文舉別傳》			127《郭文舉別傳》				○
128	150《庾亮別傳》	209《庾亮別傳》	183《庾亮別傳》		128《庾亮別傳》				○

129	補遺 244《王湛別傳》	214《王湛別傳》			129《王湛別傳》				○
130	130《王蘊別傳》	186《王蘊別傳》	167《王蘊別傳》		130《王蘊別傳》				○
131	230《葛洪別傳》	211《葛洪別傳》	188《葛洪別傳》		131《葛洪別傳》				○
132	121《孫略別傳》	212《孫略別傳》	190《孫略別傳》		132《孫略別傳》				○
133					133《王猛別傳》				○
134	154《顏含別傳》	213《顏含別傳》	184《顏含別傳》		134《顏含別傳》				○
135	186《神女傳》，張敏	67 張敏《神女傳》		90《神女傳》，張敏撰	135《神女傳》，張敏撰				○
136					136《孫登別傳》				○
137	106《夏仲御別傳》		159《夏仲御別傳》		137《夏仲御別傳》				○
138	補遺 239《張華別傳》	189《張華別傳》	170《張華別傳》		138《張華別傳》				○
139	156《裴楷別傳》	190《裴楷別傳》	171《裴楷別傳》		139《裴楷別傳》				○
140	65《石崇本事》				140《石崇本事》				○
141			172《荀采傳》		141《荀采傳》				○
142		188《張載別傳》	169《張載別傳》		142《張載別傳》				○
143					143《葛仙公別傳》				○
144	146《許遜別傳》	187《許遜別傳》	163《許遜別傳》		144《許遜別傳》				○
145	123《許邁別傳》		165《許邁別傳》		145《許邁別傳》				○
146	139《羅含別傳》				146《羅含別傳》				○
147	185《杜蘭香別傳》 補遺 248《神女杜蘭香傳》，曹毗	73 曹毗《杜蘭香傳》		91《杜蘭香傳》，曹毗撰	147《杜蘭香別傳》			○	
148	136《山濤別傳》，袁宏	29 袁宏《山濤別傳》	181 袁宏《山濤別傳》	84《山濤別傳》，袁宏撰	148《山濤別傳》，袁宏撰				○

149	145《許肅別傳》	202《許肅別傳》	177《許肅別傳》		149《許肅別傳》				○
150		193《庾袞別傳》			150《庾袞別傳》				○
151					151《牽招碑》，孫楚撰				○
152			182《趙穆別傳》		152《趙穆別傳》				○
153	152《傅宣別傳》	205《傅宣別傳》	175《傅宣別傳》		153《傅宣別傳》				○
154	148《潘京別傳》	203《潘京別傳》	208《潘京別傳》		154《潘京別傳》				○
155	153《庾珉別傳》	206《庾珉別傳》	227《庾珉別傳》		155《庾珉別傳》				○
156	183《庾異行別傳》		179《庾異行別傳》		156《庾異行別傳》				○
157	157《江偉別傳》	207《江偉別傳》			157《江偉別傳》				○
158	127《曹攄別傳》	199《曹攄別傳》			158《曹攄別傳》				○
159	補遺 240《何楨別傳》		202《何禎別傳》		159《何禎別傳》				○
160	134《祖逖別傳》	222《祖逖別傳》	198《祖逖別傳》		160《祖逖別傳》				○
161	118《石虎別傳》	216《石虎別傳》	193《石虎別傳》		161《石虎別傳》				○
162			174《王威別傳》		162《王威別傳》				○
163	116《王瑕別傳》	192《王瑕別傳》			163《王瑕別傳》				○
164	109《王處仲別傳》				164《王處仲別傳》				○
165	132《謝安別傳》	200《謝安別傳》	205《謝安別傳》		165《謝安別傳》				○
166	122《江祚別傳》	221《江祚別傳》	199《江祚別傳》		166《江祚別傳》				○
167	143《江蕤別傳》	201《江蕤別傳》	200《江蕤別傳》		167《江蕤別傳》				○
168					168《許逵別傳》				○
169	155《郭翻別傳》	184《郭翻別傳》	164《郭翻別傳》		169《郭翻別傳》				○
170	135《杜祭酒別傳》		189《杜祭酒別傳》		170《杜祭酒別傳》				○

171	149《桓石秀別傳》	220《桓石秀別傳》	197《桓石秀別傳》		171《桓石秀別傳》				○
172					172《謝安別傳》				○
173	133《徐邈別傳》	217《徐邈別傳》	195《徐邈別傳》		173《徐邈別傳》				○
174					174《江瀿別傳》				○
175	137《陳武別傳》		173《陳武別傳》		175《陳武別傳》				○
176					176《成公智瓊傳》，張敏撰				○
177	附錄存疑類 259《薛常侍家傳》一卷				177《薛常侍傳》二卷，荀伯子撰				○
178	附錄存疑類 258《桓玄傳》二卷				178《桓玄傳》				○
179	225《趙○傳》	225《趙○傳》			179《趙○傳》一卷，河西人所著書				○
180	12《聖賢高士傳讚》三卷，嵇康撰，周續之注	22 嵇康《聖賢高士傳贊》三卷	28《聖賢高士傳贊》三卷，嵇康撰，周續之注		180《聖賢高士傳讚》三卷，嵇康撰			○	
181	63《太始先賢狀》	8《太始先賢狀》		60《泰始先賢狀》	181《泰始先賢狀》				○
182	13《高士傳》六卷，皇甫謐	17 皇甫謐《高士傳》六卷	30 皇甫謐《高士傳》六卷	15《高士傳》六卷，皇甫謐撰	182《高士傳》六卷，皇甫謐撰			○	
183	14《逸士傳》一卷，皇甫謐	19 皇甫謐《逸士傳》一卷	31 皇甫謐《逸士傳》一卷	19《逸士傳》一卷，皇甫謐撰	183《逸士傳》一卷，皇甫謐撰				○
184	28《列女傳》六卷，皇甫謐	18 皇甫謐《列女傳》六卷		28《列女傳》六卷，皇甫謐撰	184《列女傳》六卷，皇甫謐撰			○	
185					185《烈女傳》，皇甫謐撰			○	
186	49《韋氏家傳》三卷，皇甫謐	21 皇甫謐《韋氏家傳》三卷		36《韋氏家傳》三卷，皇甫謐撰	186《韋氏家傳》三卷，皇甫謐撰			○	
187	3《益部耆舊傳》十四卷，陳長壽	7 陳壽《益部耆舊傳》十四卷	4 陳壽《益部耆舊傳》十四卷	2《益部耆舊傳》十四卷，陳壽撰	187《益部舊傳》十四卷，陳壽撰			○	

188	4《續益部耆舊傳》二卷，常寬		7 常寬《續益部耆舊傳》二卷	4《續益部耆舊傳》二卷，常寬撰	188《續益部耆舊傳》二卷				○
189	29《女記》十卷，杜預	48 杜預《女記》十卷	48 杜預《女記》十卷	70《女記》十卷，杜預撰	189《女記》十卷，杜預撰				○
190					190《杜元凱宗譜》，杜預撰				○
191					191《晉世族姓昭穆記》十卷，摯虞撰				○
192	50《三魏士人傳》，束晳	38 束晳《三魏人士傳》	36 束晳《三魏人士傳》	59《三魏人士傳》，束晳撰	192《三魏士人傳》，束晳撰				○
193	5《魯國先賢傳》二卷，白褒	4 白褒《魯國先賢傳》二卷	9 白褒《魯國先賢傳》二卷	7《魯國先賢傳》二卷，白褒撰	193《魯國先賢傳》，白褒撰				○
194		56 張華《列異傳》三卷			194《列異傳》三卷，張華撰			○	
195	51《列女後傳》，王接	57 王接《列女後傳》	56 王接《烈女後傳》	64《列女後傳》，王接撰	195《列女後傳》，王接撰				○
196	52《列女後傳》，王愆期	58 王愆期《列女後傳》	57 王愆期《烈女後傳》	65《列女後傳》，王愆期撰	196《集列女後傳》，王愆期撰				○
197	附錄存疑類 200《列女傳序讚》一卷，孫夫人				197《列女傳序讚》一卷，孫夫人撰				○
198	2《交州先賢傳》三卷，范瑗	5 范瑗《交州先賢傳》三卷	3 范瑗《交州先賢傳》三卷	5《交州先賢傳》三卷，范瑗撰	198《交州先賢傳》三卷，范瑗撰				○
199	59《良吏傳》十卷，葛洪	32 葛洪《良吏傳》十卷		24《良吏傳》十卷，葛洪撰	199《良吏傳》十卷，葛洪撰				○
200	60《隱逸傳》十卷，葛洪	33 葛洪《隱逸傳》十卷	33 葛洪《隱逸傳》十卷	20《隱逸傳》十卷，葛洪撰	200《隱逸傳》十卷，葛洪撰				○
201	61《集異傳》十卷，葛洪	34 葛洪《集異傳》十卷			201《集異傳》十卷，葛洪撰				○
202	56《裴氏家記》，傅暢	82 傅暢《裴氏家記》		66《裴氏家記》，傅暢撰	202《裴氏家記》，傅暢撰				○
203					203《晉諸公讚》二十一卷，傅暢撰			○	
204		43 虞溥《江表傳》三卷			204《江表傳》五卷，虞溥撰				○
205		11 常寬《梁益篇》			205《梁益耆舊傳》，常寬撰				○

206	55《蜀後賢傳》，常寬	12 梁寬《蜀後賢傳》		61《後賢傳》，常寬撰	206《蜀後賢傳》，常寬撰				○
207					207《齊王功臣格》				○
208					208《國曆志》五卷，孔衍撰				○
209					209《山陽先賢傳》，周斐撰				○
210	62《山陽先賢傳》，仲長穀	6 仲長穀《山陽先賢傳》	20 長仲穀《山陽先賢傳》	6《山陽先賢傳》一卷，長仲穀撰	210《山陽先賢傳》，仲長○撰				○
211	6《楚國先賢傳讚》十二卷，張方	2 張方《楚國先賢傳贊》十二卷	10 張方《楚國先賢傳贊》十二卷	8《楚國先賢傳贊》十二卷，張方撰	211《楚國先賢志》十二卷，楊方撰			○	
212	7《陳留志》十五卷，江敞	42 江敞《陳留志》十五卷	11 江敞《陳留人物志》十五卷	9《陳留志》十五卷，江敞撰	212《陳留人物志》十五卷，江敞撰				○
213	42《逸人高士傳》八卷，習鑿齒	14 習鑿齒《逸人高士傳》八卷	29 習鑿齒《逸人高士傳》八卷	18《逸人高士傳》八卷，習鑿齒撰	213《逸人高士傳》八卷，習鑿齒撰				○
214	17《長沙舊傳讚》三卷，劉彧	45 劉彧《長沙舊傳讚》三卷	24 劉彧《長沙耆舊傳讚》三卷	13《長沙舊傳讚》三卷，劉彧撰	214《長沙耆舊傳讚》三卷，劉彧撰			○	
215	15《逸民傳》七卷，張顯	35 張顯《逸民傳》七卷	32 張顯《逸民傳》七卷	21《逸民傳》七卷，張顯撰	215《逸民傳》七卷，張顯撰				○
216	84《逸民傳》，孫盛	36 孫盛《逸民傳》	34 孫盛《逸人傳》	62《逸人傳》，孫盛撰	216《逸人傳》，孫盛撰				○
217					217《功臣行狀》，王銓撰				○
218	18《至人高士傳讚》二卷，孫綽	23 孫綽《至人高士傳讚》二卷	38 孫綽《至人高士傳讚》二卷	17《至人高士傳讚》二卷，孫綽撰	218《至人高士傳讚》一卷，孫綽撰				○
219	21《文士傳》五十卷，張隱	37 張隱《文士傳》五十卷	50 張隱《文士傳》五十卷	25《文士傳》五十卷，張隱撰	219《文士傳》五十卷，張隱撰			○	
220	44《名士傳》三卷，袁宏	28 袁宏《正始名士傳》三卷	52 袁宏《正始名士傳》三卷	22《名士傳》三卷，袁宏撰	220《名士傳》三卷，袁宏撰				○
221					221《竹林七賢傳》，袁宏撰				○
222					222《竹林七賢贊》，孫統撰				○
223	23《曹氏家傳》一卷，曹毗	72 曹毗《曹氏家傳》一卷		38《曹氏家傳》一卷，曹毗撰	223《曹氏家傳》一卷，曹毗撰				○

224				40《虞氏家傳》五卷，虞覽撰	224《虞氏家傳》五卷，虞覽撰				○
225	53《諸虞傳》十二篇，虞預	16 虞預《諸虞傳》十二篇	55 虞預《諸虞傳》十二篇	43《諸虞傳》十二篇，虞預撰	225《諸虞傳》十二篇，虞預撰				○
226	26《范氏世傳》一卷，范汪	84 范汪《范氏世傳》一卷		41《范氏世傳》一卷，范汪撰	226《范氏世傳》一卷，范汪撰				○
227	24《紀氏家紀》一卷，紀友	83 紀友《紀氏家記》一卷		42《紀氏家紀》一卷，紀友撰	227《紀氏家紀》一卷，紀友撰				○
228					228《嵇氏世家》				○
229					229《殷氏世家》				○
230	27《明氏家訓》一卷，明岌	85 僞燕明岌《明氏家訓》一卷			230《明氏家訓》一卷，明岌撰				○
231					231《耆舊傳》，王嘉撰				○
232	30《列女傳》七卷，綦毋邃	53 綦毋邃《列女傳》七卷	47 綦毋邃《列女傳》七卷	29《列女傳》七卷，綦毋邃撰	232《列女傳》七卷，綦毋邃撰				○
233				53《感應傳》八卷，王延秀撰	233《感應傳》八卷，王延秀撰				○
234	37《甄異傳》三卷，戴祚	54 戴祚《甄異傳》二卷			234《甄異傳》三卷，戴祚撰	○			
235					235《姓氏簿狀》七百十二卷，賈弼撰				○
236					236《司馬氏系本》，王無忌撰				○
237					237《荀氏家傳》十卷，荀伯子撰				○
238	25《江氏家傳》七卷，江祚等撰	81 江祚等《江氏家傳》七卷		37《江氏家傳》七卷，江祚等撰	238《江氏家傳》七卷，江祚撰				○
239	16《高士傳》二卷，虞盤佐	26 虞槃佐《高士傳》二卷	35 虞槃佐《高士傳》二卷	16《高士傳》二卷，虞槃佐撰	239《高士傳》二卷，虞槃佐撰				○
240	43《孝子傳》一卷，虞槃佐	27 虞槃佐《孝子傳》一卷	41 虞槃佐《孝子傳》一卷	26《孝子傳》一卷，虞槃佐撰	240《孝子傳》一卷，虞槃佐撰				○
241					241《吳士人行狀名品》二卷，虞尙撰				○

242					242《孝傳贊》，陶潛撰	○			
243					243《永嘉流士》十三卷，衛禹撰	○			
244					244《豫章烈士傳》三卷，徐整撰				○
245					245《太傅佐史簿》				○
246					246《武昌先賢志》三卷，郭緣生撰				○
247					247《會稽先賢傳》，謝承撰	○			
248		76《太原王氏家傳》二十三卷			248《太原王氏家傳》二十三卷				○
249		3《零陵先賢傳》	23《零陵先賢傳》一卷		249《零陵先賢傳》一卷			○	
250					250《七賢傳》五卷，孟氏撰				○
251					251《吳朝人士品秩狀》八卷，胡沖撰				○
252					252《魏末傳》二卷				○
253					253《晉過江人士目》一卷				○
254			8《諸國清賢傳》一卷		254《諸國清賢傳》一卷				○
255					255《複姓錄》，傅餘頠撰				○
256					256《嵇康高士傳注》八卷，周續之撰			○	
257					257《高士傳贊》三卷，周續之撰			○	
258					258《魏世譜》，孫盛撰				○
259					259《蜀世譜》，孫盛撰				○
260					260《嵇氏譜》				○
261					261《孫氏譜》				○
262					262《陳氏譜》				○
263					263《郭氏譜》				○

264					264《翟氏譜》				○
265					265《會稽邵氏家傳》				○
266	76《永嘉流人名》	10《永嘉流人名》			266《永嘉流人名》				○
267	73《征西僚屬名》				267《征西寮屬名》				○
268	72《庾亮僚屬名》				268《庾亮寮屬名》				○
269	69《齊王官屬名》				269《齊王官屬名》				○
270	70《明帝東宮僚屬名》				270《明帝東宮寮屬名》				○
271	67《庾亮參佐名》				271《庾亮啓參佐名》				○
272	68《大司馬僚屬名》，伏滔				272《大司馬寮屬名》，伏滔撰				○
273					273《晉中興士人書》				○
274					274《王朝目錄》			○	
275	74《江左名士傳》	9《江左名士表》	54 袁宏《江左名士傳》		275《江左名士傳》				○
276					276《文字志》				○
277					277《文士傳》				○
278		78《裴氏家傳》			278《裴氏家傳》				○
279		79《褚氏家傳》一卷		39《褚氏家傳》一卷，褚覬撰	279《褚氏家傳》				○
280					280《謝氏語》				○
281					281《王氏世家》				○
282					282《晉世譜》			○	
283					283《華嶠譜敘》				○
284					284《摯氏世本》				○
285					285《周氏譜》				○
286					286《王氏譜》				○
287					287《吳氏譜》				○
288					288《孔氏譜》				○
289	81《陶氏序》	106《陶氏序》			289《陶氏敘》				○
290					290《謝女譜》				○
291					291《羊氏譜》				○
292					292《許氏譜》				○
293					293《桓氏譜》				○

294					294《馮氏譜》				○
295	58《袁氏世範》	80《袁氏世範》			295《袁氏世紀》				○
296					296《陸氏譜》				○
297					297《顧氏譜》				○
298					298《庾氏譜》				○
299					299《諸葛氏譜》				○
300					300《謝氏譜》				○
301					301《劉氏譜》				○
302					302《楊氏譜》				○
303					303《傅氏譜》				○
304					304《虞氏譜》				○
305					305《衛氏譜》				○
306					306《魏氏譜》				○
307					307《温氏譜》				○
308					308《曹氏譜》				○
309					309《李氏譜》				○
310					310《袁氏譜》				○
311					311《索氏譜》				○
312					312《戴氏譜》				○
313					313《賈氏譜》				○
314					314《郝氏譜》				○
315					315《郗氏譜》				○
316					316《韓氏譜》				○
317					317《陳氏譜》				○
318					318《殷氏譜》				○
319					319《張氏譜》				○
320					320《荀氏譜》				○
321					321《祖氏譜》				○
322					322《阮氏譜》				○
323					323《司馬氏譜》				○
324					324《司馬世家》二卷				○
325					325《皇族宗人圖牒》				○
326					326《漢皇德傳》二十五卷，河西人所著書			○	

327					327《默記》三卷，張儼撰			○	
328	1《三輔決錄注》七卷，摯虞	1 摯虞《三輔決錄注》七卷	1 摯虞注《趙岐三輔決錄》七卷	1《三輔決錄》七卷，漢趙岐撰，摯虞注	328《三輔決錄注》七卷，摯虞撰			○	
329					329《文章敘錄》，荀勖撰				○
330	47《會稽典錄》二十四卷，虞預	15 虞預《會稽典錄》二十四卷	16 虞預《會稽典錄》二十四卷	11《會稽典錄》二十四卷，虞預撰	330《會稽典錄》二十四卷，虞預撰			○	
331	11《豫章舊志》三卷，熊默	46 熊默《豫章舊志》三卷	21 熊默《豫章舊志》三卷	10《豫章舊志》三卷，熊默撰	331《豫章舊志》三卷，熊默撰				○
332		47 熊欣《豫章舊志後撰》一卷	22 熊欣《豫章舊志後撰》一卷		332《豫章舊志後撰》一卷，熊欣撰				○
333					333《九州記》，荀綽撰				○
334					334《家訓》，黃容撰				○
335					335《晉陽秋》，庾翼撰	○			
336					336《杜氏新書》，孫盛撰				○
337					337《三國異同評》，孫盛撰				○
338					338《異同記》，孫盛撰				○
339					339《異同雜語》，孫盛撰				○
340					340《雜記》，孫盛撰				○
341	8《襄陽耆舊記》五卷，習鑿齒	13 習鑿齒《襄陽耆舊記》五卷	13 習鑿齒《襄陽耆舊記》五卷	12《襄陽耆舊記》五卷，習鑿齒撰	341《襄陽耆舊傳》五卷，習鑿齒撰			○	
342	9《東陽朝堂像讚》一卷，留叔先	44 留叔先《東陽朝堂像贊》一卷	18 留叔先《東陽朝堂像讚》一卷	14《東陽朝堂像讚》一卷，留叔先撰	342《東陽朝堂像讚》一卷，留叔先撰				○
343	20《竹林七賢論》二卷，戴逵	30 戴逵《竹林七賢論》二卷	42 戴逵《竹林七賢論》二卷	23《竹林七賢論》二卷，戴逵撰	343《竹林七賢論》二卷，戴逵撰				○
344					344《文章記》，顧愷之撰				○
345	10《列女圖》，顧凱之	49 顧愷之《列女圖》	61 顧愷之《列女圖》	32 顧凱之《古列女傳圖》十五卷					○

346	19《孝子傳》十五卷，廣濟	39 蕭廣濟《孝子傳》十五卷	40 蕭廣濟《孝子傳》十五卷	27《孝子傳》十卷，蕭廣濟撰				○	
347	31《列仙傳讚》三卷，鬷續、孫綽讚	24 孫綽《列仙傳讚》三卷		45《列仙傳讚》三卷，孫綽撰					○
348	32《列仙傳讚》二卷，郭元祖讚	62 郭元祖《列仙傳讚》三卷		46《列仙傳讚》二卷，郭元祖撰					○
349	33《列仙讚序》一卷，郭元祖	63 郭元祖《列仙讚序》一卷		47《列仙讚序》一卷，郭元祖撰					○
350	34《神仙傳》十卷，葛洪	31 葛洪《神仙傳》十卷		44《神仙傳》十卷，葛洪撰		○			
351	35《仙人許遠遊傳》一卷								○
352	36《南嶽夫人內傳》一卷	65《南嶽夫人內傳》一卷		51《紫虛元君南嶽夫人內傳》一卷，范邈撰					○
353	38《搜神記》三十卷，干寶	60 干寶《搜神記》三十卷					○		
354	39《搜神後記》十卷，陶潛	68 陶潛《搜神後記》十卷				○			
355	40《志怪》二卷，祖台之	59 祖台之《志怪》二卷					○		
356	41《靈鬼志》三卷，荀氏	61 荀氏《靈鬼志》三卷					○		
357	45《孝子傳》三卷，徐廣	40 徐廣《孝子傳》三卷	44 徐廣《孝子傳》三卷						○
358	48《清虛眞人王君內傳》一卷，存華	66 存華《清虛眞人王君內傳》一卷		50《清虛眞人王君內傳》一卷，存華撰					○
359	54《阮籍序讚》，江逌	87 江逌《阮籍序贊》	212 江逌《阮籍序贊》						○
360	66《外國事》，僧支載								○
361	71《晉東宮官名》								○
362	77《志節沙門傳》一卷，釋法安	231 法安《志節沙門傳》							○
363	78《高逸沙門傳》一卷，釋法濟	233 竺法濟《高逸沙門傳》	72 竺治濟《高逸沙門傳》一卷	55《高逸沙門傳》一卷，釋法濟撰					○

364	79《東山僧傳》，郄超	230 郄超《東山僧傳》	65 郄景興《東山僧傳》						○
365	87《吳猛別傳》	215《吳猛別傳》	191《吳猛別傳》						○
366	92《王粲傳》，何劭								○
367	96《嵇康別傳》								○
368	99《佛圖澄傳》	178《浮圖澄傳》							○
369	100《佛圖澄別傳》								○
370	101《桓靈寶傳》	180《桓靈寶傳》							○
371	105《夏統別傳》	196《夏統別傳》							○
372	107《夏仲舒別傳》								○
373	110《支法師傳》								○
374	111《支遁別傳》	179《支遁別傳》							○
375	112《支遁傳》			86《支遁傳》，郄超景興撰					○
376	113《安法師傳》	197《安法師傳》							○
377	114《安和尚傳》								○
378	115《釋道安傳》								○
379	126《孫施別傳》	198《孫施別傳》							○
380	158《趙至別家》	208《趙至別傳》	204《趙至別傳》						○
381	162《高坐道人別傳》	229《高坐道人別傳》	158《高座別傳》						○
382	187《紫陽眞人周君傳》一卷，華嶠	69 華嶠《紫陽眞人周君傳》一卷		48《紫陽眞人周君傳》一卷，華嶠撰					○
383	204《于法蘭別傳》	232《于法蘭別傳》							○
384	217《賀循別傳》	166《賀循別傳》	143《賀循別傳》						○

385	233《道人善道開傳》一卷，康泓	163 康泓《道人善道開傳》一卷		54《道人善道開傳》一卷，康泓撰					○
386	234《竺法曠傳》，顧愷之	51 顧愷之《竺法曠讚傳》		88《竺法曠傳》，顧愷之撰					○
387	235《龍樹菩薩傳》一卷，鳩摩羅什譯撰	226 姚秦鳩摩羅什譯《龍樹菩薩傳》一卷		56《龍樹菩薩傳》一卷，鳩摩羅什撰		○			
388	236《馬鳴菩薩傳》一卷，鳩摩羅什譯撰	227 姚秦鳩摩羅什譯《馬鳴菩薩傳》一卷		57《馬鳴菩薩傳》一卷，鳩摩羅什撰		○			
389	237《提婆菩薩傳》一卷，鳩摩羅什譯撰	228 姚秦鳩摩羅什譯《提婆菩薩傳》一卷		58《提婆菩薩傳》一卷，鳩摩羅什撰		○			
390	**補遺** 243《王處沖別傳》								○
391	**補遺** 251《劉惔別傳》								○
392	**補遺** 252《左思傳》，郭伯通、衛權撰								○
393	**補遺** 253《郭文傳》								○
394	**補遺** 254《佛所行讚經傳》五卷，寶雲								○
395	**補遺** 255《迦葉集經傳》一卷，竺法護								○
396	**附錄存疑類** 256《益部耆舊傳幷志》，陳術								○
397	**附錄存疑類** 257《楚國先賢傳》，鄒湛								○

398	附錄存疑類 261《扶南記》，竺枝								○
399	附錄存疑類 262《何顒傳》一卷								○
400	附錄存疑類 263《蒲元傳》								○
401	附錄存疑類 264《神仙傳略》一卷，葛洪								○
402		41 傅奕《高識傳》十卷							○
403		55 王浮《神異記》							○
404		64《太極左仙公葛君內傳》一卷							○
405		70 王羲之《許先生傳》一卷		52《許先生傳》一卷，王羲之撰					○
406		71 曹毗《志怪》							○
407		75《桓氏家傳》一卷							○
408		77 王褒《王氏江左世家傳》二十卷							○
409		118《司馬徽別傳》							○
410		141《樊英別傳》							○
411		176《荀粲別傳》	156 何劭《荀粲別傳》						○
412		181 蔡洪《張錡狀》							○
413			2《海內先賢行狀》三卷						○
414			5《益州耆舊雜傳記》二卷	3《益州耆舊雜傳記》二卷，陳壽撰					○
415			6《濟北先賢傳》一卷						○

416			12 陳長文《陳留耆舊傳》							○
417			14《廣陵耆老傳》							○
418			15 鍾離岫《會稽後賢傳記》二卷							○
419			17 賀氏《會稽先賢傳像讚》四卷							○
420			19 陸胤《廣州先賢傳》七卷						○	
421			25 賀氏《會稽太守像讚》二卷							○
422			26 高範《荊州先賢傳》三卷							○
423			27 華隔《廣陵烈士傳》一卷							○
424			37 束晳《七代通記》							○
425			43 劉劭《幼童傳》							○
426			45 項原《列女後傳》十卷							○
427			46 皇甫謐《列女後傳》六卷	63《列女後傳》，皇甫謐撰						○
428			49 穎川棗氏《文士傳》							○
429			51 陶潛《聖賢羣輔錄》二卷					○		
430			53 袁宏《竹林名士傳》三卷							○
431			58 綦毋邃《列女傳注》							○
432			59 荀勖《大列女圖》							○

433			60 荀勖《小列女圖》						○
434			62 王廙《列女仁智圖》						○
435			63 戴逵《列女仁智圖》						○
436			66 陸明霞《沙門傳》						○
437			67 張孝秀《廬山僧傳》						○
438			68 朱君台《徵應傳》	89《徵應傳》，朱君台撰					○
439			69 毋邱《儉記》三卷						○
440			70《王弼別傳》						○
441			176《梅陶自敘》						○
442			178《荀顗家傳》						○
443			180《李劭別傳》						○
444			187《傅巽別傳》						○
445			192《歐陽建別傳》						○
446			201 傅玄《傅嘏別傳》	83《傅嘏別傳》，傅玄撰					○
447			209《桓任別傳》						○
448			210《張羔別傳》						○
449			211 孫綽作《孫登傳》	69《孫登傳》，孫綽撰					○
450			217 傅暢《自敘》						○
451			218 傅咸《自敘》						○
452			219《晉氏后妃別傳》						○
453			220 謝敷《觀世音應驗傳》						○
454			221 趙至《自敘》						○

455			222 皇甫謐《自序》						○
456			223 葛洪《郭文傳》	79《郭文傳》，葛洪撰					○
457			224 庾闡《郭文傳》	80《郭文傳》，庾闡仲初撰					○
458			225 袁準《自敘》						○
459			226 杜預《自敘》			○			
460			228 王彪之《自序》						○
461			230《張鴻傳》						○
462				31《列女傳要錄》三卷，杜預撰					○
463				49《太元眞人東鄉司命茅君內傳》一卷，李遵撰					○
464				68《馬先生傳》，傅玄撰					○
465				70《管輅傳》，閻纘撰					○
466				76《顏含傳》，李闡弘模撰					○
467				87《竺法乘傳》，李顒撰					○

十一、地理類著錄書目比較表

11 地理類									
史志 編號	丁本 11 地理類 83 部	吳本 11 地理類 78 部	文本 11 地志類 126 部	黃本 11 地理 71 部	秦本 10 地理類 115 部	存佚情形			
						存	殘	輯	佚
1	附錄存疑類 71《洛陽宮殿簿》一卷	16《洛陽宮殿簿》一卷	11《洛陽宮殿簿》一卷	36《洛陽宮殿簿》一卷	1《洛陽宮殿簿》一卷				○
2					2《晉宮闕名》				○
3			18《晉宮闕簿》	71《晉宮闕簿》	3《晉宮闕簿》				○
4	附錄存疑類 76《晉宮閣名》	7《晉宮閣名》	17《晉宮閣名》	69《晉宮閣名》	4《晉宮閣名》				○

5					5《司空圖》				○
6	25《禹貢地域圖》十八篇，裴秀		8 裴秀《禹貢地域圖》十八篇	7《禹貢地域圖》十八篇，裴秀撰	6《禹貢地域圖》十八篇，裴秀撰				○
7	67《皇甫謐地書》	58 皇甫謐《地書》	25 皇甫謐《地書》	45《地書》，皇甫謐撰	7《地里書》，皇甫謐撰				○
8					8《國都城記》，皇甫謐撰				○
9					9《郡國記》，皇甫謐撰				○
10			63《太康三年地記》五卷	8《地記》五卷	10《地記》五卷			○	
11	20《州郡縣名》五卷	11《太康郡縣名》五卷	65《太康三年州郡縣名》五卷	10《州郡縣名》五卷	11《太康州郡縣地名》五卷				○
12	21《太康土地記》十卷	10《晉太康土地記》十卷	64《太康土地記》十卷		12《太康土地記》十卷				○
13	13《元康二年地記》六卷	8《元康三年地記》六卷	67《元康三年地記》六卷	9《元康三年地記》六卷	13《元康三年地記》六卷				○
14	16《元康六年戶口簿記》二卷	13《元康六年戶口簿記》三卷	68《元康六年戶口簿記》二卷	12《元康六年戶口簿記》三卷	14《元康六年戶口簿記》三卷				○
15	64《永寧地志》		71《永寧地志》	44《永寧地志》	15《永寧地志》				○
16	43《晉地記》	12《晉地記》			16《晉地記》				○
17	1《畿服經》一百七十卷，摯虞	14 摯虞《畿服經》一百七十卷	53 摯虞《畿服經》一百七十卷	6《畿服經》一百七十卷，摯虞撰	17《畿服經》一百七十卷，摯虞撰				○
18	60《九州記》，樂資	47 樂資《九州記》	86 樂資《九州記》	47《九州記》，樂資撰	18《九州志》，樂資撰				○
19	48《伏滔地記》			46《地記》，伏滔撰	19《地記》，伏滔撰				○
20	66《十四州記》，苗恭				20《十四州記》，苗恭撰				○
21					21《十三州志》十卷，闞駰撰			○	
22	36《秦記》，阮籍	38 阮籍《秦記》			22《秦記》，阮籍撰				○
23	35《宜陽記》，阮籍	37 阮籍《宜陽記》	54 阮籍《宜陽記》		23《宜陽記》，阮籍撰				○

24					24《三吳郡國志》，韋昭撰				○
25					25《吳興錄》，韋昭撰				○
26	63《益州志》，譙周		39 譙周《益州記》	54《益州志》，譙周撰	26《益州志》，譙周撰				○
27	7《三巴記》一卷，譙周		40 譙周《三巴記》一卷	24《三巴記》一卷，譙周撰	27《三巴記》，譙周撰				○
28	49《交廣二州記》一卷，王範	55 王範《交廣二州記》一卷	42 王範《交廣二州記》一卷	26《交廣二州記》一卷，王範撰	28《交廣二州春秋》一卷				○
29			44 黃恭《交廣記》		29《交廣記》，苗恭撰				○
30					30《翼州記》，裴秀撰				○
31		50 杜預《益州記》			31《益州記》，杜預撰				○
32	附錄存疑類 78《汝南記》，杜預	49 杜預《汝南記》	78 杜預《汝南記》	56《汝南記》，杜預撰	32《汝南記》，杜預撰				○
33	2《洛陽記》一卷，陸機	15 陸機《洛陽記》一卷	10 陸機《洛陽記》一卷	14《洛陽記》一卷，陸機撰	33《洛陽記》一卷，陸機撰	○			
34			9《洛陽記》四卷		34《洛陽記》四卷				○
35	51《吳地記》一卷，張勃	24 張勃《吳地記》一卷	28 張勃《吳地記》一卷	21《吳地記》一卷，張勃撰	35《吳地記》一卷，張勃撰				○
36					36《吳都記》一卷，張勃撰				○
37	19《關中記》一卷，潘岳	34 潘岳《關中記》一卷	52 潘岳《關中記》一卷	17《關中記》一卷，潘岳安仁撰	37《關中記》一卷，潘岳撰	○			
38					38《錢塘記》，劉道眞撰				○
39					39《豫章記》一卷，雷次宗撰	○			
40					40《會稽土地記》一卷，朱育撰				○
41			37 庾仲雍《荊州記》		41《荊州記》，庾仲雍撰			○	
42			74 庾仲雍《湘洲記》二卷		42《湘州記》二卷，庾仲雍撰			○	

43	26《梁州巴記》，黃容	30 黃容《梁州巴記》		59《梁州巴記》，黃容撰	43《梁州巴記》，黃容撰				○
44	58《冀州記》，荀綽		33 荀綽《冀州記》	48《冀州記》，荀綽撰	44《冀州記》，荀綽撰				○
45				57《臨安地志》，郭璞撰	45《臨安志》，郭璞撰				○
46	6《會稽記》一卷，賀循	27 賀循《會稽記》一卷	36 賀循《會稽記》一卷	20《會稽記》一卷，賀循撰	46《會稽記》一卷，賀循撰				○
47	5《吳郡記》一卷，顧夷	25 顧夷《吳郡記》一卷	26 顧夷《吳郡記》一卷	19《吳郡記》一卷，顧夷撰	47《吳郡記》二卷，顧夷撰				○
48					48《司州記》二卷				○
49					49《上黨國記》，佐明楷、程機撰				○
50					50《益州記》三卷，李充撰				○
51	34《荊州記》，范汪	28 范汪《荊州記》	38 范汪《荊州記》	51《荊州記》，范汪撰	51《荊州記》，范汪撰			○	
52	50《齊記》，伏琛	46 伏琛《齊記》	57 伏琛《齊記》	60《齊記》，伏琛撰	52《齊記》，伏琛撰			○	
53	42《交廣記》，王隱	54 王隱《交廣記》	49 王隱《交廣記》		53《交廣記》，王隱撰				○
54	65《蜀志》一卷，常寬		59 常寬《蜀志》一卷	22《蜀志》一卷，常寬撰	54《蜀志》一卷，常寬撰				○
55					55《南康記》，劉德明撰	○			
56	8《朱崖傳》一卷，蓋泓	65 燕蓋泓《珠崖傳》一卷	41 蓋泓《珠崖傳》一卷	31《珠崖傳》一卷，蓋泓撰	56《珠崖傳》一卷，蓋泓撰				○
57					57《臨川記》，荀伯子撰				○
58	62《交州記》，劉欣期	56 劉欣期《交州記》	43 劉欣期《交州記》	52《交州記》，劉欣期撰	58《交州記》，劉欣期撰			○	
59	57《洛陽記》一卷，戴延之	20《洛陽記》一卷	16 戴延之《洛陽記》一卷	15《洛陽記》一卷，戴祚延之撰	59《洛陽記》一卷，戴延之撰				○
60					60《始興記》，王韶之撰			○	
61					61《南康記》，王韶之撰				○
62	32《湘中山水記》三卷，羅含	36 羅含《湘中記》	72 羅含《湘中山水記》三卷	23《湘中山水記》三卷，羅含君章撰	62《湘中記》，羅含撰			○	

63	59《齊地記》二卷，晏謨	57晏謨《齊地記》二卷	56晏謨《齊地記》二卷	25《齊地記》二卷，晏謨撰	63《齊地記》，晏謨撰				○
64					64《沙州記》，段國撰			○	
65					65《辛氏三秦記》			○	
66			19《河南郡縣境界簿》		66《河南十二縣境簿》				○
67					67《濟河論》，鄧艾撰				○
68			83庾仲雍《江記》五卷		68《江記》五卷				○
69			73庾仲雍《湘中記》		69《湘中記》，庾仲雍撰			○	
70			75庾仲雍《漢水記》五卷		70《漢水記》五卷，庾仲雍撰				○
71					71《水經》二卷，郭璞撰	○			
72	24《水經注》三卷，郭璞	2郭璞《水經注》三卷	5郭璞注《水經》三卷	5《水經》三卷，郭璞注	72《水經注》三卷，郭璞撰	○			
73	18《四海百川水源記》一卷，釋道安	66釋道安《四海百川水源記》一卷	81釋道安《四海百川水源記》一卷	27《四海百川水源記》一卷，釋道安撰	73《四海百川水源記》一卷，釋道安撰				○
74					74《四海百川水源記》一卷				○
75	17《江圖》，僧道安	67釋道安《江圖》			75《江圖》二卷				○
76	附錄存疑類 73《吳蜀地圖》	62《吳蜀地圖》			76《吳蜀地圖》，文帝命有司訪撰				○
77	3《洛陽圖》一卷，楊佺期	18楊佺期《洛陽圖》一卷	14楊佺期《洛陽圖》一卷	16《洛陽圖》一卷，楊佺期撰	77《洛陽圖》一卷，楊佺期撰				○
78					78《石簣山記》，賀循撰				○
79	附錄存疑類 82《幙阜山記》，葛洪	40葛洪《幙阜山記》一卷	82葛洪《幙阜山記》一卷	33《幕阜山記》一卷，葛洪撰	79《幙阜山記》，葛洪撰				○
80					80《湘中山水記》三卷，羅含撰			○	

81					81《湘川記》一卷，羅含撰				○
82			103 王珣《虎邱記》		82《虎邱記》，王珣撰				○
83			100 張野《廬山記》		83《廬山記》，張野撰				○
84	52《吳興山墟名》，張玄之	23 張元之《吳興山墟名》	119 張元之《吳興山墟名》一卷	32《吳興山墟名》一卷，沈充士居撰	84《吳興山墟名》，張玄之撰	○			
85	33《宜都山川記》，袁山松	42 袁山松《宜都山水記》	76 袁山松《宜都山川記》	61《宜都記》，袁山松撰	85《宜都山川記》，袁山松撰				○
86	40《勾將山記》，袁山松	43 袁山松《勾將山記》	101 袁山松《勾將山記》	62《勾將山記》，袁山松撰	86《句將山記》，袁山松撰				○
87	54《羅浮山記》，袁宏	41 袁宏《羅浮山疏》	95 袁宏《羅浮山記》	63《羅浮山記》，袁宏撰	87《羅浮山記》，袁宏撰				○
88					88《神境記》，王韶之撰			○	
89					89《名山記》，殷武撰				○
90	53《廬山記略》一卷，釋慧遠	72 釋慧遠《廬山記》	98 釋慧遠《廬山記》一卷	34《廬山紀略》一卷，釋慧遠撰	90《廬山記略》一卷，釋慧遠撰	○			
91	12《三輔故事》二卷	5《三輔故事》二卷	51《三輔故事》二卷	37《三輔故事》二卷，晉世撰	91《三輔故事》二卷，晉世撰			○	
92					92《三輔舊事》三卷			○	
93					93《韋氏三輔舊事》一卷				○
94	46《聖賢冢墓記》一卷，李彤	63 李彤《聖賢冢墓記》一卷	62 李彤《聖賢冢墓記》一卷	35《聖賢冢墓記》一卷，李彤撰	94《聖賢冢墓記》一卷，李彤撰				○
95					95《城冢記》一卷				○
96	31《異物志》十卷，譙周		114 譙周《異物志》	67《異物志》，譙周撰	96《異物志》，譙周撰				○
97	15《臨海水土異物志》一卷，沈瑩	29 沈瑩《臨海水土物志》一卷			97《臨海水土異物記》一卷，沈瑩撰			○	
98	4《風土記》三卷，周處	22 周處《風土記》三卷	23 周處《風土記》三卷	13《風土記》三卷，周處撰	98《風土記》三卷，周處撰			○	
99	11《發蒙記》一卷，束皙	59 束皙《發蒙記》一卷	113 束皙《發蒙記》一卷	38《發蒙記》一卷，束皙撰	99《發蒙記》一卷，束皙撰			○	

100	47《荊揚以南異物志》，薛瑩	31 薛瑩《荊揚以南異物志》	110 薛瑩《荊揚已南異物志》	68《荊揚以南異物志》，薛瑩撰	100《荊揚已南異物志》，薛瑩撰				○
101	30《異物志》十卷，續咸	52 續咸《異物志》十卷	112 續咸《異物志》十卷	40《異物志》十卷，續咸撰	101《異物志》十卷，續咸撰				○
102	44《南方草木狀》一卷，嵇含	35 嵇含《南方草木狀》二卷			102《南方草木狀》三卷，嵇含撰	○			
103					103《南方草木狀》，徐衷撰				○
104	29《遠遊志》十卷，續咸	51 續咸《遠遊志》十卷		30《遠遊志》十卷，續咸撰	104《遠遊志》十卷，續咸撰				○
105			85 王羲之《遊四郡記》		105《游郡記》，王羲之撰				○
106		21 郭象《述征記》二卷			106《述征記》二卷，郭緣生撰				○
107					107《續述征記》，郭緣生撰				○
108					108《遠法師遊山記》				○
109		77 釋智猛《游行外國傳》一卷			109《遊行外國傳》一卷，釋智猛撰				○
110	38《西域志》一卷，釋道安	68 釋道安《西域志》	87 釋道安《西域志》一卷	28《西域志》一卷，釋道安撰	110《西域志》一卷，釋道安撰	○			
111		78 支僧載《外國事》	89 支僧載《外國事》		111《外國傳》，僧支載撰				○
112	61《外國圖》	61《外國圖》	90《外國圖》		112《外國圖》				○
113					113《伏南記》，竺枝撰				○
114	附錄存疑類 81《游歷天竺記》一卷，釋法顯	70 釋法顯《遊天竺記》	94 釋法顯《遊天竺記》		114《游歷天竺記》一卷，釋法顯撰				○
115	附錄存疑類 80《佛國記》一卷，法顯	69 釋法顯《佛國記》一卷	93 釋法顯《佛國記》一卷		115《佛國記》一卷，釋法顯撰	○			
116	9《鄴中記》二卷，陸翽	44 陸翽《鄴中記》二卷	50 陸翽《鄴中記》三卷	18《鄴中記》二卷，陸翽撰				○	
117	10《春秋土地名》三卷，京相璠等撰							○	

118	14《山海經圖讚》二卷，郭璞注	3 郭璞《山海經圖讚》二卷	2 郭璞《山海經圖讚》二卷	2《山海經圖讚》二卷，郭璞撰				○	
119	22《山海經注》二十三卷，郭璞	1 郭璞《山海經注》二十三卷	1 郭璞《山海經注》二十三卷	1《山海經》二十三卷，郭璞撰		○			
120	23《山海經音》二卷，郭璞	4 郭璞《山海經音》二卷	3《山海經音義》	3《山海經音》二卷，郭璞撰		○			
121	27《夏禹治水圖》，顧愷之	32 顧愷之《夏禹治水圖》		41 顧愷之《夏禹治水圖》一卷					○
122	28《山海經圖畫讚》，張駿	6 張駿《山海經讚》	4 張駿《山海經圖讚》						○
123	37《袞州記》，荀綽		32 荀綽《袞州記》	49《袞州記》，荀綽撰					○
124	39《北征記》，伏滔	39 伏滔《北征記》	22 伏滔《北征記》	66《北征記》，伏滔撰					○
125	41《神異經注》一卷，張華	64 張華注《神異經》一卷	61 張華注《東方朔神異經》一卷	4《神異經》一卷，張華茂先注		○			
126	45《冀州記》，裴秀	26 裴秀《冀州記》	35 裴秀《冀州記》	50《冀州記》，裴秀撰					○
127	55《登羅山疏》，竺法眞	71 竺法眞《登羅山疏》	105 竺法眞《登羅山疏》						○
128	56《西征記》一卷，戴祚	19 戴祚《西征記》二卷	21 戴延之《西征記》二卷	29《西征記》一卷，戴祚延之撰				○	
129	68《畫雲龍山記》，顧凱之	33 顧愷之《畫雲龍山記》							○
130	補遺 69《巴蜀志》，袁休明		60 袁休明《巴蜀記》						○
131	補遺 70《南都賦圖》，戴逵								○
132	附錄存疑類 72《分吳會丹陽三郡記》三卷								○
133	附錄存疑類 74《石虎鄴中記》	45 石虎《鄴中記》							○

134	附錄存疑類 75《洛陽故宮名》	17《洛陽故宮名》	13《洛陽故宮名》						○
135	附錄存疑類 77《晉宮閣記》			70《晉宮閣記》					○
136	附錄存疑類 79《關中記》一卷，葛洪		55 葛洪《關中記》一卷						○
137	附錄存疑類 83《從征記》，伍緝之								○
138		9《晉中州記》	20《晉中州記》 70《晉中州記》	43《晉中州記》					○
139		48 荀綽《九州記》	31 荀綽《九州記》						○
140		53 王劭《鄉邑記注》		65《鄉邑記注》，王劭撰					○
141		60 支遁《天台山圖》							○
142		73 竺法護《耆闍○山解》							○
143		74 釋曇景《京師寺塔記》二卷							○
144		75 釋法盛《歷國傳》二卷	88 法盛《歷諸國傳》						○
145			6 王演《山記》						○
146			7《泰始郡國圖》						○
147			12《洛陽宮舍記》						○
148			15 華延儁《洛陽記》						○
149			24《京兆舊事》						○
150			27 顧長生《三吳上地記》	58《三吳土地記》，顧長生撰					○

151			29《揚州記》						○
152			30 劉芳《徐地錄》一卷						○
153			34 喬潭《冀州記》						○
154			45 裴淵《廣州記》二卷						○
155			46 裴淵《海東記》						○
156			47 俞益期《交州牋》	53《交州牋》，喻希益期撰					○
157			48 鄧中岳《交州記》三卷						○
158			58 顧徽《廣州記》					○	
159			66《太康郡國志》						○
160			69《元康六年地記》三卷						○
161			77《羊頭山記》						○
162			79《三齊略記》						○
163			80 黃義仲《十二州記》						○
164			84 葛洪《潮說》						○
165			91《外國事》						○
166			92《括地圖》						○
167			96 伏滔《遊廬山序》						○
168			97 王彪之《廬山記》						○
169			99 劉遺民《廬山記》						○
170			102 支遁《天台山銘序》						○
171			104 顧愷之《虎邱山序》						○
172			106 傅玄《華嶽銘序》						○

173			107 張曜《中山記》						○
174			108《林邑國記》一卷						○
175			109《南中八郡志》						○
176			111 魏完《南中志》						○
177			115《涼州異物志》二卷					○	
178			116《巴蜀異物志》						○
179			117 張須無《九江圖》一卷	42《江圖》一卷，張氏撰					○
180			118 張僧鑒《尋陽記》二卷						○
181			120 戴勃《九州名山圖》						○
182			121 徐靈期《南嶽記》	64《南嶽記》，徐靈期撰				○	
183			121 張氏《土地記》						○
184			123《西河舊事》一卷					○	
185			124 朱應《扶南異物志》一卷					○	
186			125 楊元鳳撰《置桂陽郡事》						○
187			126 殷斌《石室記》						○
188				11《太康國照圖》一卷，孫結撰					○
189				39《異物評》二卷，華張撰					○
190				55《蜀後志》，杜襲敬修撰					○

十二、譜系類著錄書目比較表

12譜系類									
史志 編號	丁本12譜系類11部	吳本12譜系類12部	文本12譜系類64部	黃本12譜系9部	秦本	存佚情形			
						存	殘	輯	佚
1	1《族姓昭穆》十卷，摯虞	1摯虞《族姓昭穆記》十卷	1 摯虞《族姓昭穆記》十卷	1《族姓昭穆記》十卷，摯虞撰					○
2	2《魏世譜》，孫盛	6孫盛《魏世譜》		3《魏世譜》					○
3	3《蜀世譜》，孫盛	7孫盛《蜀世譜》		4《蜀世譜》，孫盛撰					○
4	4《華嶠譜序》	8 華嶠《譜序》	19《華氏譜》	7《華氏譜》，華嶠撰					○
5	5《庾氏譜》	9《庾氏譜》	59《庾氏譜》						○
6	6《晉語譜》	10《晉世譜》		5《晉世譜》				○	
7	7《摯氏世本》	5《摯氏世本》	11《摯氏世本》						○
8	8《司馬氏系本》，司馬無忌	4 司馬無忌《司馬系本》	9 司馬無忌《司馬氏世本》	8《司馬氏系本》，司馬無忌公壽撰					○
9	9《複姓錄》，餘頠	3傅餘頠《複姓錄》	4傅餘頠《複姓錄》	9《複姓錄》，傅餘頠撰					○
10	10《潘氏家譜》，潘岳	11 潘岳《潘氏家譜》		6《潘氏家譜》，潘岳撰					○
11	11《晉姓氏簿狀》，賈弼	2賈弼《姓氏簿狀》七百十二卷	2 賈弼《十八州士族譜》七百十二卷	2《百姓族譜》七百十二卷，賈弼之撰					○
12		12《嵇氏譜》	13《嵇氏譜》						○
13			3 黃容《梁州巴紀姓族》						○
14			5皇甫謐《韋氏家傳》三卷						○
15			6 傅暢《裴氏家記》						○
16			7 曹毗《曹氏家傳》一卷						○
17			8《曹氏譜》						○

18			10《司馬氏譜》						○
19			12《嵇氏世家》						○
20			14 范汪《范氏家傳》一卷						○
21			15《孫氏譜》						○
22			16《孫氏世錄》						○
23			17《江氏家傳》						○
24			18《江偉家傳》						○
25			20《阮氏譜》						○
26			21《陳氏譜》						○
27			22《王氏世家》						○
28			23《王氏譜》						○
29			24《張氏譜》						○
30			25《荀氏譜》						○
31			26《李氏譜》						○
32			27《劉氏譜》						○
33			28《馮氏譜》						○
34			29《賈氏譜》						○
35			30《虞氏譜》						○
36			31 虞覽《虞氏家記》五卷						○
37			32《郝氏譜》						○
38			33《郄氏譜》						○
39			34《韓氏譜》						○
40			35《袁氏世紀》						○
41			36《袁氏家傳》						○
42			37《袁氏譜》						○
43			38《温室譜》						○
44			39《陸氏譜》						○
45			40《羊氏譜》						○
46			41《謝氏譜》						○

47			42《傅氏譜》						○
48			43《楊氏譜》						○
49			44《周氏譜》						○
50			45《吳氏譜》						○
51			46《孔氏譜》						○
52			47《陶氏敘》						○
53			48《陶氏家傳》						○
54			49《謝女譜》						○
55			50《戴氏譜》						○
56			51《許氏譜》						○
57			52《桓氏譜》						○
58			53《索氏譜》						○
59			54《殷氏譜》						○
60			55《祖氏譜》						○
61			56《諸葛氏譜》						○
62			57《顧氏譜》						○
63			58 庾裴《庾氏家傳》一卷						○
64			60《邵氏家傳》						○
65			61《太原郭氏錄》						○
66			62《郭氏譜》						○
67			63《衛氏譜》						○
68			64《魏氏譜》						○

十三、簿錄類著錄書目比較表

13 簿錄類									
史志／編號	丁本 13 簿錄類 17 部	吳本 13 簿錄類 12 部	文本 13 目錄類 19 部	黃本 13 簿錄 13 部	秦本 13 目錄類 22 部／附錄：石刻類 104 部	存佚情形			
						存	殘	輯	佚
					13 目錄類				
1	2《晉中經》十四卷，荀勖	2 荀勖《晉中經》十四卷	1 荀勖《晉中經》十四卷	1《晉中經》十四卷，荀勖撰	1《晉中經簿》十四卷，荀勖撰				○
2	4《雜撰文章家集敘》十卷，荀勖	3 荀勖《新撰文章家集敘》十卷	6 荀勖《雜撰文章家集敘》十卷	3《雜撰文章家集序》十卷，荀勖撰	2《雜撰文章家集敘》十卷，荀勖撰				○

3					3《文章敘錄》，荀勖撰				○
4					4《汲冢書幷竹書同異》一卷，荀勖、和嶠撰次				○
5					5《古文璅語》四卷，荀勖、和嶠撰次			○	
6	5《文章志》四卷	4 摯虞《文章志》四卷	5 摯虞《文章志》四卷	4《文章志》四卷，摯虞撰	6《文章志》四卷，摯虞撰			○	
7					7《汲冢竹書考正》，衛恆撰				○
8					8《汲冢書鈔》，束皙撰			○	
9					9《汲冢書異義》，衛恆撰				○
10					10《難汲冢書異義》，王庭堅撰				○
11					11《汲冢書異義釋難》，束皙撰				○
12					12《詳正汲冢書異義釋難得失》，王接撰				○
13					13《汲冢古文釋》十卷，續咸撰				○
14	6《晉元帝書目》	11《晉元帝書目》	2《晉元帝書目》	10《晉元帝書目》	14《晉元帝書目》				○
15	8《王朝目錄》	10《王朝目錄》			15《王朝目錄》			○	
16			4 李充《四部》		16《四部簿》，李充撰				○
17	9《晉文章紀》，顧愷之	6 顧愷之《晉文章紀》	8 顧愷之《晉文章記》	12《晉文章記》，顧愷之撰	17《晉文章紀》，顧愷之撰				○
18	附錄存疑類 17《隆安西庫書目》二卷			2《隆安西庫書目》二卷	18《隆安西庫書目》二卷				○
19	7《義熙四年祕閣四部目錄》	12《義熙四年祕閣四部目錄》	3《晉義熙四年祕閣四部書目》	11《義熙四年祕閣四部目錄》	19《義熙四年祕閣四部書目》				○

20	3《晉義熙已來新集目錄》三卷	9《晉義熙已來新集目錄》三卷			20《晉義熙已來新集目錄》三卷，邱淵之撰				○
21					21《文章錄》，邱淵之撰				○
22					22《別集錄》，邱淵之撰				○
23	1《魏中經》，鄭默	1鄭默《魏中經》	7 鄭默《魏中經簿》	9《魏中經簿》，鄭默思玄撰					○
24	10《大秦衆經目錄》，釋僧叡		9釋僧叡《二秦衆經錄目》一卷						○
25	11《綜理衆經目錄》一卷，釋道安		10 釋道安《綜理衆經目錄》一卷	7《綜理衆經目錄》一卷，釋道安撰					○
26	12《傳譯經錄》，支敏度								○
27	13《諸經目錄》，釋道祖			13《諸經目》，釋道祖撰					○
28	14《衆經目》一卷，竺法護		17 竺法護《衆經錄目》一卷	6《衆經目錄》一卷，竺法護撰					○
29	15《論畫篇》，顧愷之	7顧愷之《畫讚》							○
30	補遺 16《衆經》四卷，釋道流、竺道祖撰		11《魏世錄目》一卷 12《吳世錄目》一卷 13《晉世雜錄》一卷 14《河西目錄》一卷						○
31		5傅亮《續文章志》二卷							○
32		8傅玄《古今畫讚》							○
33			15《經論都錄》一卷	8《羣經都錄別錄》一卷，支愍度撰					○
34			16《別錄》一卷						○
35			18 聶道真《衆經錄目》一卷						○

36			19《二趙經錄》一卷						○
37				5《正書目錄》一卷					○
38					附錄：石刻類 1《晉辟雍行禮碑》				○
39					2《征南大將軍宋均碑》				○
40					3《南鄉太守司馬整德政碑頌》				○
41					4《南鄉郡建國碑》				○
42					5《晉城門校尉昌原恭侯鄭仲林碑》				○
43					6《潘宗伯韓仲元造橋格題字》	○			
44					7《南鄉太守郛休碑》	○			
45					8《任城太守孫夫人碑》	○			
46					9《北嶽祠堂頌》				○
47					10《千金渠石人脇下文》				○
48					11《天發神讖碑》	○			
49					12《禪國山寺碑》				○
50					13《魏大長秋游述碑》				○
51					14《晉右峭北山石銘》				○
52					15《右將軍鄭烈碑》				○
53					16《楊紹買冢莂》				○
54					17《晉六門碣碑》				○
55					18《太原寺墫浮圖石銘》				○

56					19《晉梁王妃王氏碑》				○
57					20《太公呂望表》	○			
58					21《雲南太守碑》				○
59					22《議郎陳先生碑》				○
60					23《護羌校尉彭祈碑》				○
61					24《伊闕石壁銘》				○
62					25《中散大夫胡均碑》				○
63					26《太子詹事裴權碑》				○
64					27《裴權後碑》				○
65					28《光祿勳向凱碑》				○
66					29《郭巨石室泰山高全明題名》				○
67					30《鴻臚成公重墓碑》				○
68					31《陸機太山吟》				○
69					32《郭巨石室庾其連題名》				○
70					33《青山神君頌》				○
71					34《郭巨石室侯泰題名》	○			
72					35《故西戎令范君墓碑》				○
73					36《譙定王司馬士會碑》				○
74					37《僞漢司徒劉雄碑》				○
75					38《征南將軍胡奮碑》				○
76					39《太傅羊祜碑》	○			
77					40《鎮南將軍杜預碑》				○

78					41《方城侯鄧艾碑》				○
79					42《陳武王碑》				○
80					43《陳壽碑》				○
81					44《王戎碑》				○
82					45《僞趙浮圖澄遺像碑》				○
83					46《宣城內史陸喈碑》				○
84					47《廣昌長暨遜碑》				○
85					48《郭文碑》				○
86					49《老父嚴氏碑》				○
87					50《僞趙横山神李君碑》				○
88					51《僞趙西門豹祠殿基記》				○
89					52《鄧太尉祠碑》	○			
90					53《路君墓石闕文》				○
91					54《樂毅論》，王羲之書	○			
92					55《蘭亭脩禊序》，王羲之書			○	
93					56《白石神君碑陰主簿程疵家題名》				○
94					57《黃庭經》，王羲之書	○			
95					58《散騎常侍周處碑》，陸機文，王羲之書	○			
96					59《東方朔畫贊》，王羲之書	○			
97					60《平西將軍墓銘》，王羲之書	○			
98					61《定水寺題》，王羲之書				○
99					62《秦山君改高樓碑》				○
100					63《保母磚志》				○

101					64《遺教經》		○		
102					65《洛陽賦》，王獻之書			○	
103					66《王大令桓山碑》				○
104					67《王獻之法帖》	○			
105					68《晉七賢帖》				○
106					69《晉賢法帖》				○
107					70《廣武將軍□產碑》	○			
108					71《石柱文》				○
109					72《徵士襲玄墓》				○
110					73《騎都尉枳陽府君神道碑》				○
111					74《夜郎太守毌稚碑》				○
112					75《遼東太守呂憲墓表》	○			
113					76《爨寶子碑》	○			
114					77《宋武帝檄譙縱文》				○
115					78《安南將軍劉儼碑》				○
116					79《征南將軍胡羆碑》				○
117					80《征西將軍周訪碑》				○
118					81《桓宣碑》				○
119					82《郗灰碑》，魯宗之立				○
120					83《丁議碑》				○
121					84《巴西太守盧茂碑》				○
122					85《紀墓侯碑》				○
123					86《遂州刺史李豪碑》				○
124					87《西平將軍葛府君碑》				○
125					88《尉氏令陳君單碑》				○

126					89《周肸墓石柱題》				○
127					90《西平侯顏含碑》				○
128					91《魏興郡太守覃毅德政碑》				○
129					92《張愷碑》				○
130					93《征虜將軍楊亮碑》				○
131					94《安邑令徐君碑》				○
132					95《金鄉長薛君頌》				○
133					96《張子平碑》				○
134					97《吳延陵季子二碑》，殷仲堪文	○			
135					98《征東將軍司馬韜碑》				○
136					99《散騎常侍韓府君神道碑》	○			
137					100《處州南明山葛洪題字》				○
138					101《侍中楊君闕》				○
139					102《中書賈公闕》				○
140					103《關中侯劉韜墓志》	○			
141					104《學生題名》				○

十四、別史類著錄書目比較表

14 別史類									
史志 編號	丁　本	吳　本	文　本	黃　本	秦本3別史類38部	存佚情形			
						存	殘	輯	佚
1					1《吳書》五十五卷，韋昭撰				○
2					2《吳錄》三十卷，張勃撰			○	

3					3《蜀本紀》，譙周撰				○
4					4《周書注》八卷，孔晁撰	○			
5					5《汲冢周志》				○
6					6《帝王世紀》十卷，皇甫謐撰			○	
7					7《帝王世紀音》四卷，虞喜撰				○
8					8《後漢紀》一百卷，薛瑩撰			○	
9					9《續漢書》八十三卷，司馬彪撰			○	
10					10《魏書》四十八卷，王沈撰				○
11					11《魏書》，夏侯湛撰				○
12					12《七代通紀》，束晳撰				○
13					13《吳歷》六卷，胡沖撰				○
14					14《吳書》，周處撰				○
15					15《吳紀》九卷，環濟撰				○
16					16《蜀書》，王崇撰				○
17					17《漢後書》九十七卷，華嶠撰			○	
18					18《春秋後傳》三十一卷，樂資撰			○	
19					19《魏晉紀傳》，華暢撰				○
20					20《後漢書》一百二十二卷，謝沈撰			○	
21					21《後漢書外傳》十卷，謝沈撰				○

22					22《晉書》三十餘卷，謝沈撰				○
23					23《晉書》二十二卷，干寶撰				○
24					24《後漢南紀》五十八卷，張瑩撰				○
25					25《後漢書》一百卷，袁山松撰			○	
26					26《晉書》九十三卷，王隱撰			○	
27					27《刪補蜀記》七卷，王隱撰				○
28					28《晉書》四十四卷，虞預撰			○	
29					29《晉書》十四卷，朱鳳撰			○	
30					30《漢尚書》十卷，孔衍撰				○
31					31《後漢尚書》六卷，孔衍撰				○
32					32《魏尚書》十卷，孔衍撰				○
33					33《春秋時國語》十卷，孔衍撰			○	
34					34《春秋後國語》十卷，孔衍撰			○	
35					35《周載》三十卷，孟儀撰				○
36					36《東晉新書》七卷，庾銑撰				○
37					37《晉書鴻烈》六卷，張氏撰				○
38					38《漢皇德紀》二十卷，侯瑾撰			○	

十五、詔令奏議類著錄書目比較表

15 詔令奏議類									
史志 編號	丁　本	吳　本	文　本	黃　本	秦　本 5 詔令奏議類 49 部	存佚情形			
						存	殘	輯	佚
1					1《晉文王武帝雜詔》十二卷				○
2					2《晉元帝詔》十二卷				○
3					3《晉成帝詔草》十七卷				○
4					4《晉咸康詔》四卷				○
5					5《晉康帝詔草》十卷				○
6					6《晉建元直詔》三卷				○
7					7《晉永和副詔》九卷				○
8					8《晉升平隆和興寧副詔》十卷				○
9					9《晉泰元咸寧寧康副詔》十一卷				○
10					10《隆安直詔》五卷				○
11					11《元興大亨副詔》三卷				○
12					12《義熙詔》十卷				○
13					13《義熙副詔》十卷				○
14					14《晉雜詔書》一百卷，《錄》一卷				○
15					15《晉雜詔書》二十八卷，《錄》一卷				○

16					16《晉詔》六十卷				○
17					17《晉雜詔》六十六卷				○
18					18《頒五條詔》十卷				○
19					19《晉朝雜詔》九卷				○
20					20《錄晉詔》十四卷				○
21					21《晉詔書黃素制》五卷				○
22					22《晉定品制》一卷				○
23					23《漢名臣奏》三十卷				○
24					24《魏名臣奏事》四十卷，《錄》一卷，陳壽撰				○
25					25《魏駁》九卷，河西人所著書				○
26					26《山公啓事》三卷			○	
27					27《山公表注》，賈弼之撰				○
28					28《杜預奏事》				○
29					29《傅咸集奏》				○
30					30《傅咸劾事》				○
31					31《劉弘教》				○
32					32《孫盛奏事》				○
33					33《孫楚集奏》				○
34					34《徐邈奏議》				○
35					35《中丞高崧奏事》五卷				○
36					36《中丞司馬無忌奏事》十三卷				○

37					37《金紫光祿大夫周閔奏事》四卷				○
38					38《孔羣奏》二十二卷				○
39					39《中丞劉劭奏事》六卷				○
40					40《中丞虞谷奏事》六卷				○
41					41《范寧啓事》				○
42					42《晉諸公奏》十一卷				○
43					43《晉彈事》十卷				○
44					44《晉駁事》四卷				○
45					45《南臺奏事》二十二卷				○
46					46《雜表駁奏》三十五卷				○
47					47《雜薦文》十二卷				○
48					48《薦文集》七卷				○
49					49《晉雜議》十卷				○

十六、史鈔類著錄書目比較表

16 史鈔類									
史志 編號	丁　本	吳　本	文　本	黃　本	秦本 7 史鈔類 10 部	存佚情形			
						存	殘	輯	佚
1					1《洞記》四卷，韋昭撰				○
2					2《晉後略》五卷，荀綽撰			○	
3					3《後漢略》二十五卷，張緬撰				○

4					4《史記鈔》十四卷，葛洪撰				○
5					5《漢書鈔》三十卷，葛洪撰				○
6					6《後漢書鈔》三十卷，葛洪撰				○
7					7《涉史隨筆》一卷，葛洪撰	○			
8					8《史漢要集》二卷，王蔑撰				○
9					9《三史略記》八十四卷，劉昞撰				○
10					10《三國總略》二十卷，河西人書				○

十七、時令類著錄書目比較表

17 時令類									
史志／編號	丁　本	吳　本	文　本	黃　本	秦本 9 時令類 2 部	存佚情形			
						存	殘	輯	佚
1					1《月儀帖》，索靖書				○
2					2《月儀書》，王羲之撰				○

十八、史評類著錄書目比較表

18 史評類									
史志／編號	丁本	吳本	文本	黃本	秦本 14 史評類 3 部	存佚情形			
						存	殘	輯	佚
1					1《三國志序評》三卷，王濤撰				○
2					2《論三國志》九卷，何琦撰				○
3					3《三國評》三卷，徐衆撰				○

附錄三：五家《補晉書藝文志》「子部」著錄書目比較表

一、儒類著錄書目比較表

1 儒類									
史志／編號	丁本 1 儒家類 42 部	吳本 1 儒家類 40 部	文本 1 儒家類 43 部	黃本 1 儒家 42 部	秦本 1 儒家類 41 部	存佚情形			
						存	殘	輯	佚
1					1《周生子》十三卷，周生烈撰			○	
2					2《周生子要論》一卷，《錄》一卷，周生烈撰			○	
3					3《矯非論》二十篇，范慎撰				○
4					4《典語》十卷，陸景撰			○	
5	3《譙子法訓》八卷，譙周		3 譙周《譙子法訓》八卷	9《譙子法訓》八卷，譙周撰	5《譙子法訓》八卷，譙周撰			○	
6	4《譙子五教志》五卷，譙周		4 譙子《五教志》五卷	10《譙子五教志》五卷，譙周撰	6《譙子五教志》五卷，譙周撰				○
7					7《新議》八篇，薛瑩撰				○
8	30《無名子》十二篇，王長文		8 王元長《無名子》十三篇	24《無名子》十二篇，王長文撰	8《無名子》十二卷，王長文撰				○
9	7《通玄經》四卷，王長文	21 王長文《通玄經》四卷	9 王長文《通經》四卷	4《通經》二卷，王長文撰	9《通玄經》四卷，王長文撰				○
10	35《述理篇》十篇，李密	34 李密《述理篇》十篇	27 李密《述理論》十篇	26《述理論》十篇，李密撰	10《述理論》十篇，李宓撰				○
11					11《傅子》一百二十卷，傅玄撰			○	
12	8《新論》十卷，夏侯湛	11 夏侯湛《新論》十卷	10 夏侯湛《新論》十卷	12《新論》十卷，夏侯湛撰	12《新論》十卷，夏侯湛撰			○	
13	5《袁子正論》十九卷，袁準	5 袁準《袁子正論》二十卷	5 袁準《袁子正論》十九卷	6《袁子正論》十九卷，袁準撰	13《袁子正論》十九卷，袁準撰			○	

14	6《袁子正書》二十五卷，袁準	6 袁準《袁子正書》二十五卷	6 袁準《袁子正書》二十五卷	7《袁子正書》二十五卷，袁準撰	14《袁子正書》二十卷，袁準撰			○	
15	33《典式》八篇，賈充妻李婉		38 賈充妻李氏《典式》八篇	35《典式》八篇，賈充妻李氏撰	15《典式》八篇，賈充妻李氏撰				○
16		39 周處《默語》三十篇	31 周處《默語》三十篇		16《默語》三十篇，周處撰				○
17		32 陸機《正訓》十卷			17《正訓》十卷，陸機撰				○
18					18《陸平原子書》，陸機撰				○
19	15《蔡氏清化經》十卷，蔡洪	10 蔡洪《蔡氏化清經》十卷	25 蔡洪《化清經》十卷	19《蔡氏化清經》十卷，蔡洪叔門撰	19《清化經》十卷，蔡洪撰			○	
20	9《楊子物理論》十六篇，楊泉	12 楊泉《楊子物理論》十六卷	11 揚泉《物理論》十六卷	16《楊子物理論》十六卷，楊泉撰	20《楊子物理論》十六卷，楊泉撰				○
21	10《楊子太玄經》十四卷，楊泉	13 楊泉《楊子太玄經》十四卷	12 楊泉《揚子太玄經》十四卷	15《楊子太玄經》十四卷，楊泉德淵撰	21《楊子太元經》十四卷，楊泉撰			○	
22					22《無化論》，董養撰				○
23					23《墨辨注》四篇，魯勝撰				○
24					24《刑名》二卷，魯勝撰				○
25	24《揚子法言注》十五卷，《解》一卷，李軌	2 李軌《揚子法言注》十三卷，《解》一卷	1 李軌《揚子法言注》十五卷，《解》一卷	2《楊子法言》十五卷，《解》一卷，李軌注	25《楊子法言注》十五卷，李軌撰	○			
26					26《揚子法言解義》一卷，李軌撰	○			
27	2《通語》十卷，殷興	4 殷興《通語》十卷	2 殷興《通語》十卷	5《通語》十卷，殷興撰	27《通語》十卷，殷興撰			○	
28			28 何隨《譚言》十篇	11《譚言》十篇，何隨季業撰	28《譚言》十篇，何隨撰				○
29	27《典言》五篇，常寬	22 常寬《典言》五篇	32 常寬《典言》五篇	25《典言》五篇，常寬撰	29《典言》五篇，常寬撰				○
30	11《新論》十卷，華譚	14 華譚《新論》十卷	13 華譚《新論》十卷	13《新論》十卷，華譚令思撰	30《新論》十卷，華譚撰			○	

31	20《干子》十八卷，干寶		14 干寶《干子》十八卷	27《干子》十八卷，干寶撰	31《干子》十八卷，干寶撰			○	
32		19 干寶《正言》十卷	22 干寶《正言》十卷	28《正言》十卷，干寶撰	32《正言》十卷，干寶撰				○
33		20 干寶《立言》十卷	23 干寶《立言》十卷	29《立言》十卷，干寶撰	33《立言》十卷，干寶撰				○
34	22《顧子》十卷，顧夷	18 顧夷《顧子義訓》十卷	21 顧夷《顧子義訓》十卷	31《顧子》十卷，顧夷君齊撰	34《顧子》十卷，顧夷撰			○	
35	16《志林新書》三十卷，虞喜	15 虞喜《志林新書》三十卷	16 虞喜《志林新書》三十卷	20《志林新書》三十卷，虞喜撰	35《志林新書》三十卷，虞喜撰			○	
36	17《廣林》二十四卷，虞喜	17 虞喜《廣林》二十四卷	17 虞喜《廣陵》二十四卷	21《廣林》二十四卷，虞喜撰	36《廣林》二十四卷，虞喜撰			○	
37	18《後林》十卷，虞喜	16 虞喜《後林新書》十卷	18 虞喜《後林》十卷	22《後林》十卷，虞喜撰	37《後林》十卷，虞喜撰				○
38	36《典誡》十五篇，慕容皝	35 慕容皝《典誡》十五篇	42 慕容皝《典誡》十五篇	34《典誡》十五篇，慕容皝撰	38《典誡》十五篇，慕容皝著				○
39	21《閎論》二卷，蔡韶	33 蔡韶《閎論》二卷	15 蔡韶《閎論》二卷	30《閎論》二卷，蔡韶撰	39《閎論》二卷，蔡韶撰				○
40	23《要覽》十卷，呂竦	38 呂竦《要覽》十卷	19 呂竦《要覽》十卷	32《要覽》十卷，呂竦撰	40《要覽》十卷，呂竦撰				○
41	12《梅子新論》一卷，梅陶	31《梅子新論》一卷		17《梅子新論》一卷	41《梅子新論》一卷			○	
42	1《孟子注》九卷，綦毋邃	1 綦毋邃《孟子注》九卷	20 綦毋邃《孟子注》七卷	1《孟子》九卷，綦毋邃注				○	
43	13《孫氏成敗志》三卷，孫毓	7 孫毓《孫氏成敗志》三卷	7 孫毓《成敗記》三卷	8《孫氏成敗志》三卷，孫毓撰				○	
44	14《古今通論》二卷，王嬰	8 王嬰《古今通論》二卷	26 王嬰《古今通論》二卷	18《古今通論》二卷，王嬰撰				○	
45	19《鄒子》一卷，鄒湛	9 鄒湛《鄒子》一卷		23《鄒子》一卷					○
46	25《辨道》三十卷，華譚		36 華譚《辨道》十二卷	14《辨道》三十卷，華譚撰					○
47	26《典林》二十三卷，韋謏								○

48	28《二九神經》，祁嘉			36《二九神經》，祁嘉孔賓撰					○
49	29《善文》，華廙	26 華廙《善文》		38《善文》，華廙撰					○
50	31《言道》，陸喜	27 陸喜《言道》							○
51	32《黃氏家訓》，黃容	30 黃容《黃氏家訓》	33 黃容《家訓》	40《家訓》，黃容撰					○
52	34《太玄經注》十二卷，范望	3 范望《太玄經注》十二卷		3《楊子太玄經》十二卷，范汪注		○			
53	37《家令》，慕容廆	36 慕容廆《家令》		41《家令》，慕容廆撰					○
54	38《去伐論》，袁宏	24 袁宏《去伐論》						○	
55	39《祖台之道論》	37 祖台之《道論》							○
56	40《虞溥厲學》		35 虞溥《厲學》					○	
57	附錄存疑類 41《釋滯》，虞喜		40 虞喜《釋滯》						○
58	附錄存疑類 42《通疑》，虞喜		41 虞喜《通疑》						○
59		23 趙瑩《前朝君臣正論》二十五卷							○
60		25 殷羨《言行》							○
61		28 皇甫謐《禮樂聖眞論》	34 皇甫謐《禮樂聖眞論》						○
62		29 索靖《索子》二十卷							○
63		40 賈充妻李氏女訓							○
64			24 杜崧《任子春秋》一卷						○
65			29 李秉《家誡》						○

66			30 李充《起居誡》	42《起居誡》，李充撰					○
67			37《益州學堂圖》						○
68			39 李氏女誡						○
69			43 明岌《明氏家訓》一卷	33《明氏家訓》一卷，明岌撰					○
70				37《邁德論》，龔壯子瑋撰					○
71				39《家記》，虞潭思奧撰					○

二、道類著錄書目比較表

2 道類									
史志 編號	丁本 2 道家類 52 部	吳本 2 道家類先秦道家 44 部	文本 2 道家類 66 部	黃本 2 道家先秦道家 42 部	秦本 13 道家類先秦道家 49 部	存佚情形			
						存	殘	輯	佚
1					6《達莊論》，阮籍撰	○			
2	45《通老論》，阮籍	53 阮籍《通老論》	65 阮籍《通老子論》		7《通老論》，阮籍撰				○
3					8《老子道德經注》二卷，鍾會撰			○	
4	1《老子道德經解釋》二卷，羊祜	2 羊祜《老子道德經解釋》四卷	1 羊祜解釋《老子道德經》二卷	9《解釋老子道德經》二卷，羊祜撰	9《道德經解釋》二卷，羊祜撰				○
5	2《老子注》二卷，羊祜	1 羊祜《老子道德經注》二卷		1《老子》二卷，羊祜叔子撰	10《道德經注》二卷，羊祜撰				○
6					11《老子注》二卷，傅玄撰				○
7	16《莊子注》二十卷，向秀	27 向秀《莊子注》二十卷	32 向秀《莊子注》二十卷	22《莊子》二十卷，向秀注	12《莊子注》二十卷，向秀撰				○
8	27《莊子音》一卷，向秀	28 向秀《莊子音》三卷	48 向秀《莊子音》一卷	30《莊子音》一卷，向秀撰	13《莊子音》一卷，向秀撰				○
9	18《莊子注》二十一卷，司馬彪	32 司馬彪《莊子注》二十一卷	34 司馬彪《莊子注》二十一卷	24《莊子》十六卷，司馬彪注	14《莊子注》十六卷，司馬彪撰			○	

10	29《莊子注音》一卷，司馬彪等撰	33 司馬彪《莊子音》三卷	44 司馬彪等《莊子注音》一卷	35《莊子註音》一卷，司馬彪等撰	15《莊子音》一卷，司馬彪撰			○	
11	19《莊子注》三十卷，《目》一卷，郭象	30 郭象《莊子注》三十三卷	35 郭象《莊子注》三十卷，《目》一卷	25《莊子》三十卷，《目》一卷，郭象子玄注	16《莊子注》三十卷，《目》一卷，郭象撰		○		
12	24《莊子音》三卷，郭象	31 郭象《莊子音》三卷	49 郭象《莊子音》三卷	31《莊子音》三卷，郭象撰	17《莊子音》三卷，郭象撰				○
13			27 王倫《老子例略》	53《老子例略》，王倫太沖撰	18《老子例略》，王倫撰				○
14	22《莊子注》，盧諶	35 盧諶《莊子注》	38 盧諶《莊子注》	55《莊子注》，盧諶撰	40《莊子注》，盧諶撰				○
15	10《老子道德經注》二卷，蜀才	12 蜀才《老子道德經注》二卷	3 蜀才《老子注》二卷	11《老子道德經》二卷，蜀才注	41《道德經注》二卷，蜀才撰				○
16					42《老子序次》一卷，葛仙公撰				○
17	7《老子道德經序訣》二卷，葛洪	55 葛洪《老子道德經序訣》二卷	21 葛洪《老子道德經序訣》二卷	15《子道德經序訣》二卷，葛洪撰	54《老子道德經序訣》二卷，葛洪撰		○		
18	20《莊子》十七卷，葛洪修撰	56 葛洪《莊子》十七卷	36 葛洪修撰《莊子》十七卷		55《莊子》十七卷，葛洪撰				○
19	30《列子注》八卷，張湛	41 張湛《列子注》八卷	30 張湛《列子注》八卷	20《列子》八卷，張湛處度注	78《列子注》八卷，張湛撰	○			
20	31《列子音義》一卷，張湛	42 張湛《列子音義》一卷	31 張湛《列子音義》一卷	21《列子音義》一卷，張湛撰	79《列子音義》一卷，張湛撰				○
21	3《老子經注》二卷，王尚述	13 王尚述《老子注》二卷	10 王尚述《老子道德經注》二卷	2《老子》二卷，王尚述君曾注	88《老子經注》二卷，王尚述撰				○
22	4《老子集解》二卷，程韶	15 程韶《老子集解》二卷	11 程韶《老子舊解》二卷	4《老子》二卷，程韶集解	89《老子集解》二卷，程韶撰				○
23	5《老子道德經注》二卷，《音》一卷，孫登	3 孫登《老子道德經注》二卷，《音》一卷	2 孫登《老子道德經注》二卷，《音》一卷	13《老子道德經》二卷，孫登仲山注 17《老子音》一卷，孫登撰	90《老子道德經注》二卷，《音》一卷，孫登撰				○
24	17《莊子注》十卷，崔譔	38 崔譔《莊子注》十卷	33 崔譔《莊子注》十卷	23《莊子》十卷，崔譔注	91《莊子注》十卷，崔譔撰				○

25	21《莊子注》三十卷，李頤	36 李頤《莊子注》三十卷 37 李頤《莊子音》一卷	39 李頤《莊子注》三十卷，《音》一卷	26《莊子》三十卷，李頤景眞注	92《莊子集解》三十卷，李頤撰				○
26			17 劉仲融《老子道德經注》二卷		102《老子注》二卷，劉仲融撰				○
27	9《老子注》二卷，鳩摩羅什	89 姚秦鳩摩羅什《老子注》二卷	23 鳩摩羅什《老子注》二卷	3《老子注》二卷，釋鳩摩羅什注	106《老子注》二卷，鳩摩羅什撰				○
28	23《釋莊論》二卷，李充	34 李充《釋莊子論》二卷	41 李充《釋莊子論》二卷	29《釋莊子論》二卷，李充撰	113《釋莊子論》二卷，李充撰				○
29	14《老子音》一卷，李軌	5 李軌《老子音》一卷	25 李軌《老子音》一卷	18《老子音》一卷，李軌撰	114《老子音》一卷，李軌撰				○
30	25《莊子音》一卷，李軌	6 李軌《莊子音》一卷	43 李軌《莊子音》一卷	32《莊子音》一卷，李軌撰	115《莊子音》一卷，李軌撰				○
31	28《莊子音》三卷，徐邈	39 徐邈《莊子音》三卷	46 徐邈《莊子音》三卷	33《莊子音》三卷，徐邈撰	116《莊子音》三卷，徐邈撰				○
32	26《莊子集音》三卷，徐邈	40 徐邈《莊子集音》三卷	47 徐邈《莊子集音》三卷	34《莊子集音》三卷，徐邈撰	117《莊子集音》三卷，徐邈撰				○
33					118《老子注》，盧枱撰				○
34			5 劉仁會《老子注》		119《老子注》，劉仁會撰				○
35	6《老子道德經注》二卷，袁眞	14 袁眞《老子注》二卷	16 袁眞《老子道德經注》二卷	12《老子道德經》二卷，袁眞彥仁注	129《老子道德經注》二卷，袁眞撰				○
36	13《老子注》，劉黃老	11 劉黃老《老子注》	6 劉黃老《老子注》	51《老子注》，劉黃老撰	130《老子注》，劉黃老撰				○
37	15《老子音》一卷，戴逵	10 戴逵《老子音》一卷	26 戴逵《老子音》一卷	19《老子音》一卷，戴逵撰	131《老子音》一卷，戴逵撰				○
38	附錄存疑類 49《老子注》二卷，張嗣		18 張嗣《老子注》二卷	14《老子道德經》二卷，張嗣注	132《老子注》二卷，張嗣撰				○
39	8《老子道德經注》二卷，張憑	4 張憑《老子道德經注》二卷	19 張憑《老子道德經注》二卷	10《老子道德經》二卷，張憑注	133《老子注》二卷，張憑撰				○
40	11《老子玄譜》一卷，劉遺民	16 劉遺民《老子玄譜》一卷	20 劉程之《老子玄譜》一卷	16《子玄譜》一卷，劉遺民撰	134《老子玄譜》一卷，劉遺民撰				○
41	12《老子注》，鄧粲	9 鄧粲《老子注》	24 鄧粲《老子注》	52《老子注》，鄧粲撰	135《老子注》，鄧粲撰				○

42		25 支遁《莊子注》	45 支法遁注《逍遙篇》	56《莊子逍遙篇注》，支法遁撰	136《莊子逍遙篇註》，支遁撰				○
43					137《逍遙論》，支遁撰				○
44	附錄存疑類 51《孟氏老子注》二卷	17 孟氏《老子注》二卷	14 孟氏《老子注》二卷	8《老子》二卷，孟氏注	138《老子注》二卷，孟氏撰				○
45	附錄存疑類 52《莊子注》十八卷，《錄》一卷，孟氏		40 孟氏《莊子注》十八卷，《錄》一卷	28《莊子》十八卷，《錄》一卷，孟氏注	139《莊子注》十八卷，孟氏撰				○
46	附錄存疑類 50《盈氏老子注》二卷		15 盈氏《老子注》二卷	6《老子》二卷，盈氏注	140《老子注》二卷，盈氏撰				○
47	附錄存疑類 48《老子注》二卷，邯鄲氏		12 邯鄲氏《老子注》二卷	5《老子》二卷，邯鄲氏注	141《老子注》二卷，邯鄲氏撰				○
48			8 巨生解《老子道德經》二卷		142《老子巨生解》二卷				○
49	附錄存疑類 47《常氏老子注》		13 常氏《老子注》二卷	7《老子》二卷，常氏注	143《老子注》二卷，常氏撰				○
50	32《蘇子》七卷，蘇彥		51 蘇彥《蘇子》七卷					○	
51	33《宣子》二卷，宣聘		52 宣聘《宣子》二卷						○
52	34《陸子》十卷，陸雲		53 陸雲《陸子》十卷					○	
53	35《唐子》十卷，唐滂							○	
54	36《杜氏幽求新書》二十卷，杜夷		61 杜夷《杜氏幽求新書》二十卷					○	
55	37《抱朴子內篇》二十一卷，《音》一卷，葛洪					○			
56	38《顧道士新書論經》三卷，顧谷		54 顧谷《顧道士新書論經》三卷						○
57	39《孫子》十二卷，孫綽		55 孫綽《孫子》十二卷					○	

58	40《苻子》二十卷，苻朗		62 苻朗《苻子》二十卷					○	
59	41《養生論》三卷，嵇康						○		
60	42《攝生論》二卷，阮侃		57 阮侃《攝生論》二卷						○
61	43《簡文談疏》六卷，簡文帝撰		56 簡文帝《簡文談疏》六卷						○
62	44《玄微論》，徐苗		59 徐苗《玄微論》						○
63	**補遺** 46《辯異苑》董勛								○
64		7 傅奕《老子注》二卷				○			
65		8 傅奕《老子音義》二卷				○			
66		18 郭璞《老子經注》	9 郭璞《老子經注》						○
67		20 郭璞《老子道德簡要義》五卷							○
68		22 嵇康《莊子注》							○
69		24 潘尼《莊子注》							○
70		26 王元谷《莊子集解》二十卷							○
71		58 葛洪《老子道德經節解》一卷							○
72		67 葛洪《老子戒經》一卷							○
73			4 郭象《老子注》						○
74			7 孫盛《老子考訊》						○
75			22 僧義盈《老子注》二卷						○
76			28 張湛《文子注》	54《文子注》，張湛撰					○

77			29 向秀《列子注》						○
78			37 張湛《莊子注》						○
79			42 王叔之《莊子義疏》三卷						○
80			50 王坦之《廢莊論》	58《廢莊論》，王坦之文度撰		○			
81			58《梅子》一卷					○	
82			60 張詮《張子》八篇						○
83			63 司馬彪《淮南子注》						○
84			64 阮籍《道德論》						○
85			66 祖台之《道論》						○

三、法類著錄書目比較表

3 法類									
史志 編號	丁本 3 法家 5 部	吳本 4 法家類 4 部	文本 4 法家類 6 部	黃本 3 法家 3 部	秦本 3 法家類 5 部	存佚情形			
						存	殘	輯	佚
1					1《鬼谷子注》二卷，皇甫謐撰				○
2					2《文子注》，張湛撰				○
3	4《愼子注》，劉黃老	2 劉黃老《愼子注》	3 劉黃老《愼子注》	3《愼子注》，劉黃老撰	3《愼子注》，劉黃老撰				○
4	2《蔡司徒難論》五卷，黃命	3 黃命《蔡司徒難論》五卷	1 黃命《蔡司徒難論》五卷	1《蔡司徒難論》五卷，黃命撰	4《蔡司徒難論》五卷，黃命撰				○
5					5《韓子注》，劉昞撰				○
6	1《愼子注》十卷，滕輔	1 滕輔《愼子注》十卷	2 滕輔《愼子注》十卷				○		
7	3《肉刑論》，氾毓	4 氾毓《肉刑論》	4 氾毓《肉刑論》						○
8	**補遺**								○

	5《明愼》，殷康								
9			5 曹彥《肉刑論》						○
10			6 魯勝《刑名》二篇	2《刑名》二篇，魯勝叔時撰					○

四、名類著錄書目比較表

4 名類									
史志 編號	丁本 4 名家 1 部	吳本 5 名家類 2 部	文本 5 名家類 1 部	黃　本	秦　本	存佚情形			
						存	殘	輯	佚
1	1《文子注》，張湛	2 張湛《文子注》							○
2		1 涼劉昞注《人物志》三卷				○			
3			1 張輔《名士優劣論》						○

五、墨類著錄書目比較表

5 墨類									
史志 編號	丁本 5 墨家 1 部	吳本 6 墨家類 1 部	文本 3 墨家類 1 部	黃本 4 墨家 1 部	秦　本	存佚情形			
						存	殘	輯	佚
1	1《墨辨注》六篇，魯勝	1 魯勝注《墨辨》	1 魯勝注《墨辯》六篇	1《墨辨注篇》，魯勝撰					○

六、從橫類著錄書目比較表

6 從橫類									
史志 編號	丁本 6 縱橫家 1 部	吳本 7 縱橫家類 1 部	文本 9 縱橫家類 1 部	黃本 5 從橫家 1 部	秦本	存佚情形			
						存	殘	輯	佚
1	1《鬼谷子注》三卷，皇甫謐	1 皇甫謐《鬼谷子注》三卷	1 皇甫謐《鬼谷子注》三卷	1《鬼谷子》三卷，皇甫謐注					○

七、雜類著錄書目比較表

7 雜類									
史志 編號	丁本 7 雜家類 36 部	吳本 8 雜家類 32 部	文本 6 雜家類 21 部	黃本 6 雜家 34 部	秦本 9 雜家類 101 部	存佚情形			
						存	殘	輯	佚
1					1《汲冢名》三篇，本書束皙傳				○
2					2《汲冢梁邱藏》一篇，本書束皙傳				○
3					3《汲冢生封》一篇，本書束皙傳				○
4					4《汲冢大曆》二篇，本書束皙傳				○
5					5《汲冢圖詩》一篇，本書束皙傳				○
6					6《汲冢雜書》十九篇，本書束皙傳				○
7					7《才性同異論》，傅嘏撰				○
8					8《才性同論》，傅嘏撰				○
9					9《夏少康漢高祖論》，鍾會撰				○
10					10《才性同異論》，鍾會撰				○
11					11《道論》二十篇，鍾會撰				○
12					12《才性合論》，鍾會撰				○
13					13《芻蕘論》五卷，鍾會撰			○	
14					14《宅無吉凶攝生論難》上、中、下三篇，嵇康撰				○
15					15《難張遼自然好學論》，嵇康撰				○

16					16《管蔡釋私論》，嵇康撰				○
17					17《明膽論》，嵇康撰				○
18					18《鬼谷子注》三卷，皇甫謐撰				○
19					19《家誡》，李秉撰				○
20				34《劉揚優劣論》，范喬伯孫撰	20《劉揚優劣論》，范喬撰				○
21					21《釋諱》，陳壽撰				○
22					22《廣國論》，陳壽撰				○
23					23《六代論》，曹景撰				○
24					24《唐子》十卷，唐滂撰			○	
25					25《孫氏成敗志》三卷，孫毓撰				○
26	15《時務論》五篇，何攀	29 何攀《時務論》五篇		9《時務論》五篇，何攀忠興撰	26《時務論》五篇，何攀撰				○
27	21《新議》八篇，薛瑩	27 薛瑩《新議》八篇	2 薛瑩《新議》八篇	13《新議》八篇，薛瑩撰	27《新議》八篇，薛瑩撰				○
28					28《華林集》，應吉甫撰				○
29					29《汲冢書鈔》，束皙撰				○
30	24《獨斷注》，司馬彪	1 司馬彪《獨斷注》			30《獨斷注》，司馬彪撰				○
31	32《李嵩行事記》	28 李嵩《行事記》			31《行事記》，李嵩撰				○
32					32《羣英論》一卷，郭頒撰				○
33					33《魯史欹器圖注》一卷，劉徽撰				○
34					34《徒戎論》，江統撰				○
35					35《安邊論》，杜預撰				○

36				32《釋時論》，王沉彥伯撰	36《釋時論》，王沈撰				○
37					37《典戒》，賈充撰				○
38					38《善文》，華廙撰				○
39					39《連珠》一卷				○
40	23《要覽》三卷，陸機	23 陸機《要覽》三卷	8 陸機《要覽》三卷	16《要覽》三卷，陸機撰	40《要覽》三卷，陸機撰			○	
41				25《纂要》，陸機撰	41《纂要》，陸機撰				○
42					42《五等論》，陸機撰				○
43					43《辨亡論》，陸機撰				○
44					44《較論品格篇》，陸喜撰				○
45	18《西州清論》，陸喜	31 陸喜《西州清論》	10 陸喜《西州清論》	29《西州清論》，陸喜撰	45《西州清論》，陸喜撰				○
46	17《訪論》，陸喜	30 陸喜《訪論》	11 陸喜《言道訪論》等書百篇	27《訪論》，陸喜撰 26《言道》，陸喜恭仲撰	46《訪論》，陸喜撰				○
47	19《審機》，陸喜	32 陸喜《審機》		28《審機》，陸喜撰	47《審機》，陸喜撰				○
48					48《辨政論》，陸喜撰				○
49					49《奴券》，石崇撰				○
50					50《感應類從志》一卷，張華撰				○
51	16《索子》二十卷，索靖		3 索靖《索子》二十卷	21《索子》二十卷，索靖幼安撰	51《索子》二十卷，索靖撰				○
52	1《傅子》百二十卷，傅玄	2 傅玄《傅子》一百二十卷	1 傅玄《傅子》百四十卷	4《傅子》百二十卷，傅玄撰	52《傅子》一百二十卷，傅玄撰			○	
53					53《明眞論》一卷，宗岱撰				○
54					54《神鬼論》，宋岱撰				○
55					55《古今通論》三卷，王嬰撰			○	

56			13《鄒子》一卷		56《鄒子》一卷，蔡洪撰			○	
57					57《論》三十餘篇，夏侯湛撰				○
58	14《感應傳》八卷，王延秀	25 王延秀《感應傳》八卷			58《感應傳》八卷，王延秀撰				○
59	3《桑邱先生書》二卷，楊偉	6 楊偉《桑丘先生書》二卷	14 楊偉《桑邱先生書》二卷		59《桑邱先生書》二卷，楊偉撰				○
60					60《乘邱先生書》三卷，楊偉撰				○
61	4《時務論》十二卷，楊偉	5 楊偉《時務論》十二卷	15 楊偉《時務論》十二卷	8《時務論》十二卷，楊偉世英撰	61《時務論》十二卷，楊偉撰			○	
62	2《析言論》二十卷，張顯	3 張顯《析言論》二十卷	4 張顯《析言論》二十卷	7《析言論》二十卷，張顯撰	62《析言論》二十卷，張顯撰			○	
63	10《古今訓》十一卷，張顯	4 張顯《古今訓》十一卷		14《古今訓》十 卷，張顯撰	63《古今訓》十一卷，張顯撰				○
64	12《古今注》三卷，崔豹	10 崔豹《古今注》三卷		15《古今注》三卷，崔豹撰	64《古今注》三卷，崔豹撰				○
65	30《錢神論》一卷，魯褒				65《錢神論》一卷，魯褒撰			○	
66	31《錢神論》，成公綏				66《錢神論》，成公綏撰				○
67				22《任子春秋》一卷，杜嵩行高撰	67《任子春秋》一卷，杜嵩撰				○
68					68《家令》，慕容廆撰				○
69					69《伏林》，韋謏撰				○
70					70《集記世事》，韋謏撰				○
71			7 韋謏《典林》二十三篇		71《典林》二十三篇，韋謏撰				○
72					72《二九神經》，祈嘉撰				○
73					73《家訓》，黃容撰				○

74	附錄存疑類 36《廊廟五格》二卷，王彬				74《廊廟五格》二卷，王彬撰				○
75					75《變化論》，干寶撰				○
76					76《三白記》，干寶撰				○
77					77《在窮記》，孔衍撰			○	
78	5《孔氏說林》二卷，孔衍	7 孔衍《說林》二卷	18 孔衍《孔氏說林》二卷	19《孔氏說林》二卷，孔衍撰	78《孔氏說林》五卷，孔衍撰				○
79			12 秦菁《秦子》三卷	10《秦子》三卷，秦菁撰	79《秦子》二卷			○	
80					80《梅子》一卷			○	
81	22《廣志》二卷，郭義恭	24 郭義恭《廣志》二卷		11《廣志》二卷，郭義恭撰	81《廣志》二卷，郭義恭撰			○	
82	26《異同志》，李軌	22 李軌《異同志》			82《異同志》，李軌撰				○
83	29《八賢論》，謝萬	13 謝萬《八賢論》			83《八賢傳》，謝萬撰				○
84					84《通葛論》，孔嚴撰				○
85					85《邁德論》，龔壯撰				○
86					86《廢莊論》，王坦之撰	○			
87					87《古今善言》三十卷，范泰撰			○	
88					88《答問》，董勛撰				○
89					89《正淮論》二篇，伏滔撰				○
90					90《蔡司徒書》三卷，蔡謨撰				○
91	附錄存疑類 34《纂要》一卷，戴逵	20 戴逵《纂要》一卷	21 戴安道《纂要》一卷	20《纂要》一卷，戴逵撰	91《纂要》一卷，戴逵撰				○
92	11《子林》二十卷，孟儀	19 孟儀《子林》二十卷	17 孟儀《子林》二十卷	24《子林》二十卷，孟儀撰	92《子林》二十卷，孟儀撰				○
93					93《道論》，祖台之撰				○
94	25《雜記》，徐廣	21 徐廣《雜記》			94《雜記》，徐廣撰				○

95	28《人物論》，庾法暢	18 庾法暢《人物論》			95《人物論》，庾法暢撰				○
96					96《天聖論》，殷仲堪撰				○
97					97《教誡》二十餘篇，刁雍撰				○
98					98《劉劭人物志注》三卷，劉昞撰	○			
99					99《俗問》十一卷，河西人所著書				○
100					100《亡典》七卷，河西人所著書				○
101					101《廣志》，郭義恭撰			○	
102	6《抱朴子外篇》三十卷，葛洪	8 葛洪《抱朴子外篇》五十一卷	16 葛洪《抱朴子外篇》五十一卷	5《抱朴子外篇》二十卷，葛洪撰		○			
103	7《博物志》十卷，張華	14 張華《博物志》十卷		1《博物志》十卷，張華撰		○			
104	8《張公雜記》一卷，張華	15 張華《張公雜記》五卷		2《張公雜記》一卷，張華撰					○
105	9《雜記》十一卷，張華	16 張華《雜記》十一卷		3《雜記》十一卷，張華撰					○
106	13《論集》八十六卷，殷仲堪	12 殷仲堪《論集》九十六卷	19 殷仲堪《論集》九十六卷	23《論集》九十六卷，殷仲堪撰					○
107	20《雜記》，孫盛	26 孫盛《雜記》							○
108	27《默語》，周處			12《默語》三十篇，周處撰					○
109	附錄存疑類 33《雜語》，孫盛								○
110	附錄存疑類 35《正訓》十卷，陸機		5 陸機《正訓》十卷	18《正訓》十卷，陸機撰					○
111		9 葛洪《方技雜事》三百十卷							○
112		11 鄧粲《元明記》十篇							○

113		17 張華《異物評》二卷							○
114			6 范望《太玄經注》十二卷			○			
115			9 周熙《新論》						○
116			20 蘇道《立言》六卷						○
117				6《抱朴子外篇佚文》一卷，葛洪撰		○			
118				17《會要》一卷，陸機撰					○
119				30《崇有論》，裴頠逸民撰					○
120				31《無化論》，董養仲道撰					○
121				33《孤奮論》，蔡洪撰					○

八、農類著錄書目比較表

8 農類									
史志 編號	丁本	吳本	文本 8 農家類 7 部	黃本 7 農家 5 部	秦本	存佚情形			
						存	殘	輯	佚
1			1 郭璞《夏小正注》	4《夏小正注》，郭璞撰					○
2			2 嵇含《南方草木狀》三卷	2《南方草木狀》一卷，嵇含君道撰		○			
3			3 史道碩《田家十月圖》	5《田家十月圖》					○
4			4 何曾《食疏》						○
5			5 弘君《舉食檄》						○
6			6 徐衷《南方草木狀》						○
7			7《食經》						○
8				1《晉牛經》一卷					○
9				3《錢神論》一卷，魯褒元道撰				○	

九、小說類著錄書目比較表

9 小說類									
史志 編號	丁本 8 小說類 15 部	吳本 9 小說類 9 部	文本 17 小說家類 29 部	黃本 8 小說家 13 部	秦本 11 小說家 30 部	存佚情形			
						存	殘	輯	佚
1					1《汲冢穆天子傳》五篇				○
2	6《博物志》十卷，張華		5 張華《博物志》十卷		2《博物志》十卷，張華撰	○			
3			6 張華《張公雜記》五卷		3《張公雜記》五卷，張華撰				○
4			7 張華《雜記》十一卷		4《雜記》十一卷，張華撰				○
5			12 張華《東方朔神異經傳》二卷		5《東方朔神異經注》二卷，張華撰	○			
6	附錄存疑類 15《異物評》二卷，張華				6《異物評》二卷，張華撰				○
7	4《列異傳》一卷，張華			2《列異傳》三卷，張華撰	7《列異傳》一卷，張華撰		○		
8	3《陸氏異林》	9《陸氏異林》	13 陸氏《異林》	11《異林》，陸氏撰	8《異林》，陸氏撰				○
9					9《穆天子傳注》六卷，郭璞撰	○			
10					10《山海經注》二十三卷，郭璞撰		○		
11					11《山海圖經》十卷，郭璞撰				○
12					12《山海經圖讚》二卷，郭璞撰			○	
13					13《山海經音》二卷，郭璞撰		○		
14	7《搜神記》三十卷，干寶		17 干寶《搜神記》三十卷	4《搜神記》三十卷，干寶撰	14《搜神記》三十卷，干寶撰		○		
15	14《曹毗志怪》		22 曹毗《志怪》	12《志怪》，曹毗撰	15《志怪》，曹毗撰				○
16					16《西京雜記》二卷，葛洪撰	○			

17	5《羣英論》一卷，郭頒	3 郭頒《羣英論》一卷	2 郭頒《羣英論》一卷	7《羣英論》一卷，郭頒撰	17《羣英論》一卷，郭頒撰				○
18	1《語林》十卷，裴啓	2 裴啓《語林》十卷	3 裴啓《語林》十卷	6《語林》十卷，裴啓榮期撰	18《語林》十卷，裴啓撰			○	
19	2《郭子》三卷，郭澄之	1 郭澄之《郭子》三卷	1 郭澄之《郭子》三卷	1《郭子》三卷，郭澄之仲靜撰	19《郭子》三卷，郭澄之撰			○	
20	9《志怪》二卷，祖台之		4 祖台之《志怪》二卷	5《志怪》二卷，祖台之元辰撰	20《志怪書》二卷，祖台之撰		○		
21					21《述異記》十卷，祖沖之撰		○		
22					22《拾遺記》十九卷，王嘉撰			○	
23					23《王子年拾遺錄》二卷，王嘉撰			○	
24					24《名山記》一卷，王嘉撰	○			
25	8《搜神後記》十卷，陶潛		18 陶潛《搜神後說》十卷		25《搜神後記》十卷，陶潛撰	○			
26					26《神境記》，王韶之撰			○	
27	10《孔氏志怪》四卷	5《孔氏志怪》	16 孔氏《志怪》四傳		27《孔氏志怪》四卷				○
28	13《甄異記》，戴祚		19 戴祚《甄異傳》三卷	9《甄異傳》三卷，戴祚撰	28《甄異記》，戴祚撰			○	
29	12《神異記》，王浮		27 王浮《神異記》	13《神異記》，王浮撰	29《神異記》，王浮撰				○
30					30《山海經圖畫讚》，張駿撰				○
31	11《魯史欹器圖注》一卷，劉徽	4 劉徽《魯史欹器圖注》一卷		8《魯史欹器圖》一卷，劉徽撰					○
32		6 張華《師曠禽經注》一卷	11 張華注《師曠禽經》一卷			○			
33		7 魯褒《錢神論》一卷						○	
34		8 成公綏《錢神論》							○

35			8 何氏《雜記》十卷						○
36			9 續咸《遠遊志》十卷						○
37			10 陸雲《笑林》						○
38			14 郭義恭《廣志》二卷					○	
39			15 孔衍《在窮記》					○	
40			20 郭氏《玄中記》			○			
41			21 荀氏《靈鬼志》三卷						○
42			23《異說》						○
43			24《古文瑣語》四卷					○	
44			25 葛洪《集異傳》十卷	3《集異傳》十卷，葛洪撰					○
45			26 虞潭《筆記》						○
46			28《夏鼎志》						○
47			29 盧達《志林》二十四卷						○
48				10《雜語》五卷					○

十、兵類著錄書目比較表

10 兵類									
史志 編號	丁本 9 兵家類 13 部	吳本 10 兵家類 8 部	文本 7 兵家類 9 部	黃本 9 兵書 7 部	秦本 2 兵家類 10 部	存佚情形			
						存	殘	輯	佚
1	4《握奇經述讚》，馬隆	6 馬隆《略序風后握機》一卷		4《風后握機經》一卷，馬隆孝興撰	1《風后握機》	○			
2		7 庾衮《保聚圖》一卷	9 庾衮《保聚圖》一卷	7《保聚圖》一卷，庾衮叔褎撰	2《保聚圖》一卷，庾衮撰				○

3	附錄存疑類 13《司馬彪戰經》				3《戰經》，司馬彪撰				○
4	2《兵記》八卷，司馬彪	1 司馬彪《兵記》八卷	3 司馬彪《兵記》二十卷	1《兵記》八卷，司馬彪撰	4《兵記》八卷，司馬彪撰				○
5	3《兵法孤虛月時祕要法》一卷，葛洪	4 葛洪《兵法孤虛月時祕要法》一卷	7 葛洪《兵法孤虛月時祕要》一卷	5《兵法孤虛月時祕要法》一卷，葛洪撰	5《兵法孤虛月時祕要法》一卷，葛洪撰				○
6					6《兵法》六卷，孔衍撰				○
7		5 陶侃《六軍鑑要》一卷	5 陶侃《六軍鑑要》一卷	3《六軍鑑要》一卷，陶侃士行撰	7《六軍鑑要》三卷，陶侃撰				○
8	附錄存疑類 11《慕容氏兵法》一卷	8 慕容氏《兵法》一卷	1 慕容氏《兵法》一卷		8《慕容氏兵法》一卷				○
9					9《兵法孤虛立成圖》				○
10					10《黃石公三略注》，劉昞撰				○
11	1《兵林》六卷，孔衍	3 孔衍《兵林》六卷	2 孔衍《兵林》六卷	2《兵林》六卷，孔衍撰					○
12	5《圍棋九品序錄》五卷，范汪等撰								○
13	6《圍棋勢》二十九卷，馬朗等撰								○
14	7《投壺變》一卷，虞潭							○	
15	8《棋九品序錄》一卷，范汪等注								○
16	9《棋品序》一卷，陸雲								○
17	10《彈棋譜》一卷，徐廣								○
18	附錄存疑類 12《司馬彪戰略》	2 司馬彪《戰略》	4 司馬彪《戰略》						○
19			6 抱朴子《軍術》						○
20			8 葛洪《陰符十德經》一卷	6《陰符十德經》一卷，葛洪撰					○

十一、天文類著錄書目比較表

11 天文類									
史志 編號	丁 本 10 天文類 12 部	吳 本 11 天文類 20 部	文 本 11 天文類 22 部	黃 本 10 天文 18 部	秦 本 5 天文算法類 （推步之屬） 72 部	存佚情形			
						存	殘	輯	佚
1					1《景初曆術》二卷，楊偉撰				○
2					2《景初曆法》三卷，楊偉撰				○
3					3《景初曆略要》二卷，楊偉撰				○
4					4《景初曆》三卷，楊偉撰				○
5					5《泰始曆》，楊偉撰				○
6					6《漏刻經》三卷，楊偉撰				○
7			7 譙周《天文志》	14《天文志》，譙周撰	7《天文志》，譙周撰				○
8					8《災異志》，譙周撰				○
9					9《晉曆》二卷				○
10					10《景初壬辰元曆》一卷，楊沖撰				○
11	1《天文集占》十卷，陳卓定	4 陳卓《天文集占》十卷	10 陳卓《天文集占》十卷	1《天文集占》十卷，陳卓季胄定	11《天文集占》十卷，陳卓撰				○
12	2《五星占》一卷，陳卓	7 陳卓《五星占》一卷	13 陳卓《五星占》一卷	2《五星占》一卷，陳卓撰	12《五星占》一卷，陳卓撰				○
13	3《石氏星經》七卷，陳卓記	3 陳卓《石氏星經記》七卷	14 陳卓《石氏星經記》七卷	5《石氏星經》七卷，陳卓記	13《石氏星經》七卷，陳卓撰				○
14	4《天官星占》十卷，陳卓	5 陳卓《天文星占》十卷	11 陳卓《天官星占》十卷	3《天官星占》十卷，陳卓撰	14《天官星占》十卷，陳卓撰				○
15	5《四方宿占》四卷，陳卓	6 陳卓《四方宿占》十卷	12 陳卓《四方宿占》四卷	4《四方宿占》一卷，陳卓撰	15《四方宿占》四卷，陳卓撰				○

16	10《星圖定紀》，陳卓	8陳卓《星圖定紀》			16《星圖定紀》，陳卓撰				○
17			18陳卓《星述》一卷	6《星述》一卷，陳卓撰	17《星述》一卷，陳卓撰				○
18					18《朔氣長曆》二卷，皇甫謐撰				○
19					19《帝王世紀年曆》六卷，皇甫謐撰			○	
20					20《乾度曆》，李修、卜顯撰				○
21					21《曆論》，杜預撰				○
22					22《三元乾度曆》，杜預撰				○
23	8《天文志》，郭琦	18郭琦《天文志》	16郭琦《天文志》	15《天文志》，郭琦撰	23《天文志》，郭琦撰				○
24	12《天論》，劉智	20劉智《天論》			24《天論》，劉智撰			○	
25					25《正曆》四卷，劉智撰				○
26		16張華《小象千字詩》一卷		10《小象千字詩》一卷，張華撰	26《小象千字詩》一卷，張華撰				○
27		11張華《小象賦》一卷	20張華《小象賦》一卷	11《小象賦》一卷，張華撰	27《小象賦》一卷，張華撰				○
28		12張華《三家星歌》一卷	21張華《三家星歌》一卷	9《三家星歌》一卷，張華撰	28《三家星歌》一卷，張華撰				○
29		13張華《玉函寶鑑星辰圖》一卷		12《玉函寶鑑星辰圖》一卷，張華撰	29《玉函寶鑑星辰圖》一卷，張華撰				○
30					30《三鑑靈書》三卷，張華撰				○
31					31《古今曆》，陸喜撰				○
32	11《正天論》，魯勝	19魯勝《正天論》	4魯勝《正天論》	17《正天論》，魯勝撰	32《正天論》，魯勝撰				○
33	7《天文要集》四十卷，韓楊	9韓楊《天文要集》四十卷	15韓楊《天文要集》四十卷	8《天文要集》四十卷，韓楊撰	33《天文要集》四十卷，韓揚撰				○
34			9索靖《五行三統正驗論》		34《五行三統正驗論》，索靖撰				○

35					35《渾天記》，賀道養撰				○
36					36《天說》，賀道養撰				○
37	9《穹天論》，虞聳	1 虞聳《穹天論》	3 虞聳《穹天論》	18《穹天論》，虞聳世龍撰	37《穹天論》，虞聳撰			○	
38	6《安天論》六卷，虞喜	2 虞喜《安天論》六卷	1 虞喜《安天論圖》六卷	13《安天論》六卷，虞喜撰	38《安天論》六卷，虞喜撰			○	
39					39《安天圖》一卷，虞喜撰				○
40					40《原天論》一卷，虞喜撰				○
41			2 葛洪《渾天論》		41《渾天釋》，葛洪撰				○
42		17 郭璞《星經》一卷	8 郭璞《星經》一卷	7《星經》一卷，郭璞釋	42《星經》一卷，郭璞撰				○
43					43《國志曆》五卷				○
44					44《長曆》十四卷，孔衍撰				○
45					45《千年曆》二卷，孔衍撰				○
46					46《通曆》二卷，徐整撰				○
47					47《五曆紀》二卷，徐整撰				○
48					48《通曆》，王朔之造				○
49					49《乾象五星法》				○
50					50《魏武本紀曆》一卷，樂資撰				○
51					51《論頻月合朔法》，姜岌撰				○
52					52《雜曆》七卷，姜岌撰				○
53					53《曆法集》十卷，姜岌撰				○
54					54《曆術》十卷，姜岌撰				○

55					55《京氏要集曆術》四卷，姜岌撰				○
56					56《三紀曆》一卷，姜岌撰				○
57					57《曆序》一卷，姜岌撰				○
58					58《乾度正曆》四卷，姜岌撰				○
59					59《三紀甲子元曆》，姜岌撰				○
60			5 姜岌《渾天論》	16《渾天論》，姜岌撰	60《渾天論》，姜岌撰				○
61					61《河西壬辰元曆》一卷，趙○撰				○
62					62《河西甲寅元曆》一卷，趙○撰				○
63					63《甲寅元曆序》一卷，趙○撰				○
64					64《七曜曆數算經》一卷，趙○撰				○
65					65《算經》一卷，趙○撰				○
66					66《陰陽曆術》一卷，趙○撰				○
67					67《周髀》一卷，趙○撰				○
68					68《皇帝王曆三合紀》一卷，趙○撰				○
69					69《元始曆》，趙○撰				○
70					70《既往七曜曆》，徐廣撰				○
71					71《述曆贊》，張亢撰				○
72					72《綴術》五卷，祖沖之撰				○
73		10 張華《乾象錄》一卷							○

編號	丁本	吳本	文本	黃本	秦本	存	殘	輯	佚
74		14 張華《渾天列宿應見經》十二卷							○
75		15 張華《衆星配位天隔圖》一卷							○
76			6 姜岌《渾天論答難》					○	
77			17 郭歷《星經》十卷						○
78			19 張華《列象圖》						○
79			22《晉渾天圖》						○

十二、曆數類著錄書目比較表

12 曆數類									
史志／編號	丁本 11 曆數類 26 部	吳本 12 曆數類 25 部	文本 10 曆算家 23 部	黃本 11 曆數 30 部	秦本 5 天文算法類（算法之屬）7 部	存佚情形：存	殘	輯	佚
1					73《九章術義序》一卷，劉徽撰				○
2	13《九章算術》十卷，劉徽	16 劉徽《九章算術》十卷	10 劉徽《九章算術》十卷	16《九章算術》十卷，劉徽撰	74《九章算術注》九卷，劉徽撰				○
3				19《九章六曹算經》一卷，劉徽撰	75《九章六曹算經》一卷，劉徽撰				○
4	12《九章重差圖》一卷，劉徽	17 劉徽《九章重差圖》一卷	11 劉徽《九章重差圖》一卷	17《九章重差圖》一卷，劉徽撰	76《重差圖》一卷，劉徽撰			○	
5	11《海島算經》一卷，劉徽	18 劉徽《海島算經》一卷			77《海島算經》一卷，劉徽撰			○	
6	17《算經》一卷，趙○			22《算經》一卷，趙○撰	78《算經》一卷，趙○撰				○
7			12 夏侯陽《算經》三卷	24《算經》二卷，夏侯陽撰	79《夏侯算經》三卷，夏侯陽撰			○	

8	1《正曆》四卷，劉智	5 劉智《正曆》四卷	4 劉智《正曆》四卷	6《正曆》四卷，劉智撰						○
9	2《古今曆》，陸喜	10 陸喜《古今曆》		27《古今曆》，陸喜撰						○
10	3《朔氣長曆》二卷，皇甫謐	7 皇甫謐《朔氣長曆》二卷	9 皇甫謐《朔氣長曆》二卷	9《朔氣長曆》二卷，皇甫謐撰						○
11	4《春秋長曆》，杜預									○
12	5《乾度曆》，李修、卜顯撰	9 李修、卜顯《乾度曆》		30《乾度曆》，李修、卜顯撰						○
13	6《通曆》，王朔之	8 王朔之《永和通曆》	6 王朔之《通曆》	29《通曆》，王朔之撰						○
14	7《渾天論》，姜岌	14 姜岌《渾天論》								○
15	8《京氏要集曆術》四卷，姜岌	13 姜岌《京氏要集曆術》四卷	23 姜岌《曆術》四卷	15《京氏要集曆術》四卷，姜岌撰						○
16	9《三紀曆》一卷，姜岌	11 姜岌《三紀甲子元曆》	21 姜氏《三紀曆》一卷	13《三紀曆》一卷，姜岌撰						○
17	10《曆序》一卷，姜岌	12 姜岌《曆序》一卷	22 姜氏《曆序》一卷	14《曆序》一卷，姜岌撰						○
18	14《河西甲寅元曆》一卷，趙○	19 涼趙○《河西甲寅元曆》一卷	16 趙○《河西甲寅元曆》一卷	10《河西甲寅曆》一卷，趙○撰						○
19	15《甲寅元曆序》一卷，趙○	20 涼趙○《甲寅元曆序》一卷	17 趙○《甲寅元曆序》一卷	11《甲寅元曆序》一卷，趙○撰						○
20	16《七曜曆數算經》一卷，趙○	22 涼趙○《七曜曆數算經》一卷	20 趙○《七曜曆數算經》一卷	21《七曜曆數算經》一卷，趙○撰						○
21	18《陰陽曆術》一卷，趙○	21 涼趙○《陰陽曆術》一卷	19 趙○《陰陽曆術》一卷	12《陰陽曆術》一卷，趙○撰						○
22	19《述曆讚》，張亢	24 張亢《述曆贊》一篇	15 張亢《宗曆贊》一篇	26《述曆讚》一篇，張亢季陽撰						○
23	20《既往七曜曆》，徐廣	15 徐廣《既往七曜曆》								○
24	21《景初曆》三卷，楊偉	1 楊偉《魏景初曆》三卷	1 楊偉《景初曆》三卷	1《景初曆》三卷，楊偉撰						○

25	22《景初曆術》二卷，楊偉	2 楊偉《景初曆術》二卷	2 楊偉《景初曆術》二卷	2《景初曆術》二卷，楊偉撰					○
26	23《景初曆法》三卷，楊偉	3 楊偉《景初曆法》三卷	3 楊偉《景初曆法》五卷	3《景初曆法》三卷，楊偉撰					○
27	24《景初壬辰元曆》一卷，楊沖	25 楊沖《景初壬辰元曆》一卷							○
28	25《漏刻經》一卷，楊偉	4 楊偉《漏刻經》一卷	14 楊偉《漏刻經》一卷	25《刻漏經》一卷，楊偉撰					○
29	附錄存疑類 26《景初律略要》二卷			4《景初曆略要》二卷，楊偉撰					○
30		6 劉智《太始術》							○
31		23 涼趙○《乾度曆》							○
32			5《汲冢書大曆》一篇						○
33			7 杜預《二元乾度曆》						○
34			8 杜預《曆論》						○
35			13 張邱建《算經》三卷	23《算經》二卷，張邱建撰					○
36			18 趙○《河西壬辰元曆》一卷	20《河西壬辰元曆》一卷，趙○撰					○
37				5《桑丘先生書》二卷，楊偉撰					○
38				7《長曆》十四卷，孔衍撰					○
39				8《千年曆》二卷，孔衍撰					○
40				18《九章算田草》九卷，劉徽撰					○
41				28《泰始曆》					○

十三、五行類著錄書目比較表

13 五行類									
史志／編號	丁　本 12 五行類 25 部	吳　本 13 五行類 43 部	文　本 12 五行家 類 66 部	黃　本 12 五行 48 部	秦　本 6 術數類 63 部	存佚情形			
						存	殘	輯	佚
1					1《汲冢師春》一篇，本書束皙傳				○
2					2《汲冢瑣語》十一篇，本書束皙傳				○
3			65 孟衆《張掖郡玄石圖》一卷		3《張掖郡玄石圖》一卷，孟衆撰				○
4	22《晉玄石圖》一卷	41《晉玄石圖》一卷	11《晉玄石圖》一卷	38《晉玄石圖》一卷	4《晉玄石圖》一卷，孟衆撰				○
5	23《晉德易天圖》二卷	42《晉德易天圖》二卷	10《晉德易天圖》二卷	39《晉德易天圖》二卷	5《晉德易天圖》三卷，孟衆撰				○
6			6 程猗《說石圖》		6《說石圖》，程猗撰				○
7					7《通玄經》四卷，王長文撰				○
8	20《五行傳》，郭璞	39 郭琦《五行傳注》	37 郭琦《五行傳》	47《五行傳》，郭琦撰	8《五行傳》，郭琦撰				○
9					9《京氏易傳》，郭琦撰				○
10		1 郭公《青囊中經》九卷			10《青囊書》九卷，郭公撰				○
11	1《遯甲肘後立成囊中祕》一卷，葛洪	28 葛洪《遯甲肘後立成囊中祕》一卷	43 葛洪《遯甲肘後立成囊中祕訣》一卷	19《遯甲肘後立成囊中祕》一卷，葛洪撰	11《遯甲肘後立成囊中祕》一卷，葛洪撰				○
12	2《遁甲返覆圖》一卷，葛洪	29 葛洪《遯甲反覆圖》一卷	42 葛洪《遯甲反覆圖》一卷	21《遯甲反覆圖》一卷，葛洪撰	12《遯甲返覆圖》一卷，葛洪撰				○
13	3《遯甲要用》四卷，葛洪	30 葛洪《遯甲要用》四卷	44 葛洪《遯甲要用》四卷	16《遯甲要用》四卷，葛洪撰	13《遯甲要用》四卷，葛洪撰				○
14	4《遯甲祕要》一卷，葛洪	31 葛洪《遯甲祕要》一卷	45 葛洪《遯甲祕要》一卷	17《遯甲祕要》一卷，葛洪撰	14《遯甲祕要》一卷，葛洪撰				○
15	6《遯甲要》一卷，葛洪	32 葛洪《遯甲要》一卷	46 葛洪《遯甲要》一卷	18《遯甲要》一卷，葛洪撰	15《遯甲要》一卷，葛洪撰				○

16	7《龜決》二卷，葛洪	33 葛洪《龜訣》一卷	40 葛洪《龜決》二卷	23《龜訣》二卷，葛洪撰	16《龜決》二卷，葛洪撰				○
17	10《周易雜占》十卷，葛洪	26 葛洪《周易雜占》十卷	41 葛洪《周易雜占》十卷	7《周易雜占》十卷，葛洪撰	17《周易雜占》十卷，葛洪撰				○
18	5《三元遁甲圖》三卷，葛洪	27 葛洪《三元遯甲圖》三卷	47 葛洪《三元遯甲圖》三卷	20《三元遁甲圖》三卷，葛洪撰	18《三元遁甲圖》三卷，葛洪撰				○
19	9《周易新林》四卷，郭璞	3 郭璞《周易新林》四卷	12 郭璞《周易新林》四卷	3《周易新林》四卷，郭璞撰	19《周易新林》四卷，郭璞撰				○
20	15《周易新林》九卷，郭璞	4 郭璞《周易新林》九卷		4《周易新林》九卷，郭璞撰	20《周易新林》九卷，郭璞撰				○
21	16《周易林》五卷，郭璞	5 郭璞《周易林》五卷	13 郭璞《周易林》五卷	1《周易林》五卷，郭璞撰	21《周易林》五卷，郭璞撰				○
22	18《卜韻》一篇，郭璞	8 郭璞《卜韻》一篇		22《卜韵》一篇，郭璞撰	22《卜韻》一篇，郭璞撰				○
23	17《易立成林》二卷，郭璞	6 郭璞《易立成林》二卷	17 郭璞《易立成林》二卷	6《易立成林》二卷，郭氏撰	23《易立成林》二卷，郭璞撰				○
24					24《易林》一卷，郭璞撰				○
25	11《易洞林》三卷，郭璞	2 郭璞《易洞林》三卷	14 郭璞《易洞林》三卷	2《周易洞林》三卷，郭璞撰	25《易洞林》三卷，郭璞撰			○	
26		40《晉災異簿》二卷	9《晉災異簿》二卷	40《晉災異簿》二卷	26《晉災異簿》二卷，郭璞撰				○
27	12《易八卦命錄斗內圖》一卷，郭璞	11 郭璞《易八卦命錄斗內圖》一卷	15 郭璞《易八卦命錄斗內圖》一卷	15《易八卦命祿斗內圖》一卷，郭璞撰	27《易八卦命錄斗內圖》一卷，郭璞撰				○
28	13《易斗圖》一卷，郭璞	10 郭璞《易斗圖》一卷	16 郭璞《易斗圖》一卷	14《易斗圖》一卷，郭璞撰	28《易斗圖》一卷，郭璞撰				○
29		22 郭璞《周易竅書》三卷	23 郭璞《周易竅書》三卷	11《周易竅書》三卷，郭璞撰	29《周易竅書》三卷，郭璞撰				○
30		23 郭璞《周易括地林》一卷	24 郭璞《周易括地林》一卷	5《周易括地林》一卷，郭璞撰	30《周易括地林》一卷，郭璞撰				○
31	14《易腦》一卷，郭璞	7 郭璞《易腦》一卷		12《易腦》一卷，郭氏撰	31《易腦》一卷，郭璞撰				○
32			22 郭璞《八五經》一卷 66《八五經》一卷		32《八五經》一卷，郭璞撰				○

33		24 郭璞《青囊補注》三卷	19 郭璞《青囊補注》三卷	26《青囊補注》三卷，郭璞撰	33《青囊補注》三卷，郭璞撰				○
34					34《狐首經》一卷，郭璞撰				○
35				31《續葬書》一卷，郭璞撰	35《續葬書》一卷，郭璞撰				○
36				25《青囊經》二卷，郭璞撰	36《青囊經》二卷，郭璞撰	○			
37		16 郭璞《撥沙成明經》一卷	28 郭璞《撥沙成明經》一卷	32《撥法成明經》一卷，郭璞撰	37《撥沙成明經》一卷，郭璞撰				○
38		17 郭璞《錦囊經》一卷	29 郭璞《錦囊經》一卷	27《錦囊經》一卷，郭璞撰	38《錦囊經》一卷，郭璞撰				○
39		18 郭璞《元堂品決》三卷	27 郭璞《玄堂品訣》三卷	29《玄堂品訣》三卷，郭璞撰	39《玄堂品決》三卷，郭璞撰				○
40		19 郭璞《周易穿地林》一卷	25 郭璞《周易穿地林》一卷		40《周易穿地林》一卷，郭璞撰				○
41		20 郭璞《地理碎金式》一卷	26 郭璞《地理碎金式》一卷	33《地理碎金訣》一卷，郭璞撰	41《地理碎金式》一卷，郭璞撰				○
42		12 郭璞《三命通照神白經》三卷	30 郭璞《三命通照神白經》三卷	24《三命通照神白經》三卷，郭璞撰	42《三命通照神白經》三卷，郭璞撰				○
43		9 郭璞《周易玄義經》一卷	31 郭璞《周易玄義經》一卷	10《周易玄義經》一卷，郭璞撰	43《周易玄義經》一卷，郭璞撰				○
44		13 郭璞《葬書》一卷	18 郭璞《葬書》一卷	30《葬書》一卷，郭璞撰	44《葬書》一卷，郭璞撰	○			
45			36 郭璞《玉照定眞經》一卷	35《玉照定眞經》一卷，郭璞撰	45《玉照定眞經》一卷，郭璞撰	○			
46				36《元經》十卷，郭璞撰、趙載注	46《元經》十卷，郭璞撰	○			
47					47《葬經》一卷，郭璞撰	○			
48					48《龜目神書》一篇，郭璞撰				○
49		21 郭璞《八仙山水經》一卷	61 郭璞等《八仙山水經》一卷	34《八仙山水經》一卷，郭璞撰	49《八仙山水經》一卷，郭璞等撰				○

50			49 趙載《璇璣經》一卷	37《璇璣經》一卷，趙載撰	50《璇璣經》一卷，趙載撰	○			
51			20 郭文《金雄記》一卷	41《金雄記》一卷，郭文文舉撰	51《金雄記》一卷，郭文				○
52			21 郭文《金雌記》	42《金雌記》一卷，郭文撰	52《金雌詩》，郭文				○
53					53《醫卜論》，孫盛撰				○
54			38 索襲《天文地理》十餘篇		54《天文地理》十餘篇，索襲撰				○
55					55《太玄經注》十二卷，范望撰	○			
56			60 陶侃《捉脈賦》		56《尋龍捉脈賦》，陶侃撰				○
57					57《天涯海角經》，柏葉仙撰				○
58					58《古符待貴籙》				○
59	8《周易筮占》二十四卷，徐苗	25 徐苗《周易筮占》二十四卷	1 徐苗《徐氏周易筮占》二十四卷	8《周易筮占》二十四卷，徐苗撰	59《周易筮占》二十四卷，徐苗撰				○
60					60《牽三歌讖》，王嘉造				○
61			52 顏幼明《黃帝靈棊經注》二卷		61《靈棊經注》二卷，顏幼明撰	○			
62					62《易》七卷，成公智瓊撰				○
63					63《和公注黃帝四序經文》三十六卷				○
64	19《五行三統正驗論》，索靖	38 索靖《五行三統正驗論》		48《五行三統正驗論》，索靖撰					○
65	21《周易品元》二卷，干寶			9《周易玄品》二卷，干寶撰					○
66	附錄存疑類 24《五金龍虎歌》一卷，葛洪	35 葛洪《五經龍虎歌》一卷							○

67	附錄存疑類 25《五岳眞形圖文》一卷，葛洪	34 葛洪《五岳眞形圖文》一卷				○			
68		14 郭璞《易通統卦驗元圖》一卷							○
69		15 郭璞《易新圖序》一卷							○
70		36 張華《三鑑靈書》三卷		28《三鑑靈書》三卷，張華撰					○
71		37 苗銳《廣聖曆》一卷							○
72		43 史道規《周穆王八駿圖》一卷							○
73			2 譙周《災異志》	46《災異志》，譙周撰					○
74			3 譙周《讖》						○
75			4《王子年歌》一卷	43《王子年歌》一卷，王嘉撰					○
76			5《瑞應圖》二卷				○		
77			7 郭璞《讖》						○
78			8《祥瑞圖》						○
79			32 郭璞《周易察微經》一卷						○
80			33 郭璞《周易鬼御算》一卷						○
81			34 郭璞《周易逆刺》一卷						○
82			35 郭璞《易鑑》三卷						○
83			39《遁甲書》六十餘卷						○
84			48 郭璞《玄經》十卷						○
85			50 顏氏《周易立成占》三卷						○

編號	丁本	吳本	文本	黃本	秦本	存	殘	輯	佚
86			51 顏氏《周易孔子通覆決》三卷						○
87			53《河圖占》						○
88			54 庾闡《著龜論》						○
89			55《相牛經》二卷						○
90			56《白澤圖》一卷					○	
91			57 張華注《師曠禽經》一卷	44《師曠禽經》一卷，張華注		○			
92			58《相手版經》			○			
93			59 王微《宅經》						○
94			62 郭氏《五姓墓圖要訣》五卷						○
95			63《晉災祥》一卷						○
96			64《石瑞記》						○
97				13《易髓》十卷，郭璞撰					○
98				45《晉中興簿》					○

十四、醫方類著錄書目比較表

14 醫方類									
史志／編號	丁本 13 醫方類 33 部	吳本 15 醫方類 28 部	文本 13 醫家類 37 部	黃本 13 醫方 35 部	秦本 4 醫家類 40 部	存佚情形：存	殘	輯	佚
1					1《解寒食散方》一卷，曹翕撰				○
2	9《論寒食散方》二卷，皇甫謐、曹歙	2 皇甫謐《論寒食散方》二卷	15 皇甫謐、曹歙《論寒食散方》二卷	31《論寒食散方》二卷，曹翕、皇甫謐撰	2《論寒食散方》二卷，皇甫謐撰				○
3					3《集內經倉公論》，皇甫謐撰				○
4	1《黃帝三部鍼經》十三卷，皇甫謐	1 皇甫謐《黃帝三部鍼經》十三卷		1《黃帝三部針經》十三卷，皇甫謐撰	4《黃帝三部鍼經》十三卷，皇甫謐撰				○

5					5《黃帝甲乙經》十二卷，皇甫謐撰	○			
6				35《藥錄》一卷，李密撰	6《藥錄》二卷，李密撰				○
7	附錄存疑類 30《養生要集》，張湛	25 張湛《養生要集》十卷	32 張湛《養生要集》十卷	12《養生要集》十卷，張湛撰	7《養生要集》十卷，張湛撰				○
8					8《甘草穀仙方》，清虛眞人王褒授南嶽魏夫人者				○
9	24《青精健飯方》，魏夫人	28 魏夫人《青精健飯方》			9《青精健飯方》，清虛眞人王褒授南嶽魏夫人者				○
10					10《青精健飯方敘》，南嶽魏夫人撰				○
11	15《肘後急要方》四卷，葛洪	14 葛洪《肘後方》六卷	9 葛洪《肘後方》六卷	24《肘後急要方》四卷，葛洪撰	11《肘後方》六卷，葛洪撰	○			
12	11《神仙服食方》十卷，葛洪	18 葛洪《神仙服食藥方》十卷		22《神仙服食藥方》十卷，葛洪撰	12《神仙服食藥方》十卷，葛洪撰				○
13	14《玉函煎方》五卷，葛洪	16 葛洪《玉函煎方》五卷	12 葛洪《玉函煎方》五卷	25《玉函煎方》五卷，葛洪撰	13《玉函煎方》五卷，葛洪撰				○
14	附錄存疑類 33《葛仙翁杏仁煎方》一卷，葛洪	21 葛洪《葛仙公煎杏仁方》一卷	14《葛仙翁杏仁煎方》一卷	26《葛仙翁杏仁煎方》一卷，葛洪撰	14《葛仙翁杏仁煎方》一卷，葛洪撰				○
15	附錄存疑類 32《黑髮酒方》一卷，葛洪	20 葛洪《墨髮酒方》一卷	31 葛洪《黑髮酒方》一卷	27《黑髮酒方》一卷，葛洪撰	15《黑髮酒方》一卷，葛洪撰				○
16				11《養生論》一卷，葛洪撰	16《養生論》一卷，葛洪撰	○			
17					17《枕中書》，葛洪撰	○			
18	10《金匱藥方》一百卷，葛洪	15 葛洪《金匱藥方》一百卷	13 葛洪《金匱藥方》一百卷	21《金匱藥方》一百卷，葛洪撰	18《金匱藥方》一百卷，葛洪撰				○

19	12《太清神仙服食經》一卷，葛洪	22 葛洪《抱朴子太清神仙服食經》五卷		23《太清神仙服食經》一卷，葛洪撰	19《太清神仙服食經》一卷，葛洪撰				○
20	13《服食方》四卷，葛洪				20《服食方》四卷，葛洪撰				○
21	16《序房內祕術》一卷，葛洪	19 葛洪《序房內祕術》一卷			21《序房內祕術》一卷，葛洪撰				○
22	18《范東陽方》一百五卷，《錄》一卷，范汪	11 范汪《范東陽方》一百七十六卷，《錄》一卷	19 范汪《范東陽方》一百七十六卷，《錄》一卷	29《范東陽方》一百五卷，《錄》一卷，范汪撰	22《范東陽方》一百五十卷，《錄》一卷，范汪撰				○
23					23《雜藥方》一百七十卷，范汪、方尹穆撰				○
24	**補遺** 26《金匱玉函經》八卷		10《金匱玉函經》八卷	14《金匱玉函經》八卷，王叔和集	24《集金匱玉函經》八卷	○			
25	6《傷寒卒病論》十卷，王叔和	7 王叔和《傷寒卒病論》十卷	7 王叔和編次《張仲景傷寒論》十卷	16《傷寒卒病論》十卷，王叔和編	25《撰次仲景傷寒論》十卷	○			
26					26《編次張仲景方》三十六卷				○
27	8《金匱要略方》三卷，張仲景撰、王叔和集	8 王叔和《集金匱要略方》三卷		15《金匱要略方》三卷，王叔和集	27《集金匱要略》三卷	○			
28	2《脈經》十卷，王叔和	4 王叔和《脈經》十卷	1 王叔和《脈經》十卷	2《脈經》十卷，王叔和撰	28《脈經》十卷	○			
29	4《論病》六卷，王叔和	5 王叔和《論病》六卷	2 王叔和《論病》六卷	9《論病》六卷，王叔和撰	29《論病》六卷				○
30	3《脈訣》一卷，王叔和			3《脈訣》一卷，王叔和撰	30《脈訣》一卷	○			
31		10 王叔和《脈訣機要》三卷		6《脈訣機要》一卷，王叔和撰	31《脈訣機要》三卷，王叔和撰				○
32	17《殷荊州要方》一卷，殷仲堪	24 殷仲堪《殷荊州要方》一卷	25 殷仲堪《殷荊州要方》一卷	30《殷荊州要方》一卷，殷仲堪撰	32《殷荊州要方》一卷，殷仲堪撰				○
33			29 宮泰《三逆散方》		33《三物散方》，宮泰撰				○

34					34《五石散方》，靳輔撰				○
35	22《議論備禦方》一卷，于法開	26 于法開《議論備禦方》一卷	28 于法開《議論備豫方》一卷	33《議論備豫方》一卷，于法開撰	35《議論備禦方》一卷，于法開撰				○
36	23《申蘇方》五卷，支法存	27 支法存《申蘇方》五卷	37 支法存《申蘇方》五卷	34《申蘇方》五卷，支法存撰	36《申蘇方》五卷，支法存撰				○
37			11 羅什《耆婆脈訣注》十二卷		37《耆婆脈訣注》十二卷，羅什撰				○
38	補遺 28《劉涓子鬼遺方》十卷		22 劉涓子《鬼遺方》十卷	17《劉涓子鬼遺方》十卷	38《劉涓子鬼遺方》十卷		○		
39			23 劉涓子《鬼論》一卷	18《鬼論》一卷，劉涓子撰	39《劉涓子鬼遺論》一卷				○
40					40《王氏遺書》二十七卷				○
41	5《張仲景藥方》十五卷，王叔和撰	6 王叔和《張仲景藥方》十五卷	8 王叔和《張仲景藥方》十五卷	13《張仲景藥方》十五卷，王叔和編					○
42	7《依諸方撰》一卷，皇甫謐	3 皇甫謐《依諸方撰》一卷		31《依諸方》一卷，皇甫謐撰					○
43	19《解散方》七卷，范汪		21 范氏《解散方》七卷						○
44	20《療婦人藥方》十一卷，范汪		20 范氏《療婦人藥方》十一卷						○
45	21《療小兒藥方》一卷，范汪								○
46	25《新書病總要略》一卷，王叔和	9 王叔和《新書病總要略》一卷		10《新集病總要略》一卷，王叔和撰					○
47	補遺 27《小品方》十二卷，陳延之					○			
48	補遺 29《劉涓子神仙遺論》十卷								○

49	**附錄存疑類** 31《肘後備急百一方》三卷，葛洪								○
50		12 羊欣《羊中散藥方》三十卷							○
51		13 羊欣《羊中散雜湯丸散酒方》一卷							○
52		17 葛洪《狐剛子萬金訣》二卷							○
53		23 孫盛《醫卜》							○
54			3 吳普《華佗方》十卷						○
55			4 吳普《本草》六卷					○	
56			5 王季琰《本草經》三卷	19《本草經》三卷					○
57			6 王季琰《藥方》一卷	20《藥方》一卷，王珉撰					○
58			16 釋道洪《寒食散對療》一卷						○
59			17 釋道洪《方》一卷						○
60			18 胡洽《胡居士治百病要方》三卷						○
61			24《療癰經》一卷						○
62			26 阮文叔《阮河南藥方》十六卷						○
63			27《遼東備急方》三卷						○
64			30 鄞邵《五石散礜石散方》						○
65			33 張湛《養性傳》二卷						○

66			34 張湛《延年祕錄》十二卷						○
67			35《玉房祕訣》十卷				○		
68			36 殷浩《方書》						○
69				4《脈賦》一卷，王叔和撰					○
70				5《脈訣發蒙》三卷，王叔和撰					○
71				7《脈訣提要》一卷，王叔和撰					○
72				8《脈訣圖要》六卷，王叔和撰					○
73				28《雜藥方》二十九卷，孔汪德澤撰					○

十五、雜藝類著錄書目比較表

15 雜藝類									
史志 / 編號	丁　本	吳　本 14 雜藝術類 8 部	文　本 16 雜藝家類 23 部	黃　本 14 雜藝術 15 部	秦　本 7 藝術類 37 部	存佚情形			
						存	殘	輯	佚
1					1《博弈論》，韋昭撰				○
2			9《汲冢書繳書》二篇		2《汲冢繳書》二篇				○
3		3 陸雲《棋品序》一卷	8 陸雲《碁品序》一卷	5《碁品序》一卷，陸雲撰	3《棋品序》一卷，陸雲撰				○
4		4 馬朗等《圍棋勢》二十九卷	1 馬朗等《圍碁勢》二十九卷	8《圍碁勢》二十九卷，馬朗等撰	4《圍棋勢》二十九卷，馬朗等撰				○
5					5《棋勢》，成公綏撰				○
6			17 成公綏《隸書體》		6《隸書體》，成公綏撰				○
7			16 衛恆《四體書勢》一卷		7《四體書勢》，衛恆撰			○	

8				14《草書狀》，索靖撰	8《草書狀》，索靖撰			○	
9					9《草書賦》，楊泉撰				○
10			20 劉卲《飛白書勢》		10《飛白勢銘》，劉劭撰				○
11					11《棋經》一卷，葛洪撰				○
12		8 虞潭《投壺變》一卷	6 虞潭《投壺變》一卷	2《投壺變》一卷，虞潭撰	12《投壺變》一卷，虞潭撰			○	
13		7 虞潭《投壺經》四卷	5 虞潭《投壺經》四卷	1《投壺經》四卷，虞潭撰	13《投壺經》一卷，郝沖、虞潭撰				○
14			4 郝沖《投壺道》一卷	3《投壺道》一卷，郝沖撰	14《投壺道》一卷，郝沖撰				○
15			15 汀州刺史李矩妻衛鑠《筆陣圖》一卷	9《筆陣圖》一卷，衛爍茂猗撰	15《筆鎭圖》一卷，衛夫人撰	○			
16					16《筆說》				○
17					17《用筆賦》，王羲之撰				○
18					18《記白雲先生書訣》，王羲之撰				○
19					19《自論書》，王羲之撰				○
20					20《自敘草書勢》，王羲之撰				○
21					21《自敘草書訣》，王羲之撰				○
22			12 王羲之《筆經》	15《筆經》，王羲之撰	22《筆經》，王羲之撰				○
23			13 王羲之《筆勢論》一卷		23《筆勢論》，王羲之撰				○
24				10《筆勢圖》一卷，王羲之撰	24《筆陣圖》，王羲之撰				○
25					25《書訣》，王獻之撰				○
26			19 王珉《行書狀》		26《行書狀》，王珉撰				○
27		1 范汪等《圍棋九品序錄》五卷	2 范汪等《圍碁九品序錄》五卷	7《圍碁九品序錄》五卷，范汪等撰	27《圍棋九品序錄》五卷				○

28		2 范汪等《棋九品序錄》一卷		6《碁九品序錄》一卷，范汪等注	28《棋九品序錄》一卷，范汪等撰				○
29					29《十二棋卜》				○
30					30《徐安子五十八體書勢》一卷				○
31		5 徐廣《彈棋譜》一卷	10 徐廣《彈棋譜》一卷		31《彈碁譜》一卷，徐廣撰				○
32					32《論書》，顧凱之撰				○
33			21 顧愷之《論畫》一篇		33《論畫篇》，顧凱之撰				○
34					34《南都賦圖》，戴逵畫				○
35					35《能書人名》一卷，羊欣撰				○
36					36《筆陣圖》，羊欣撰				○
37					37《筆法》一卷，羊欣撰				○
38		6 虞潭《大小博法》十卷	3 虞潭《大小博法》一卷	4《大小博法》一卷，虞潭撰					○
39			7《古博經》						○
40			11 王曠《筆心論》						○
41			14 衛恆《古來能書人錄》一卷						○
42			18 索靖《書勢》						○
43			22 顧愷之《畫贊》						○
44			23 顧愷之《書贊》						○
45				11《右軍王羲之正書》五卷					○
46				12《右軍王羲之行書》五十八卷					○
47				13《華林集》，應貞撰					○

十六、譜錄類著錄書目比較表

16 譜錄類									
史志／編號	丁　本	吳　本	文　本	黃　本	秦本 8 譜錄類 5 部	存佚情形			
						存	殘	輯	佚
1					1《食疏》，何曾撰				○
2					2《師曠禽經注》一卷，張華撰	○			
3					3《竹譜》一卷，戴凱之撰并自註	○			
4					4《周穆王八駿圖》一卷，史道碩畫				○
5					5《崔氏食經》四卷，崔浩撰				○

十七、類書類著錄書目比較表

17 類書類									
史志／編號	丁本	吳本	文本	黃本	秦本 10 類書類 2 部	存佚情形			
						存	殘	輯	佚
1					1《會要》一卷，陸機撰				○
2					2《聖賢羣輔錄》一卷，陶潛撰	○			

附錄四：五家《補晉書藝文志》「集部」著錄書目比較表

一、楚辭類著錄書目比較表

1 楚辭類									
史志 編號	丁本 1 楚辭類 2 部	吳本 1 楚辭類 2 部	文本 1 楚辭類 2 部	黃本 1 楚辭 2 部	秦本 1 楚辭類 2 部	存佚情形			
						存	殘	輯	佚
1	1《楚辭注》三卷，郭璞	1 郭璞《楚辭注》三卷	1 郭璞《楚辭注》二卷	1《楚辭》三卷，郭璞注	1《楚辭注》三卷，郭璞撰				○
2	2《楚辭音》一卷，徐邈	2 徐邈《楚辭音》一卷	2 徐邈《楚辭音》二卷	2《楚辭音》一卷，徐邈撰	2《楚辭音》一卷，徐邈撰				○

二、別集類著錄書目比較表

2 別集類									
史志 編號	丁本 2 別集類 400 部	吳本 2 別集類 390 部	文本 2 別集類 394 部	黃本 2 別集 384 部	秦本 2 別集類 439 部	存佚情形			
						存	殘	輯	佚
1	1《宣帝集》五卷，《錄》一卷	1《宣帝集》五卷，《錄》一卷	1《晉宣帝集》五卷，《錄》一卷	1《宣帝集》五卷，《錄》一卷	1《晉宣帝集》五卷				○
2	2《文帝集》三卷	2《文帝集》三卷	2《晉文帝集》三卷	2《文帝集》三卷	2《晉文帝集》三卷				○
3					3《晉懷帝樂府歌》				○
4	128《明帝集》五卷，《錄》一卷	3《明帝集》五卷，《錄》一卷	126《晉明帝集》五卷，《錄》一卷	128《明帝集》五卷，《錄》一卷	4《晉明帝集》五卷				○
5	129《簡文帝集》五卷，《錄》一卷	4《簡文帝集》五卷，《錄》一卷	127《簡文帝集》五卷，《錄》一卷	129《簡文帝集》五卷，《錄》一卷	5《晉簡文帝集》五卷，《錄》一卷				○
6	130《孝武帝集》二卷，《錄》一卷	5《孝武帝集》二卷，《錄》一卷	128《孝武帝集》二卷，《錄》一卷	130《孝武帝集》二卷，《錄》一卷	6《晉孝武帝集》二卷				○
7	5《中散大夫嵇康集》十五卷，《錄》一卷	13《嵇康集》十五卷，《錄》一卷			7《嵇康集》十三卷，《錄》一卷			○	

8					8《呂安集》二卷，《錄》一卷				○
9	4《步兵校尉阮籍集》十三卷，《錄》一卷	12《阮籍集》十三卷，《錄》一卷			9《阮籍集》十卷，《錄》一卷			○	
10					10《傳嘏集》二卷				○
11					11《鍾會集》九卷，《錄》一卷			○	
12	3《齊王攸集》三卷	6《齊王攸集》三卷	3《齊王攸集》三卷	3《齊王攸集》三卷	12《齊王攸集》二卷				○
13	7《鄭袤集》二卷	11《鄭袤集》二卷	5《鄭袤集》二卷	5《儀同三司鄭袤集》二卷	13《鄭袤集》二卷				○
14	6《王沈集》五卷	10《王沈集》正卷	4《王沈集》五卷 394《王沈集》	4《司空王沉集》五卷	14《王沈集》五卷				○
15	8《宗正嵇喜集》二卷，《錄》一卷	16《宗正嵇喜集》二卷，《錄》一卷	6《宗正稽喜集》二卷，《錄》一卷	6《宗正嵇喜集》二卷，《錄》一卷	15《宗正嵇喜集》一卷，《錄》一卷				○
16	9《散騎常侍應貞集》五卷	14《散騎常侍應貞集》五卷	7《散騎常侍應貞集》五卷	8《散騎常侍應貞集》五卷	16《應貞集》一卷				○
17	10《司隸校尉傅玄集》五十卷，《錄》一卷	17《司隸校尉傅玄集》五十卷，《錄》一卷	8《司隸校尉傅玄集》五十卷，《錄》一卷	9《司隸校尉傅玄集》五十卷，《錄》卷	17《傅玄集》十五卷，《錄》一卷			○	
18	11《著作郎成公綏集》十卷	18《著作郎成公綏集》十卷	9《著作郎成公綏集》十卷	10《著作郎成公綏集》十卷	18《著作郎成公綏集》九卷			○	
19	12《裴秀集》三卷，《錄》一卷	19《裴秀集》三卷，《錄》一卷	10《裴秀集》三卷，《錄》一卷	11《司空裴秀集》三卷，《錄》一卷	19《裴秀集》三卷，《錄》一卷				○
20	13《金紫光祿大夫何楨集》五卷	20《金紫光祿大夫何禎集》五卷	11《金紫光祿大夫何禎集》五卷	12《金紫光祿大夫何禎集》五卷	20《金紫光祿大夫何禎集》一卷				○
21	14《袁準集》二卷，《錄》一卷	21《袁準集》二卷，《錄》一卷	12《袁準集》二卷，《錄》一卷	13《給事中袁準集》二卷，《錄》一卷	21《袁準集》二卷，《錄》一卷				○
22	15《少傅山濤集》五卷，《錄》一卷	22《少傅山濤集》五卷，《錄》一卷	13《少傅山濤集》五卷，《錄》一卷	14《少傅山濤集》五卷，《錄》一卷	22《少傅山濤集》九卷				○
23	16《向秀集》二卷，《錄》一卷	23《向秀集》二卷，《錄》一卷	14《向秀集》二卷，《錄》一卷	15《散騎常侍向秀集》二卷，《錄》一卷	23《向秀集》二卷，《錄》一卷				○

24	17《平原太守阮种集》二卷,《錄》一卷	24《平原太守阮种集》二卷,《錄》一卷	15《平原太守阮种集》二卷,《錄》一卷	16《平原太守阮种集》二卷,《錄》一卷	24《平原太守阮种》二卷,《錄》一卷				○
25	18《阮侃集》五卷,《錄》一卷	25《阮侃集》五卷,《錄》一卷	16《阮侃集》五卷,《錄》一卷	17《河內太守阮侃集》五卷,《錄》一卷	25《阮侃集》五卷,《錄》一卷				○
26	365《阮咸集》一卷	369《阮咸集》一卷		70《始平太守阮咸集》一卷	26《阮咸集》一卷				○
27	19《太傅羊祜集》二卷,《錄》一卷	26《太傅羊祜集》二卷,《錄》一卷	17《太傅羊祜集》二卷,《錄》一卷	18《太傅羊祜集》二卷,《錄》一卷	27《羊祜集》一卷,《錄》一卷				○
28	20《蔡玄通集》五卷	27《蔡玄通集》五卷	18《蔡玄通集》五卷	19《蔡玄通集》五卷	28《蔡元通集》五卷				○
29	21《太宰賈充集》五卷,《錄》一卷	28《太宰賈充集》五卷,《錄》一卷	19《太宰賈充集》五卷	20《太宰賈充集》五卷,《錄》一卷	29《賈充集》五卷,《錄》一卷				○
30	23《荀勖集》三卷,《錄》一卷	29《荀勖集》三卷,《錄》一卷	20《荀勖集》三卷,《錄》一卷	21《祕書監荀勖集》三卷,《錄》一卷	30《荀勖集》三卷,《錄》一卷			○	
31	24《征南將軍杜預集》十八卷	30《征南將軍杜預集》十八卷	21《征南將軍杜預集》十八卷	22《征南將軍杜預集》十八卷	31《杜預集》十八卷			○	
32	25《輔國將軍王濬集》一卷	31《輔國將軍王濬集》二卷,《錄》一卷	22《輔國將軍干濬集》二卷,《錄》一卷	23《輔國將軍王濬集》二卷,《錄》一卷	32《王濬集》二卷,《錄》一卷			○	
33	26《徵士皇甫謐集》一卷,《錄》一卷	32《徵士皇甫謐集》二卷,《錄》一卷	23《徵士皇甫謐集》二卷,《錄》一卷	24《徵士皇甫謐集》二卷,《錄》一卷	33《皇甫謐集》二卷,《錄》一卷				○
34	27《侍中程咸集》三卷	33《侍中程咸集》三卷	24《侍中程咸集》三卷	25《侍中程咸集》三卷	34《侍中程咸集》三卷				○
35	28《光祿大夫劉毅集》二卷,《錄》一卷	34《光祿大夫劉毅集》二卷,《錄》一卷	25《光祿大夫劉毅集》二卷,《錄》一卷	26《光祿大夫劉毅集》二卷,《錄》一卷	35《劉毅集》二卷,《錄》一卷				○
36	22《侍中庾峻集》二卷,《錄》一卷	35《侍中庾峻集》二卷,《錄》一卷	26《侍中庾峻集》二卷,《錄》一卷	27《侍中庾峻集》二卷,《錄》一卷	36《庾峻集》二卷				○
37	29《巴西太守郤正集》一卷	36《巴西太守郤正集》一卷	27《巴西太守郤正集》一卷	28《巴西太守郤正集》一卷	37《巴西太守郤正集》一卷				○
38	30《散騎常侍薛瑩集》三卷	37《散騎常侍薛瑩集》三卷	28《散騎常侍薛瑩集》三卷	7《散騎常侍薛瑩集》三卷	38《薛瑩集》三卷				○
39			380陳壽述作二百餘篇		39《陳壽集》				○

40					40《陸景集》				○
41					41《殷褒集》二卷				○
42	78《南中郎長史應亨集》二卷	86《南中郎長史應亨集》二卷	76《南中郎長史應亨集》二卷	78《南中郎長史應亨集》二卷	42《南中郎長史應亨集》二卷				○
43					43《任熙集》				○
44	31《散騎常侍陶濬集》二卷，《錄》一卷	39《散騎常侍陶濬集》二卷，《錄》一卷	29《散騎常侍陶濬集》二卷，《錄》一卷	29《散騎常侍陶濬集》二卷，《錄》一卷	44《散騎常侍陶濬集》二卷，《錄》一卷				○
45	32《通事郎江偉集》六卷	46《通事郎江偉集》六卷	30《通事郎江偉集》六卷	30《通事郎江偉集》六卷	45《通事郎江偉集》六卷				○
46	33《宣舒集》五卷	40《宣舒集》五卷	31《宣舒集》五卷	31《宣城令宣舒集》五卷	46《宣舒集》五卷				○
47	34《散騎常侍曹志集》二卷，《錄》一卷	41《散騎常侍曹志集》二卷，《錄》一卷	33《散騎常侍曹志集》二卷，《錄》一卷	32《散騎常侍曹志集》二卷，《錄》一卷	47《曹志集》二卷，《錄》一卷				○
48	35《鄒湛集》三卷，《錄》一卷	42《鄒湛集》三卷，《錄》一卷	32《鄒湛集》三卷，《錄》一卷	33《少府卿鄒湛集》三卷，《錄》一卷	48《鄒湛集》三卷，《錄》一卷				○
49	36《汝南太守孫毓集》六卷	43《汝南太守孫毓集》六卷	34《汝南太守孫毓集》六卷	34《汝南太守孫毓集》六卷	49《汝南太守孫毓集》六卷				○
50	37《處士楊泉集》二卷，《錄》一卷	38《處士楊泉集》二卷，《錄》一卷	35《處士楊泉集》二卷，《錄》一卷	35《處士楊泉集》二卷，《錄》一卷	50《楊泉集》二卷，《錄》一卷				○
51	38《司徒王渾集》五卷	44《司徒王渾集》五卷	36《司徒王渾集》五卷	36《司徒王渾集》五卷	51《王渾集》五卷				○
52	39《冀州刺史王琛集》五卷	45《冀州刺史王琛集》五卷	37《冀州刺史王琛集》五卷	37《冀州刺史王琛集》五卷	52《冀州刺史王深》五卷				○
53	40《徵士閔鴻集》三卷	47《徵士閔鴻集》三卷	38《徵士閔鴻集》三卷	38《徵士閔鴻集》三卷	53《徵士閔鴻集》三卷				○
54	41《光祿大夫裴楷集》二卷，《錄》一卷	48《光祿大夫裴楷集》二卷，《錄》一卷	39《光祿大夫裴楷集》二卷，《錄》一卷	39《光祿大夫裴楷集》二卷，《錄》一卷	54《裴楷集》二卷，《錄》一卷				○
55		15 文立章奏詩賦數十篇	379 文立章奏詩賦數十篇	384《衛尉文立集》	55《文立集》				○
56	42《司空張華集》十卷，《錄》一卷	74《司空張華集》十卷，《錄》一卷	40《司空張華集》十卷，《錄》一卷	40《司空張華集》十卷，《錄》一卷	56《張華集》十卷，《錄》一卷			○	

57	43《尚書僕射裴頠集》九卷	52《尚書僕射裴頠集》九卷	41《尚書僕射裴頠集》九卷	41《尚書僕射裴頠集》九卷	57《裴頠集》九卷				○
58	44《太子中庶子許孟集》三卷，《錄》一卷	53《太子中庶子許孟集》三卷，《錄》一卷	42《太子中庶子許孟集》三卷，《錄》一卷	42《太子中庶子許孟集》三卷，《錄》一卷	58《太子中庶子許孟集》三卷，《錄》一卷				○
59	45《太宰何卲集》二卷，《錄》一卷	49《太宰何卲集》二卷，《錄》一卷	43《太宰何劭集》一卷，《錄》一卷	43《太宰何劭集》二卷，《錄》一卷	59《何劭集》一卷，《錄》一卷				○
60	46《光祿大夫劉頌集》三卷，《錄》一卷	50《光祿大夫劉頌集》三卷，《錄》一卷	44《光祿大夫劉頌集》三卷，《錄》一卷	44《光祿大夫劉頌集》二卷，《錄》一卷	60《劉頌集》三卷，《錄》一卷				○
61	47《劉寔集》二卷，《錄》一卷	51《劉寔集》二卷，《錄》一卷	45《劉寔集》二卷，《錄》一卷	45《太尉劉寔集》二卷，《錄》一卷	61《劉寔集》二卷				○
62	48《散騎常侍王佑集》三卷，《錄》一卷	54《散騎常侍王佑集》三卷，《錄》一卷	46《散騎常侍王佑集》三卷，《錄》一卷	46《散騎常侍王佑集》三卷，《錄》一卷	62《散騎常侍王佑集》二卷				○
63	49《驃騎將軍王濟集》二卷	55《驃騎將軍王濟集》二卷	47《驃騎將軍王濟集》二卷	47《驃騎將軍王濟集》二卷	63《王濟集》二卷				○
64	50《華嶠集》八卷	56《華嶠集》八卷	48《華嶠集》八卷	48《少卿華嶠集》八卷	64《華嶠集》八卷				○
65	51《祕書丞司馬彪集》四卷	87《祕書丞司馬彪集》四卷	49《祕書丞司馬彪集》三卷，《錄》一卷	49《祕書丞司馬彪集》三卷，《錄》一卷	65《司馬彪集》四卷，《錄》一卷				○
66	52《尚書庾儵集》二卷，《錄》一卷	57《尚書庾儵集》二卷，《錄》一卷	50《尚書庾儵集》二卷，《錄》一卷	50《尚書庾儵集》二卷，《錄》一卷	66《尚書庾儵集》二卷，《錄》一卷				○
67	53《國子祭酒謝衡集》二卷	58《國子祭酒謝衡集》二卷	51《國子祭酒謝衡集》二卷	51《國子祭酒謝衡集》二卷	67《國子祭酒謝衡集》二卷				○
68	54《漢中太守李虔集》二卷，《錄》一卷	75《漢中太守李虔集》二卷，《錄》一卷	52《漢中太守李虔集》二卷，《錄》一卷	52《漢中太守李虔集》二卷，《錄》一卷	68《李虔集》一卷				○
69	55《司隸騎尉傅咸集》三十卷，《錄》一卷	59《司隸校尉傅咸集》三十卷，《錄》一卷	53《司隸校尉傅咸集》三十卷，《錄》一卷	58《司隸校尉傅咸集》三十卷，《錄》一卷	69《傅咸集》十七卷，《錄》一卷			○	

70	56《太子中庶子棗據集》二卷，《錄》一卷	60《太子中庶子棗據集》二卷，《錄》一卷	54《太子中庶子棗據集》二卷，《錄》一卷	53《太子中庶子棗據集》二卷，《錄》一卷	70《棗據集》二卷，《錄》一卷				○
71	57《劉寶集》三卷	61《劉寶集》三卷	55《劉寶集》三卷	54《安北將軍劉寶集》三卷	71《劉寶集》三卷				○
72					72《傅祗集》				○
73					73《華暢集》				○
74					74《陸喜集》				○
75					75《劉兆集》				○
76					76《魯勝集》				○
77					77《上廉令陳符集》				○
78					78《齊王府掾陳莅集》				○
79					79《建寧興古太守陳階集》				○
80	58《馮翊太守孫楚集》十二卷，《錄》一卷	62《馮翊太守孫楚集》十二卷，《錄》一卷	56《馮翊太守孫楚集》十二卷，《錄》一卷	55《馮翊太守孫楚集》十二卷，《錄》一卷	80《孫楚集》六卷，《錄》一卷			○	
81	59《散騎常侍夏侯湛集》十卷，《錄》一卷	64《散騎常侍夏侯湛集》十卷，《錄》一卷	57《散騎常侍夏侯湛集》十卷，《錄》一卷	56《散騎常侍夏侯湛集》十卷，《錄》一卷	81《夏侯湛集》十卷，《錄》一卷			○	
82	60《弋陽太守夏侯淳集》二卷	65《弋陽太守夏侯淳集》二卷	58《弋陽太守夏侯淳集》二卷	57《弋陽太守夏侯淳集》二卷	82《弋陽太守夏侯淳集》二卷				○
83	61《散騎侍郎王讚集》五卷	63《散騎常侍王讚集》五卷	59《散騎侍郎王讚集》五卷	59《散騎侍郎王讚集》五卷	83《散騎常侍王瓚集》三卷				○
84	62《衛尉卿石崇集》六卷，《錄》一卷	76《衛尉卿石崇集》六卷，《錄》一卷	60《衛尉卿石崇集》六卷，《錄》一卷	60《衛尉卿石崇集》六卷	84《石崇集》六卷，《錄》一卷				○
85	63《尚書郎張敏集》五卷	66《尚書郎張敏集》五卷	61《尚書郎張敏集》五卷	61《尚書郎張敏集》五卷	85《尚書郎張敏集》五卷				○
86	64《黃門郎伏偉集》一卷	67《黃門郎伏偉集》一卷	62《黃門郎伏偉集》一卷	62《黃門郎伏偉集》一卷	86《黃門郎伏偉集》一卷				○
87	65《黃門郎潘岳集》十卷	77《黃門郎潘岳集》十卷	63《黃門郎潘岳集》十卷	63《黃門郎潘岳集》十卷	87《潘岳集》十卷			○	

88	66《太常卿潘尼集》十卷	78《太常卿潘尼集》十卷	64《太常卿潘尼集》十卷	64《太常卿潘尼集》十卷	88《潘尼集》十卷			○	
89	67《頓邱太守歐陽建集》二卷	79《頓丘太守歐陽建集》二卷	65《頓邱太守歐陽建集》二卷	65《頓丘太守歐陽建集》二卷	89《頓邱太守歐陽建集》二卷				○
90	68《宗正劉許集》二卷，《錄》一卷	68《宗正劉許集》二卷，《錄》一卷	66《宗正劉訏集》二卷，《錄》一卷	66《宗正劉許集》二卷，《錄》一卷	90《宗正劉訏集》二卷，《錄》一卷				○
91	69《散騎常侍李重集》二卷	69《散騎常侍李重集》二卷	67《散騎常侍李重集》二卷	67《散騎常侍李重集》二卷	91《李重集》二卷				○
92	70《光祿大夫樂廣集》二卷，《錄》一卷	70《光祿大夫樂廣集》二卷，《錄》一卷	68《光祿大夫樂廣集》二卷，《錄》一卷	68《光祿大夫樂廣集》二卷，《錄》一卷	92《光祿大夫樂廣集》二卷，《錄》一卷				○
93	71《阮渾集》二卷，《錄》一卷	72《阮渾集》三卷，《錄》一卷	69《阮渾集》三卷	69《馮翊太守阮渾集》二卷，《錄》一卷	93《阮渾集》三卷，《錄》一卷				○
94	72《侍中嵇紹集》二卷，《錄》一卷	80《侍中嵇紹集》二卷，《錄》一卷	70《侍中嵇紹集》二卷，《錄》一卷	72《侍中嵇紹集》二卷，《錄》一卷	94《嵇紹集》二卷，《錄》一卷				○
95		135《木華集》	381《木華集》	381《土溥木華集》	95《木華集》				○
96	73《錢塘令楊建集》九卷	81《錢塘令楊建集》九卷	71《錢塘令楊建集》九卷	73《錢唐令楊建集》九卷	96《錢唐令楊建集》九卷				○
97	74《長沙相盛彥集》五卷	82《長沙相盛彥集》五卷	72《長沙相盛彥集》五卷	74《長沙相盛彥集》五卷	97《長沙相盛彥集》五卷				○
98	75《左長史楊乂集》三卷，《錄》一卷	73《左長史楊乂集》三卷，《錄》一卷	73《左長史楊乂集》三卷，《錄》一卷	75《左長史楊乂集》三卷，《錄》一卷	98《楊乂集》三卷，《錄》一卷				○
99	76《尚書盧播集》二卷，《錄》一卷	84《尚書盧播集》二卷，《錄》一卷	74《尚書盧播集》二卷，《錄》一卷	76《尚書盧播集》二卷，《錄》一卷	99《尚書盧播集》一卷，《錄》一卷				○
100	77《欒肇集》五卷，《錄》一卷	85《欒肇集》五卷，《錄》一卷	75《欒肇集》五卷，《錄》一卷	77《尚書郎欒肇集》五卷，《錄》一卷	100《欒肇集》五卷，《錄》一卷				○
101					101《南中郎長史應亨集》二卷				○

102	79《國子祭酒杜育集》二卷	88《國子祭酒杜育集》二卷	77《國子祭酒杜育集》二卷	79《國子祭酒杜育集》二卷	102《杜育集》二卷				○
103	80《太常卿摯虞集》十卷，《錄》一卷	89《太常卿摯虞集》十卷，《錄》一卷	78《太常卿摯虞集》十卷，《錄》一卷	80《太常卿摯虞集》十卷，《錄》一卷	103《摯虞集》九卷，《錄》一卷			○	
104	81《祕書監繆徵集》二卷，《錄》一卷	90《祕書監繆徵集》二卷，《錄》一卷	79《祕書監繆徵集》二卷，《錄》一卷	81《祕書監繆徵集》二卷，《錄》一卷	104《祕書監繆徵集》二卷，《錄》一卷				○
105	82《齊王府記室左思集》五卷，《錄》一卷	91《齊王府記室左思集》五卷，《錄》一卷	80《齊王府記室左思集》五卷，《錄》一卷	82《齊王府記室左思集》五卷，《錄》一卷	105《左思集》二卷，《錄》一卷			○	
106	83《豫章太守夏靖集》二卷，《錄》一卷	92《豫章太守夏靖集》二卷，《錄》一卷	81《豫章太守夏靖集》二卷，《錄》一卷	83《豫章太守夏靖集》二卷，《錄》一卷	106《豫章太守夏靖集》二卷，《錄》一卷				○
107	84《吳王文學鄭豐集》二卷，《錄》一卷	93《吳王文學鄭豐集》一卷，《錄》一卷	82《吳王文學鄭豐集》二卷，《錄》一卷	84《吳王文學鄭豐集》二卷，《錄》一卷	107《吳王文學鄭豐集》一卷，《錄》一卷				○
108	85《大司馬東曹掾張翰集》二卷，《錄》一卷	95《大司馬東曹掾張翰集》二卷，《錄》一卷	83《大司馬東曹掾張翰集》二卷，《錄》一卷	85《大司馬東曹掾張翰集》二卷，《錄》一卷	108《張翰集》二卷，《錄》一卷				○
109	88《平原內史陸機集》四十七卷，《錄》一卷	96《平原內史陸機集》四十七卷，《錄》一卷	86《平原內史陸機集》四十七卷，《錄》一卷	88《平原內史陸機集》四十七卷，《錄》一卷	109《陸機集》十四卷，《錄》一卷，《連珠》一卷			○	
110	86《清河王文學陳略集》二卷，《錄》一卷	94《清河王文學陳略集》二卷，《錄》一卷	84《清河王文學陳略集》二卷，《錄》一卷	86《清河王文學陳略集》二卷，《錄》一卷	110《清河王文學陳略集》二卷，《錄》一卷				○
111	87《揚州從事陸沖集》二卷，《錄》一卷	98《揚州從事陸沖集》二卷，《錄》一卷	85《揚州從事陸沖集》二卷，《錄》一卷	87《揚州從事陸沖集》二卷，《錄》一卷	111《揚州從事陸沖集》二卷，《錄》一卷				○
112	89《清河太守陸雲集》十卷，《錄》一卷	97《清河太守陸雲集》十卷，《錄》一卷	87《清河太守陸雲集》十卷，《錄》一卷	89《清河內史陸雲集》十卷，《錄》一卷	112《陸雲集》十二卷，《錄》一卷	○			
113	90《少府丞孫拯集》二卷，《錄》一卷	99《少府丞孫極集》二卷，《錄》一卷	88《少府丞孫極集》二卷，《錄》一卷	90《少府丞孫拯集》二卷，《錄》一卷	113《少府丞孫極集》二卷，《錄》一卷				○

114	91《中書郎張載集》七卷	100《中書郎張載集》七卷，《錄》一卷	89《中書郎張載集》七卷	91《中書郎張載集》七卷	114《張載集》七卷，《錄》一卷			○	
115	92《黃門郎張協集》四卷，《錄》一卷	101《黃門郎張協集》四卷，《錄》一卷	90《黃門郎張協集》四卷，《錄》一卷	92《黃門郎張協集》四卷，《錄》一卷	115《張協集》三卷，《錄》一卷		○		
116					116《張敞集》				○
117	93《著作郎束晳集》七卷	102《著作郎束晳集》五卷，《錄》一卷	91《著作郎束晳集》五卷，《錄》一卷	93《著作郎束晳集》五卷，《錄》一卷	117《束晳集》七卷，《錄》一卷			○	
118		105 王接雜論議詩賦碑頌駁難			118《王接集》				○
119	94《征南司馬曹攄集》三卷，《錄》一卷	104《征南司馬曹攄集》三卷，《錄》一卷	92《征南司馬曹攄集》三卷，《錄》一卷	94《征南司馬曹攄集》三卷，《錄》一卷	119《曹攄集》三卷，《錄》一卷				○
120	95《散騎常侍江統集》十卷，《錄》一卷	106《散騎常侍江統集》十卷，《錄》一卷	93《散騎常侍江統集》十卷，《錄》一卷	95《散騎常侍江統集》十卷，《錄》一卷	120《江統集》十卷，《錄》一卷				○
121	96《著作郎胡濟集》五卷，《錄》一卷	107《著作郎胡濟集》五卷，《錄》一卷	94《著作郎胡濟集》五卷，《錄》一卷	96《著作郎胡濟集》五卷，《錄》一卷	121《著作郎胡濟集》五卷，《錄》一卷				○
122	97《中書令卞粹集》五卷	108《中書令卞粹集》五卷	95《中書令卞粹集》五卷	97《中書令卞粹集》五卷	122《中書令卞粹集》一卷				○
123	98《光祿勳閭丘沖集》二卷，《錄》一卷	109《光祿勳閭邱沖集》二卷，《錄》一卷	96《光祿勳閭邱沖集》二卷，《錄》一卷	98《光祿勳閭丘沖集》二卷，《錄》一卷	123《光祿勳閭邱沖集》二卷，《錄》一卷				○
124	99《太傅從事中郎庾敳集》五卷，《錄》一卷	110《太傅從事中郎庾敳集》五卷，《錄》一卷	97《太傅從事中郎庾敳集》五卷，《錄》一卷	99《太傅從事中郎庾敳集》五卷，《錄》一卷	124《太傅從事中郎庾敳集》一卷				○
125	102《太子中舍人阮瞻集》二卷，《錄》一卷	111《太子中舍人阮瞻集》二卷，《錄》一卷	98《太子中舍人阮瞻集》二卷，《錄》一卷	100《太子中舍人阮瞻集》二卷，《錄》一卷	125《太子中舍人阮瞻集》二卷，《錄》一卷				○
126	100《太子洗馬阮修集》二卷，《錄》一卷	112《太子洗馬阮修集》二卷，《錄》一卷	99《太子洗馬阮修集》二卷，《錄》一卷	101《太子洗馬阮修集》二卷，《錄》一卷	126《阮修集》二卷，《錄》一卷				○

127	101《廣威將軍裴邈集》二卷，《錄》一卷	113《廣威將軍裴邈集》二卷，《錄》一卷	100《廣威將軍裴邈集》二卷，《錄》一卷	102《廣威將軍裴邈集》二卷，《錄》一卷	127《廣威將軍裴邈集》二卷，《錄》一卷				○
128	103《太傅主簿郭象集》五卷，《錄》一卷	114《太傅主簿郭象集》五卷，《錄》一卷	101《太傅郭象集》五卷，《錄》一卷	103《太傅主簿郭象集》五卷，《錄》一卷	128《郭象集》二卷，《錄》一卷				○
129	104《廣州刺史嵇含集》十卷，《錄》一卷	115《廣州刺史嵇含集》十卷，《錄》一卷	102《廣州刺史嵇含集》十卷，《錄》一卷	104《廣州刺史嵇含集》十卷，《錄》一卷	129《嵇含集》十卷，《錄》一卷				○
130	105《安豐太守孫惠集》十一卷，《錄》一卷	116《安豐太守孫惠集》十一卷，《錄》一卷	103《安豐太守孫惠集》十一卷，《錄》一卷	105《安豐太守孫惠集》十一卷，《錄》一卷	130《安豐太守孫惠集》八卷，《錄》一卷				○
131	106《松滋令蔡洪集》二卷，《錄》一卷	117《松滋令蔡洪集》二卷，《錄》一卷	104《松滋令蔡洪集》二卷，《錄》一卷	106《松滋令蔡洪集》二卷，《錄》一卷	131《松滋令蔡洪集》一卷，《錄》一卷				○
132	107《平北將軍牽秀集》四卷	118《平北將軍牽秀集》三卷，《錄》一卷	105《平北將軍牽秀集》三卷，《錄》一卷	107《平北將軍牽秀集》三卷，《錄》一卷	132《牽秀集》四卷，《錄》一卷				○
133	108《車騎從事中郎蔡克集》二卷，《錄》一卷	119《車騎從事中郎蔡克集》二卷，《錄》一卷	106《車騎從事中郎蔡克集》二卷，《錄》一卷	108《車騎從事中郎蔡克集》二卷，《錄》一卷	133《蔡克集》二卷，《錄》一卷				○
134	109《游擊將軍索靖集》三卷	120《游擊將軍索靖集》三卷	107《遊擊將軍索靖集》三卷	109《遊擊將軍索靖集》三卷	134《索靖集》三卷				○
135	110《隴西太守閻纘集》二卷，《錄》一卷	121《隴西太守閻纂集》二卷，《錄》一卷	108《隴西太守閻纂集》二卷，《錄》一卷	110《隴西太守閻纂集》二卷，《錄》一卷	135《隴西太守閻纂集》二卷，《錄》一卷				○
136	111《秦州刺史張輔集》二卷，《錄》一卷	122《秦州刺史張輔集》二卷，《錄》一卷	109《秦州刺史張輔集》二卷，《錄》一卷	111《秦州刺史張輔集》二卷，《錄》一卷	136《張輔集》二卷，《錄》一卷				○
137	112《交趾太守殷巨集》二卷	123《交趾太守殷巨集》二卷，《錄》一卷	110《交阯太守殷巨集》二卷，《錄》一卷	112《交州刺史殷巨集》二卷，《錄》一卷	137《交阯太守殷巨集》二卷，《錄》一卷				○
138	113《太子洗馬陶佐集》五卷，《錄》一卷	124《太子洗馬陶佐集》五卷，《錄》一卷	111《太子洗馬陶佐集》五卷，《錄》一卷	113《太子洗馬陶佐集》五卷，《錄》一卷	138《太子洗馬陶佐集》五卷，《錄》一卷				○

139	114《鄱陽太守虞溥集》二卷，《錄》一卷	126《鄱陽太守虞溥集》二卷，《錄》一卷	112《鄱陽太守虞溥集》二卷，《錄》一卷	116《鄱陽太守虞溥集》二卷，《錄》一卷	139《鄱陽太守虞溥集》二卷，《錄》一卷				○
140	115《益陽令吳商集》五卷	127《益陽令吳商集》五卷	113《益陽令吳商集》五卷	114《益陽令吳商集》五卷	140《益陽令吳商集》五卷				○
141	116《仲長敖集》二卷	125《仲長敖集》二卷	114《仲長敖集》二卷	115《仲長敖集》二卷	141《仲長敖集》二卷				○
142	117《太常卿劉弘集》三卷，《錄》一卷	129《太常卿劉弘集》三卷，《錄》一卷	115《太常卿劉弘集》三卷，《錄》一卷	117《太常卿劉弘集》三卷，《錄》一卷	142《太常卿劉弘集》三卷，《錄》一卷				○
143	118《開府山簡集》二卷，《錄》一卷	131《開府山簡集》二卷，《錄》一卷	116《開府山簡集》二卷，《錄》一卷	118《開府山簡集》二卷，《錄》一卷	143《山簡集》二卷，《錄》一卷				○
144	119《袞州刺史宗岱集》二卷	132《袞州刺史宗岱集》二卷	117《袞州刺史宗岱集》二卷	119《袞州刺史宗岱集》二卷	144《袞州刺史宗岱集》二卷				○
145		371 劉聰《述懷詩》百餘篇，賦頌五十餘首	384 劉聰《述懷詩》百餘篇，賦頌五十餘篇		145《漢主劉聰集》				○
146					146《李陽集》				○
147					147《李興集》				○
148	122《散騎常侍棗嵩集》二卷，《錄》一卷	138《散騎常侍棗嵩集》二卷，《錄》一卷	120《散騎常侍棗嵩集》二卷，《錄》一卷	122《散騎常侍棗嵩集》一卷	148《棗嵩集》一卷，《錄》一卷				○
149	123《襄陽太守棗腆集》二卷，《錄》一卷	137《襄陽太守棗腆集》二卷，《錄》一卷	121《襄陽太守棗腆集》二卷，《錄》一卷	123《襄陽太守棗腆集》二卷，《錄》一卷	149《襄陽太守棗腆集》二卷，《錄》一卷				○
150	120《侍中王峻集》二卷，《錄》一卷	134《侍中王峻集》二卷，《錄》一卷	118《侍中王峻集》二卷，《錄》一卷	120《侍中王峻集》二卷，《錄》一卷	150《侍中王峻集》二卷，《錄》一卷				○
151	121《濟陽內史王曠集》五卷，《錄》一卷	133《濟陽內史王曠集》五卷，《錄》一卷	119《濟陽內史王曠集》五卷，《錄》一卷	121《濟陽內史王曠集》五卷，《錄》一卷	151《濟陽內史王曠集》五卷，《錄》一卷				○
152	124《太尉劉琨集》十卷	139《太尉劉琨集》十卷	122《太尉劉琨集》十卷	124《太尉劉琨集》十卷	152《劉琨集》九卷			○	
153	125《劉琨別集》十二卷	140《太尉劉琨別集》十二卷	123《劉琨別集》十二卷	125《太尉劉琨別集》十二卷	153《劉琨別集》十二卷				○

154	126《司空從事中郎盧諶集》十卷	141《司空從事中郎盧諶集》十卷，《錄》一卷	124《司空從事中郎盧諶集》十卷，《錄》一卷	126《司空從事中郎盧諶集》十卷	154《盧諶集》十卷，《錄》一卷				○
155	127《祕書丞傅暢集》五卷	142《祕書丞傅暢集》五卷，《錄》一卷	125《祕書丞傅暢集》五卷，《錄》一卷	127《祕書丞傅暢集》五卷	155《傅暢集》五卷，《錄》一卷				○
156	131《彭城王紘集》二卷	8《彭城王紘集》二卷	129《彭城王紘集》二卷	131《彭城王紘集》二卷	156《彭城王紘集》二卷				○
157	132《譙烈王集》九卷，《錄》一卷	9《譙烈王集》九卷，《錄》一卷	130《譙烈王丞集》九卷	132《譙烈王無忌集》九卷，《錄》一卷	157《譙烈王集》九卷，《錄》一卷				○
158	133《會稽王司馬道子集》九卷	7《會稽王道子集》九卷	131《會稽王司馬道子集》九卷	133《會稽王道子集》九卷	158《會稽王道子集》八卷				○
159	134《鎮東從事中郎傅毅集》五卷	144《鎮東從事中郎傅毅集》五卷	132《鎮東從事中郎傅毅集》五卷	134《鎮東從事中郎傅毅集》五卷	159《鎮東將軍中郎傅毅集》五卷				○
160	135《衡陽內史曾懷集》四卷，《錄》一卷	186《衡陽內史曾瓌集》四卷，《錄》一卷	133《衡陽內史曾瓌集》四卷，《錄》一卷	135《衡陽內史曾環集》四卷，《錄》一卷	160《衡陽內史曾瓌集》三卷，《錄》一卷				○
161	136《驃騎將軍顧榮集》五卷，《錄》一卷	143《驃騎將軍顧榮集》五卷，《錄》一卷	134《驃騎將軍顧榮集》五卷，《錄》一卷	136《驃騎將軍顧榮集》五卷，《錄》一卷	161《顧榮集》五卷，《錄》一卷				○
162	137《司空賀循集》二十卷，《錄》一卷	182《司空賀循集》二十卷，《錄》一卷	135《司空賀循集》二十卷，《錄》一卷	137《司空賀循集》二十卷，《錄》一卷	162《賀循集》十八卷，《錄》一卷				○
163	138《散騎常侍張抗集》二卷，《錄》一卷	155《散騎常侍張抗集》二卷，《錄》一卷	136《散騎常侍張杭集》二卷，《錄》一卷	138《散騎常侍張杭集》二卷，《錄》一卷	163《散騎常侍張抗集》二卷，《錄》一卷				○
164	139《車騎長史賈彬集》三卷，《錄》一卷	156《車騎長史賈彬集》三卷，《錄》一卷	137《車騎長史賈彬集》三卷，《錄》一卷	139《車騎長史賈彬集》三卷，《錄》一卷	164《車騎長史賈彬集》三卷，《錄》一卷				○
165	140《光祿大夫衛展集》十五卷	83《光祿大夫衛展集》十五卷	138《光祿大夫衛展集》十五卷	140《光祿大夫衛展集》十五卷	165《衛展集》十二卷				○
166	141《太尉荀組集》三卷，《錄》一卷	145《太尉荀組集》二卷，《錄》一卷	139《太尉荀組集》三卷，《錄》一卷	141《太尉荀祖集》三卷，《錄》一卷	166《荀組集》三卷，《錄》一卷				○

167	142《祕書郎張委集》九卷	154《祕書郎張委集》五卷	140《祕書郎張委集》五卷	145《祕書郎張委集》五卷	167《祕書郎張委集》九卷				○
168	143《關內侯傅珉集》一卷	146《關內侯傅珉集》一卷	141《關內侯傅珉集》一卷	142《關內侯傅珉集》一卷	168《關內侯傅珉集》一卷				○
169	144《光祿大夫周顗集》二卷，《錄》一卷	147《光祿大夫周顗集》二卷，《錄》一卷	142《光祿大夫周覬集》二卷，《錄》一卷	143《光祿大夫周顗集》二卷，《錄》一卷	169《周顗集》二卷，《錄》一卷				○
170	145《太常謝鯤集》二卷	153《太常謝鯤集》二卷	143《太常卿謝鯤集》二卷	144《太常謝鯤集》二卷	170《謝鯤集》六卷				○
171	146《驃騎將軍王廙集》三十四卷，《錄》一卷	206《驃騎將軍王廙集》三十四卷，《錄》一卷	144《驃騎將軍王廙集》三十四卷，《錄》一卷	146《驃騎將軍王廙集》三十四卷，《錄》一卷	171《王廙集》十卷，《錄》一卷				○
172	147《華譚集》二卷	103《華譚集》二卷	145《華譚集》二卷	147《祕書監華譚集》二卷	172《華譚集》二卷				○
173	148《御史中丞熊遠集》五卷，《錄》一卷	187《御史中丞熊遠集》五卷，《錄》一卷	146《御史中丞熊遠集》五卷，《錄》一卷	148《御史中丞熊遠集》五卷，《錄》一卷	173《熊遠集》十一卷，《錄》一卷				○
174	149《湘州秀才谷儉集》一卷	157《湘州秀才谷儉集》一卷	147《湘州秀才谷儉集》一卷	149《湘州秀才谷儉集》一卷	174《湖州秀才谷儉集》一卷	○			
175	150《大鴻臚周嵩集》三卷，《錄》一卷	149《大鴻臚周嵩集》三卷，《錄》一卷	148《大鴻臚周嵩集》三卷，《錄》一卷	150《大鴻臚周嵩集》三卷，《錄》一卷	175《大鴻臚周嵩集》三卷，《錄》一卷				○
176	151《弘農太守郭璞集》十卷，《錄》一卷	188《弘農太守郭璞集》十卷，《錄》一卷	149《弘農太守郭璞集》十卷，《錄》一卷	151《弘農太守郭璞集》十卷，《錄》一卷	176《郭璞集》十七卷，《錄》一卷			○	
177			388葛洪碑誄詩賦一百卷，移檄章表三十卷		177《葛洪集》一百三十卷				○
178	152《張駿集》八卷	148《張峻集》八卷	150《張駿集》八卷	152《大將軍張峻集》八卷	178《張駿集》八卷				○
179	153《大將軍王敦集》十卷	152《大將軍王敦集》十卷	151《大將軍王敦集》十卷	153《大將軍王敦集》十卷	179《王敦集》十卷				○
180	154《吳興太守沈充集》二卷	128《吳興太守沈充集》二卷	152《吳興太守沈充集》二卷	154《吳興太守沈充集》二卷	180《吳興太守沈充集》二卷				○

181	155《散騎常侍傅純集》二卷，《錄》一卷	167《散騎常侍傅純集》一卷，《錄》一卷	153《散騎常侍傅純集》二卷，《錄》一卷	155《散騎常侍傅純集》二卷，《錄》一卷	181《散騎常侍傅純集》二卷，《錄》一卷				○
182	156《光祿大夫梅陶集》二十卷，《錄》一卷	320《光祿大夫梅陶集》二十卷，《錄》一卷	154《光祿大夫梅陶集》二十卷，《錄》一卷	156《光祿大夫梅陶集》二十卷，《錄》一卷	182《光祿大夫梅陶集》九卷，《錄》一卷				○
183	157《金紫光祿大夫荀邃集》二卷，《錄》一卷	151《金紫光祿大夫荀邃集》二卷，《錄》一卷	155《金紫光祿大夫荀邃集》二卷，《錄》一卷	160《金紫光祿大夫荀邃集》二卷，《錄》一卷	183《荀邃集》二卷，《錄》一卷				○
184	158《著作佐郎王濤集》五卷	173《著作佐郎王濤集》五卷	157《著作佐郎王濤集》五卷	158《著作佐郎王濤集》五卷	184《王濤集》五卷				○
185	352《王茂略集》四卷	334《王茂略集》四卷	350《王茂略集》四卷	159《著作佐郎王濤集》四卷	185《王茂略集》四卷				○
186	159《廷尉卿阮放集》十卷，《錄》一卷	205《廷尉卿阮放集》十卷，《錄》一卷	158《廷尉卿阮放集》十卷，《錄》一卷	161《廷尉卿阮放集》十卷，《錄》一卷	186《阮放集》十卷，《錄》一卷				○
187	161《宗正卿張悛集》二卷，《錄》一卷	183《宗正卿張悛集》二卷，《錄》一卷	159《宗正卿張悛集》二卷，《錄》一卷	162《宗正卿張俊集》五卷，《錄》一卷	187《宗正卿張悛集》二卷，《錄》一卷				○
188	162《汝南太守應碩集》二卷	184《汝南太守應碩集》二卷	160《汝南太守應碩集》二卷	163《汝南太守應碩集》二卷	188《汝南太守應碩集》二卷				○
189	160《散騎常侍王覽集》九卷	174《散騎常侍王覽集》五卷	156《散騎常侍王覽集》五卷	157《散騎常侍王覽集》九卷	189《散騎常侍王覽集》九卷				○
190	362《王鑒集》五卷				190《王鑒集》五卷				○
191	163《金紫光祿大夫張闓集》二卷，《錄》一卷	163《金紫光祿大夫張闓集》二卷，《錄》一卷	161《金紫光祿大夫張闓集》二卷，《錄》一卷	164《金紫光祿大夫張闓集》二卷，《錄》一卷	191《張闓集》二卷，《錄》一卷				○
192	164《揚州從事陸沈集》二卷，《錄》一卷	185《揚州從事陸沈集》二卷，《錄》一卷	162《揚州從事陸沈集》二卷，《錄》一卷	165《揚州從事陸沉集》二卷，《錄》一卷	192《揚州從事陸沈集》二卷，《錄》一卷				○
193	165《驃騎將軍卞壼集》二卷，《錄》一卷	164《驃騎將軍卞壼集》二卷，《錄》一卷	163《驃騎將軍卞壼集》二卷，《錄》一卷	166《驃騎將軍卞壺集》二卷，《錄》一卷	193《卞壼集》二卷，《錄》一卷				○

194	166《光祿勳鍾雅集》一卷	159《光祿勳鍾雅集》一卷	164《光祿勳鍾雅集》一卷	167《光祿勳鍾雅集》一卷	194《鍾雅集》一卷				○
195	167《衛尉卿劉超集》二卷	165《衛尉卿劉超集》二卷	165《衛尉卿劉超集》二卷	168《衛尉卿劉超集》二卷	195《劉超集》二卷，《錄》一卷				○
196	170《大將軍温嶠集》十卷，《錄》一卷	170《大將軍温嶠集》十卷，《錄》一卷	168《大將軍温嶠集》十卷，《錄》一卷	171《大將軍温嶠集》十卷	196《温嶠集》十卷，《錄》一卷				○
197	168《衛將軍戴邈集》五卷，《錄》一卷	180《衛將軍戴邈集》五卷，《錄》一卷	166《衛將軍戴邈集》五卷，《錄》一卷	169《衛將軍戴邈集》五卷，《錄》一卷	197《戴邈集》五卷，《錄》一卷				○
198	169《光祿大夫荀崧集》二卷	181《光祿大夫荀崧集》一卷	167《光祿大夫荀崧集》一卷	170《光祿大夫荀崧集》一卷	198《荀崧集》一卷				○
199	171《侍中孔坦集》十七卷	171《侍中孔坦集》五卷，《錄》一卷	169《侍中孔坦集》五卷，《錄》一卷	172《侍中孔坦集》五卷，《錄》一卷	199《孔坦集》十七卷，《錄》一卷				○
200	172《臧沖集》一卷	172《臧沖集》五卷	170《臧沖集》一卷	173《臧沖集》一卷	200《臧沖集》一卷				○
201	173《鎮南大將軍應詹集》五卷	160《鎮南大將軍應詹集》五卷	171《鎮南大將軍應詹集》五卷	174《鎮南大將軍應詹集》五卷	201《應詹集》五卷				○
202	174《太僕卿王嶠集》八卷	178《太僕卿王嶠集》八卷	172《太僕卿王嶠集》八卷	175《太僕卿王嶠集》八卷	202《太僕卿王嶠集》八卷				○
203	175《衛尉荀闓集》一卷	179《衛尉荀闓集》一卷	173《衛尉荀闓集》一卷	176《衛尉荀闓集》一卷	203《荀闓集》一卷				○
204	176《鎮北將軍劉隗集》二卷	158《鎮北將軍劉隗集》二卷	174《鎮北將軍劉隗集》二卷	177《鎮北將軍劉隗集》二卷	204《劉隗集》二卷				○
205	177《大司馬陶侃集》二卷，《錄》一卷	161《大司馬陶侃集》二卷，《錄》一卷	175《大司馬陶侃集》二卷，《錄》一卷	178《大司馬陶侃集》二卷，《錄》一卷	205《陶侃集》二卷，《錄》一卷				○
206	178《丞相王導集》十卷，《錄》一卷	150《丞相王導集》十卷，《錄》一卷	176《丞相王導集》十卷，《錄》一卷	179《丞相王導集》十卷，《錄》一卷	206《王導集》十一卷，《錄》一卷				○
207	179《太尉郄鑒集》十卷，《錄》一卷	169《太尉郄鑒集》十卷，《錄》一卷	177《太尉郄鑒集》十卷，《錄》一卷	180《太尉郗鑒集》十卷，《錄》一卷	207《郗鑒集》十卷，《錄》一卷				○
208		168 紀瞻詩賦牋表數十篇	382紀瞻詩賦牋表數十篇		208《紀瞻集》				○

209			383常寬詩賦論議二十餘篇		209《常寬集》				○
210	180《太尉庾亮集》二十一卷	189《太尉庾亮集》二十卷，《錄》一卷	178《太尉庾亮集》二十卷，《錄》一卷	181《太尉庾亮集》二十卷，《錄》一卷	210《庾亮集》二十一卷，《錄》一卷				○
211	181《虞預集》十卷，《錄》一卷	190《虞預集》十卷，《錄》一卷	179《虞預集》十卷，《錄》一卷	182《散騎常侍虞預集》十卷，《錄》一卷	211《虞預集》十卷，《錄》一卷				○
212	182《平越司馬黃整集》十卷，《錄》一卷	227《平越司馬黃整集》十卷，《錄》一卷	180《平越司馬黃整集》十卷，《錄》一卷	183《平越司馬黃整集》十卷，《錄》一卷	212《平越司馬黃整集》十卷，《錄》一卷				○
213	183《護軍長史庾堅集》十三卷	228《護軍長史庾堅集》十卷，《錄》一卷	181《護軍長史庾堅集》十卷，《錄》一卷	184《護軍長史庾堅集》十卷，《錄》一卷	213《護軍長史庾堅集》十三卷，《錄》一卷				○
214	184《司空庾冰集》二十卷，《錄》一卷	194《司空庾冰集》二十卷，《錄》一卷	182《司空庾冰集》二十卷，《錄》一卷	185《司空庾冰集》二十卷，《錄》一卷	214《庾冰集》七卷，《錄》一卷				○
215	185《給事中庾闡集》九卷	270《給事中庾闡集》十卷，《錄》一卷	183《給事中庾闡集》十卷，《錄》一卷	186《給事中庾闡集》十卷，《錄》一卷	215《庾闡集》九卷，《錄》一卷				○
216					216《虞喜集》				○
217	186《著作郎王隱集》二十卷，《錄》一卷	271《著作郎王隱集》二十卷，《錄》一卷	184《著作郎王隱集》二十卷，《錄》一卷	187《著作郎王隱集》二十卷，《錄》一卷	217《王隱集》十卷，《錄》一卷				○
218	188《散騎常侍干寶集》五卷	211《散騎常侍干寶集》五卷	185《散騎常侍干寶集》五卷	188《散騎常侍干寶集》五卷	218《干寶集》四卷				○
219	187《太常卿殷融集》十卷	212《太常卿殷融集》十卷	186《太常卿殷融集》十卷	189《太常卿殷融集》十卷	219《殷融集》十卷				○
220	189《衛尉張虞集》十卷	193《衛尉張虞集》十卷	187《衛尉張虞集》十卷	190《衛尉張虞集》十卷	220《衛尉張虞集》十卷				○
221	190《光祿大夫諸葛恢集》五卷，《錄》一卷	198《光祿大夫諸葛恢集》五卷，《錄》一卷	188《光祿大夫諸葛恢集》五卷，《錄》一卷	191《光祿大夫諸葛恢集》五卷，《錄》一卷	221《諸葛恢集》五卷，《錄》一卷				○
222	191《車騎將軍庾翼集》二十二卷	195《車騎將軍庾翼集》二十卷，《錄》一卷	189《車騎將軍庾翼集》二十卷，《錄》一卷	192《車騎將軍庾翼集》二十卷，《錄》一卷	222《庾翼集》二十二卷，《錄》一卷				○

223	192《司空何充集》四卷	197《司空何充集》五卷	190《司空何充集》五卷	193《司空何充集》五卷	223《何充集》四卷				○
224		71《盧欽小道》	378《盧欽小道》數十篇		224《盧欽集》				○
225			389 索綏《六夷頌符命傳》十餘篇		225《索綏集》				○
226		373 慕容儁著述四十餘篇	385 慕容儁著述四十餘篇		226《前燕慕容儁集》				○
227					227《韋謏集》				○
228					228《何琦集》				○
229	193《御史中丞郝默集》五卷		191《御史中丞郝默集》五卷	194《御史中丞郝默集》五卷	229《御史中丞郝默集》五卷				○
230	194《征西諮議甄述集》十二卷	176《征西諮議甄述集》十二卷	192《征西諮議甄述集》十二卷	195《征西諮議甄述集》十二卷	230《征西諮議甄述集》十二卷				○
231	195《武昌太守徐彥則集》十卷	177《武昌太守徐彥則集》十卷	193《武昌太守徐彥則集》十卷	196《武昌太守徐彥則集》十卷	231《武昌太守徐彥則集》十卷				○
232	196《散騎常侍王愆期集》十卷，《錄》一卷	330《散騎常侍王愆期集》十卷，《錄》一卷	194《散騎常侍王愆期集》十卷，《錄》一卷	197《散騎常侍王愆期集》十卷，《錄》一卷	232《王愆期集》七卷，《錄》一卷				○
233	197《司徒左長史王濛集》五卷	215《司徒左長史王濛集》五卷	195《司徒左長史王濛集》五卷	198《司空左長史王濛集》五卷	233《王濛集》五卷				○
234			196《丹陽尹劉恢集》二卷，《錄》一卷	199《丹陽尹劉恢集》二卷，《錄》一卷	234《丹陽尹劉恢集》二卷			○	
235	198《丹陽尹劉惔集》二卷，《錄》一卷	235《丹陽尹劉惔集》二卷，《錄》一卷		200《丹陽尹劉惔集》二卷	235《劉惔集》二卷				○
236	200《尚書令顧和集》五卷，《錄》一卷	191《尚書令顧和集》五卷，《錄》一卷	198《尚書令顧和集》五卷，《錄》一卷	202《尚書令顧和集》五卷，《錄》一卷	236《顧和集》五卷，《錄》一卷				○
237	199《益州刺史袁喬集》七卷	268《益州刺史袁喬集》七卷	197《益州刺史袁喬集》七卷	201《益州刺史袁喬集》七卷	237《袁喬集》七卷				○
238	201《尚書僕射劉遐集》五卷	213《尚書僕射劉遐集》五卷	199《尚書僕射劉遐集》五卷	203《尚書僕射劉遐集》五卷	238《尚書僕射劉遐集》五卷				○

239	202《徵士江淳集》三卷，《錄》一卷	224《處士江惇集》三卷，《錄》一卷	200《徵士江淳集》三卷，《錄》一卷	204《徵士江惇集》三卷，《錄》一卷	239《江惇集》三卷				○
240	204《魏興太守荀述集》一卷	226《魏興太守荀述集》一卷	201《魏興太守荀述集》一卷	205《魏興太守荀述集》一卷	240《魏興太守荀述集》一卷				○
241	205《平南將軍賀翹集》五卷	230《平南將軍賀翹集》五卷	202《平南將軍賀翹集》五卷	206《平南將軍賀翹集》五卷	241《平南將軍賀翹集》五卷				○
242	206《李軌集》八卷	232《李軌集》八卷	203《李軌集》八卷	207《尚書郎李軌集》八卷	242《李軌集》八卷				○
243	203《李充集》十五卷，《錄》一卷	200《李充集》十五卷，《錄》一卷	204《李充集》十五卷，《錄》一卷	208《中書侍郎李充集》十五卷，《錄》一卷	243《李充集》二十二卷，《錄》一卷				○
244	207《司徒蔡謨集》四十三卷	201《司徒蔡謨集》四十三卷	205《司徒蔡謨集》四十三卷	209《司徒蔡謨集》四十三卷	244《蔡謨集》十七卷				○
245			391《高柔集》	383《冠軍參軍高柔集》	245《司空參軍安固令高柔集》				○
246	208《揚州刺史殷浩集》五卷，《錄》一卷	214《揚州刺史殷浩集》五卷，《錄》一卷	206《揚州刺史殷浩集》五卷，《錄》一卷	210《揚州刺史殷浩集》五卷，《錄》一卷	246《殷浩集》四卷，《錄》一卷				○
247	209《吳興孝廉紐滔集》五卷，《錄》一卷	279《吳興孝廉鈕滔集》五卷，《錄》一卷	207《吳興孝廉鈕滔集》五卷，《錄》一卷	211《吳興孝廉鈕滔集》五卷，《錄》一卷	247《吳興孝廉鈕滔集》五卷				○
248	210《宣城內史劉系之集》五卷，《錄》一卷	233《宣城內史劉系之集》五卷，《錄》一卷	208《宣城內史劉系之集》五卷，《錄》一卷	212《宣城內史劉系之集》五卷，《錄》一卷	248《宣城內史劉系之集》五卷，《錄》一卷				○
249	211《尋陽太守庾統集》八卷	234《尋陽太守庾純集》八卷 291《庾統集》二卷	210《尋陽太守庾統集》八卷	213《尋陽太守庾純集》八卷	249《尋陽太守庾統集》八卷				○
250	212《庾赤玉集》四卷		209《庾赤王集》四卷	214《庾赤玉集》四卷	250《庾赤王集》四卷				○
251	213《驃騎司馬王修集》二卷，《錄》一卷	303《驃騎司馬王修集》二卷，《錄》一卷	211《驃騎司馬王修集》二卷，《錄》一卷	215《驃騎司馬王修集》二卷，《錄》一卷	251《驃騎司馬王脩集》二卷，《錄》一卷				○

252	214《衛將軍謝尚集》十卷，《錄》一卷	216《衛將軍謝尚集》十卷，《錄》一卷	212《衛將軍謝尚集》十卷，《錄》一卷	216《衛將軍謝尚集》十卷，《錄》一卷	252《謝尚集》十卷，《錄》一卷				○
253	215《青州刺史王俠集》二卷	229《青州刺史王浹集》二卷	213《青州刺史王浹集》二卷	217《青州刺史王俠集》二卷	253《青州刺史王浹集》二卷				○
254	216《西中郎將王胡之集》十卷	221《西中郎將王胡之集》五卷，《錄》一卷	214《西中郎將王胡之集》五卷，《錄》一卷	218《西中郎將王胡之集》五卷，《錄》一卷	254《西中郎將王胡之集》十卷，《錄》一卷				○
255	217《中書令王洽集》五卷，《錄》一卷	162《中書令王洽集》五卷，《錄》一卷	215《中書令王洽集》五卷，《錄》一卷	219《中書令王洽集》五卷，《錄》一卷	255《王洽集》五卷，《錄》一卷				○
256	218《宜春令范保集》七卷	236《宜陽令范保集》七卷	216《宜春令范保集》七卷	220《宜春令范保集》七卷	256《宜春令范保集》七卷				○
257	219《徵士范宣集》十卷，《錄》一卷	192《徵士范宣集》十卷，《錄》一卷	217《徵士范宣集》十卷，《錄》一卷	221《徵士范宣集》十卷，《錄》一卷	257《范宣集》十卷，《錄》一卷				○
258	220《建安太守丁纂集》四卷，《錄》一卷	261《建安太守丁纂集》四卷，《錄》一卷	218《建安太守丁纂集》四卷，《錄》一卷	222《建安太守丁纂集》四卷，《錄》一卷	258《建安太守丁纂集》四卷				○
259	221《金紫光祿大夫王羲之集》十卷，《錄》一卷	210《金紫光祿大夫王羲之集》十卷，《錄》一卷	219《金紫光祿大夫王羲之集》十卷，《錄》一卷	223《金紫光祿大夫王羲之集》十卷，《錄》一卷	259《王羲之集》九卷，《錄》一卷			○	
260	222《散騎常侍謝萬集》十卷	209《散騎常侍謝萬集》十卷	220《散騎常侍謝萬集》十卷	224《散騎常侍謝萬集》十卷	260《謝萬集》十六卷				○
261	223《司徒長史張憑集》一卷	217《司徒長史張憑集》五卷，《錄》一卷	221《司徒長史張憑集》五卷，《錄》一卷	225《司徒長史張憑集》五卷	261《張憑集》五卷，《錄》一卷				○
262	224《高涼太守楊方集》二卷	166《高涼太守楊方集》二卷	222《高涼太守楊方集》二卷	226《高涼太守楊方集》二卷	262《楊方集》二卷				○
263	225《徵士許詢集》八卷，《錄》一卷	253《徵士許詢集》八卷，《錄》一卷	223《徵士許詢集》八卷，《錄》一卷	227《徵士許詢集》八卷，《錄》一卷	263《徵士許詢集》三卷，《錄》一卷				○
264	226《征西將軍張望集》十二卷，《錄》一卷	218《征西將軍張望集》十二卷，《錄》一卷	224《征西將軍張望集》十二卷，《錄》一卷	228《征西將軍張望集》十二卷，《錄》一卷	264《征西將軍張望集》十卷，《錄》一卷				○

265	227《餘姚令孫統集》九卷，《錄》一卷	255《餘姚令孫統集》九卷，《錄》一卷	225《餘杭令孫統集》九卷，《錄》一卷	229《餘姚令孫統集》九卷，《錄》一卷	265《餘姚令孫統集》二卷				○
266	228《晉陵令戴元集》三卷，《錄》一卷	256《晉陵令戴元集》三卷，《錄》一卷	226《晉陵令戴元集》三卷，《錄》一卷	230《晉陵令戴元集》三卷，《錄》一卷	266《晉陵令戴元集》三卷，《錄》一卷				○
267	229《衛尉卿孫綽集》二十五卷	257《衛尉卿孫綽集》二十五卷	227《衛尉卿孫綽集》二十五卷	231《衛尉卿孫綽集》二十五卷	267《衛尉卿孫綽集》十五卷			○	
268	230《太常江逌集》九卷	259《太常江逌集》九卷	228《太常江逌集》九卷	232《太常江逌集》九卷	268《江逌集》九卷				○
269	231《謝沈集》十卷	269《謝沈集》十卷	229《謝沈集》十卷	233《祠部郎謝沉集》十卷	269《謝沈集》十卷				○
270	232《李顒集》十卷，《錄》一卷	264《李顒集》十卷，《錄》一卷	230《李顒集》十卷，《錄》一卷		270《李顒集》十卷，《錄》一卷				○
271	233《光祿勳曹毗集》十五卷，《錄》一卷	262《光祿勳曹毗集》十五卷，《錄》一卷	231《光祿勳曹毗集》十五卷，《錄》一卷	235《光祿勳曹毗集》十五卷，《錄》一卷	271《曹毗集》十卷，《錄》一卷				○
272	234《郡主簿王蔑集》五卷	175《郡主簿王篾集》五卷	232《郡主簿王蔑集》五卷	237《郡主簿王篾集》五卷	272《王蔑集》五卷				○
273	235《劉彧集》十六卷	196《劉彧集》十六卷	251《劉彧集》十六卷	238《臨川王郎中劉彧集》十六卷	273《劉彧集》十六卷				○
274	236《張重華酒泉太守謝艾集》八卷	370《張重華酒泉太守謝艾集》八卷	342《張重華酒泉太守謝艾集》八卷	239《張重華酒泉太守謝艾集》八卷	274《張重華酒泉太守謝艾集》七卷				○
275	237《撫軍長史蔡系集》二卷	263《撫軍長史蔡系集》二卷	343《撫軍長史蔡系集》二卷	240《撫軍長史蔡系集》二卷	275《蔡系集》二卷				○
276	238《護軍將軍江虨集》五卷，《錄》一卷	222《護軍將軍江虨集》五卷，《錄》一卷	344《護軍將軍江彬集》五卷，《錄》一卷	241《護軍將軍江彬集》五卷，《錄》一卷	276《江虨集》五卷，《錄》一卷				○
277	239《范汪集》十卷	202《范汪集》十卷	233《范汪集》十卷	242《安北將軍范汪集》十卷	277《范汪集》一卷			○	
278		223《范堅文筆》			278《范堅集》				○
279	240《尚書僕射王述集》八卷	225《尚書僕射王述集》八卷	234《尚書僕射王述集》八卷	243《尚書僕射王述集》八卷	279《尚書僕射王述集》八卷				○

280	241《王度集》五卷，《錄》一卷	231《王度集》五卷，《錄》一卷	235《王度集》五卷，《錄》一卷	244《北中郎參軍王度集》五卷	280《王度集》五卷，《錄》一卷				○
281	242《中領軍庾龢集》二卷，《錄》一卷	296《中領軍庾龢集》二卷，《錄》一卷	236《中領軍庾龢集》二卷，《錄》一卷	245《中領軍庾龢集》二卷，《錄》一卷	281《中領軍庾龢集》二卷，《錄》一卷				○
282	243《將作大匠喻希集》一卷	297《將作大匠喻希集》一卷	237《將作大匠喻希集》一卷	246《將作大匠喻希集》一卷	282《將作大匠俞希集》一卷				○
283	244《吳興太守孔嚴集》十一卷，《錄》一卷	258《吳興太守孔嚴集》十一卷，《錄》一卷	238《吳興太守孔嚴集》十一卷，《錄》一卷	247《吳興太守孔嚴集》十一卷，《錄》一卷	283《孔嚴集》十一卷，《錄》一卷				○
284	245《大司馬桓温集》四十三卷	244《大司馬桓温集》四十三卷	239《大司馬桓温集》四十三卷	248《大司馬桓温集》四十三卷	284《桓温集》十卷				○
285	246《桓温要集》二十卷，《錄》一卷	245《大司馬桓温要集》二十卷，《錄》一卷	240《桓温要集》二十卷，《錄》一卷	249《桓温要集》二十卷，《錄》一卷	285《桓温要集》二十卷，《錄》一卷				○
286	247《豫章太守車灌集》五卷，《錄》一卷	260《豫章太守車灌集》五卷，《錄》一卷	241《豫章太守車灌集》五卷，《錄》一卷	250《豫章太守車灌集》五卷，《錄》一卷	286《車灌集》五卷，《錄》一卷				○
287	248《尚書僕射王坦之集》七卷	242《尚書僕射王坦之集》五卷，《錄》一卷	242《尚書僕射王坦之集》五卷，《錄》一卷	251《尚書僕射王坦之集》五卷，《錄》一卷	287《尚書僕射王坦之集》七卷，《錄》一卷				○
288	249《左光祿大夫王彪之集》二十卷	207《光祿王彪之集》二十卷，《錄》一卷	243《光祿王彪之集》二十卷，《錄》一卷	252《左光祿王彪之集》二十卷	288《王彪之集》二十卷，《錄》一卷				○
289	280《新安太守郄愔集》五卷	294《新安太守郄愔集》五卷	274《新安太守郄愔集》五卷	285《新安太守郗愔集》五卷	289《新安太守郗愔集》四卷				○
290	250《中書郎郄超集》十卷	246《中書郎郄超集》十卷	244《中書郎郄超集》十卷	253《中書郎郗超集》十卷	290《郗超集》九卷				○
291	251《南中郎將桓嗣集》五卷	277《南中郎桓嗣集》五卷	245《南中郎桓嗣集》五卷	254《南中郎桓嗣集》五卷	291《桓嗣集》五卷				○
292	252《平固令邵毅集》五卷，《錄》一卷	280《平固令邵毅集》五卷，《錄》一卷	246《平固令邵毅集》五卷，《錄》一卷	255《平固今邵毅集》五卷，《錄》一卷	292《平固令邵毅集》五卷，《錄》一卷				○

293	253《太學博士滕輔集》五卷，《錄》一卷	295《太學博士滕輔集》五卷，《錄》一卷	247《太學博士滕輔集》五卷，《錄》一卷	256《太學博士滕輔集》五卷，《錄》一卷	293《太學博士滕輔集》五卷，《錄》一卷					○
294	254《苻堅丞相王猛集》九卷，《錄》一卷	372《苻堅丞相王猛集》九卷，《錄》一卷	363《苻堅丞相王猛集》九卷，《錄》一卷	257《苻堅丞相王猛集》九卷，《錄》一卷	294《苻秦王猛集》九卷，《錄》一卷					○
295					295《苻秦苻融集》					○
296					296《苻秦皇甫眞集》					○
297	255《顧夷集》五卷	266《顧夷集》五卷	248《顧夷集》五卷	258《揚州刺史顧夷集》五卷	297《顧夷集》五卷					○
298	256《散騎常侍鄭襲集》四卷	267《散騎常侍鄭襲集》四卷	249《散騎常侍鄭襲集》四卷	259《散騎常侍鄭襲集》四卷	298《散騎常侍鄭襲集》四卷					○
299	257《撫軍掾劉暢集》一卷	265《撫軍掾劉暢集》一卷	250《撫軍掾劉暢集》一卷	260《撫軍掾劉暢集》一卷	299《撫軍掾劉暢集》一卷					○
300	258《太常卿韓康伯集》十六卷	220《太常卿韓康伯集》十六卷	252《太常卿韓康伯集》十六卷	261《太常卿韓康伯集》十六卷	300《韓康伯集》十六卷					○
301	259《黃門郎范啓集》四卷	219《黃門郎范啓集》四卷	253《黃門郎范啓集》四卷	262《黃門郎范啓集》四卷	301《范啓集》四卷					○
302	260《豫章太守王恪集》十卷	237《豫章太守王恪集》十卷	254《豫章太守王恪集》十卷	263《豫章太守王恪集》十卷	302《豫章太守王恪集》十卷					○
303	261《零陵太守陶混集》七卷	239《零陵太守陶混集》七卷	255《零陵太守陶混集》七卷	264《零陵太守陶混集》七卷	303《零陵太守陶混集》七卷					○
304	262《海鹽令祖撫集》三卷	241《海鹽令祖撫集》三卷	256《海鹽令祖撫集》三卷	265《海鹽令祖撫集》三卷	304《海鹽令祖撫集》三卷					○
305	263《吳興太守殷康集》五卷，《錄》一卷	238《吳興太守殷康集》五卷，《錄》一卷	257《吳興太守殷康集》五卷，《錄》一卷	266《吳興太守殷康集》五卷，《錄》一卷	305《吳興太守殷康集》五卷，《錄》一卷					○
306	264《太傅謝安集》十卷	208《太傅謝安集》十卷	258《太傅謝安集》十卷，《錄》一卷	267《太傅謝安集》十卷	306《謝安集》十卷，《錄》一卷					○
307	265《中軍參軍孫嗣集》三卷，《錄》一卷	240《中軍參軍孫嗣集》三卷，《錄》一卷	259《中軍參軍孫嗣集》三卷，《錄》一卷	268《中軍參軍孫嗣集》三卷，《錄》一卷	307《中軍參軍孫嗣集》三卷，《錄》一卷					○

308	266《司徒左長史劉衮集》三卷	243《司徒左長史劉衮集》三卷	260《司徒左長史劉衮集》三卷	269《司徒左長史劉衮集》三卷	308《司徒左長史劉衮集》三卷				○
309	267《御史中丞孔欣時集》七卷	250《御史中丞孔欣時集》七卷	261《御史中丞孔欣時集》七卷	270《御史中丞孔欣時集》七卷	309《御史中丞孔欣時集》八卷				○
310	268《伏滔集》十一卷	276《伏滔集》五卷，《錄》一卷	262《伏滔集》五卷，《錄》一卷	271《游擊將軍伏滔集》五卷，《錄》一卷	310《伏滔集》十一卷，《錄》一卷				○
311	269《滎陽太守習鑿齒集》五卷	278《滎陽太守習鑿齒集》五卷	263《滎陽太守習鑿齒集》五卷	272《滎陽太守習鑿齒集》五卷	311《習鑿齒集》五卷				○
312	270《祕書監孫盛集》十卷，《錄》一卷	281《祕書監孫盛集》十卷，《錄》一卷	264《祕書監孫盛集》十卷，《錄》一卷	273《祕書監孫盛集》十卷，《錄》一卷	312《孫盛集》五卷，《錄》一卷				○
313	271《東陽太守袁宏集》二十卷，《錄》一卷	283《東陽太守袁宏集》二十卷，《錄》一卷	265《東陽太守袁宏集》二十卷，《錄》一卷	275《東陽太守袁宏集》二十卷，《錄》一卷	313《袁宏集》十五卷，《錄》一卷				○
314	272《黃門郎顧淳集》一卷	285《黃門郎顧淳集》一卷	268《黃門郎顧淳集》一卷	274《黃門郎顧淳集》一卷	314《黃門郎顧淳集》一卷				○
315	273《尋陽太守熊鳴鵠集》十卷	287《尋陽太守熊鳴鵠集》十卷	269《尋陽太守熊鳴鵠集》十卷	276《尋陽太守熊鳴鵠集》十卷	315《尋陽太守熊鳴鵠集》十卷				○
316	274《車騎司馬謝韶集》三卷	289《車騎司馬謝韶集》三卷	270《車騎將軍謝韶集》三卷	277《車騎司馬謝韶集》三卷	316《車騎將軍謝韶集》三卷				○
317	275《金紫光祿大夫王獻之集》十卷，《錄》一卷	290《金紫光祿大夫王獻之集》十卷，《錄》一卷	271《金紫光祿大夫王獻之集》十卷，《錄》一卷	279《金紫光祿大夫王獻之集》十卷	317《王獻之集》十卷，《錄》一卷			○	
318	276《琅邪內史袁質集》二卷，《錄》一卷	282《琅邪內史袁質集》二卷，《錄》一卷	267《袁質集》二卷	280《琅邪內史袁質集》二卷，《錄》一卷	318《袁質集》二卷，《錄》一卷				○
319	277《太傅從事中郎袁邵集》五卷，《錄》一卷	284《太宰從事中郎袁邵集》二十卷，《錄》一卷	266《袁邵集》三卷	282《太宰從事中郎袁邵集》五卷，《錄》一卷	319《太宰從事中郎袁邵集》五卷，《錄》一卷				○
320	278《車騎長史謝朗集》六卷	247《車騎長史謝朗集》六卷，《錄》一卷	272《車騎長史謝朗集》六卷，《錄》一卷	283《車騎長史謝朗集》六卷，《錄》一卷	320《車騎長史謝朗集》六卷，《錄》一卷				○

321	279《車騎將軍謝頤集》十卷，《錄》一卷	248《車騎將軍謝頤集》十卷，《錄》一卷	273《車騎將軍謝頤集》十卷，《錄》一卷	284《車騎將軍謝頤集》十卷，《錄》一卷	321《車騎將軍謝頤集》十卷，《錄》一卷				○
322	281《吳郡功曹陸法之集》十九卷	252《吳郡功曹陸法之集》十九卷	275《吳郡功曹陸法之集》十九卷	286《吳郡功曹陸法之集》十九卷	322《吳郡功曹陸法之集》十九卷				○
323	282《太常卿王珉集》十卷	254《太常卿王珉集》十卷，《錄》一卷	276《太常卿王珉集》十卷，《錄》一卷	287《太常卿王珉集》十卷	323《太常卿王珉集》十卷，《錄》一卷				○
324	283《中散大夫羅含集》三卷	286《中散大夫羅含集》三卷	277《中散大夫羅含集》三卷	288《中散大夫羅含集》三卷	324《羅含集》三卷				○
325	284《太宰長史庾倩集》二卷	299《太宰長史庾倩集》二卷	278《太宰長史庾蒨集》二卷	289《太宰長史庾蒨集》二卷	325《太宰長史庾蒨集》二卷				○
326	285《大司馬參軍庾攸之集》三卷	300《大司馬參軍庾攸之集》三卷	279《大司馬參軍庾攸之集》三卷	290《大司馬參軍庾攸之集》三卷	326《大司馬參軍庾攸之集》三卷				○
327	286《司徒左長史庾凱集》二卷	298《司徒右長史庾凱集》二卷	280《司徒右長史庾凱集》二卷	291《司徒右長史庾凱集》二卷	327《司徒右長史庾凱集》二卷				○
328	287《國子博士孫放集》十卷	288《國子博士孫放集》十卷	281《國子博士孫放集》十卷	292《國子博士孫放集》十卷	328《國子博士孫放集》一卷				○
329	288《聘士殷叔獻集》三卷，《錄》一卷	275《聘士殷叔獻集》三卷，《錄》一卷	282《聘士殷叔獻集》三卷，《錄》一卷	293《聘士殷叔獻集》三卷，《錄》一卷	329《聘士殷叔獻集》四卷，《錄》一卷				○
330	289《湘東太守庾肅之集》十卷，《錄》一卷	301《湘東太守庾肅之集》十卷，《錄》一卷	283《湘東太守庾肅之集》十卷，《錄》一卷	281《湘東太守庾肅之集》十卷，《錄》一卷	330《湘東太守庾肅之集》十卷，《錄》一卷				○
331	290《北中郎參軍蘇彥集》十卷	312《北中郎參軍蘇彥集》十卷	284《北中郎參軍蘇彥集》十卷	294《北中郎參軍蘇彥集》十卷	331《北中郎參軍蘇彥集》十卷				○
332	291《太子左率王肅之集》三卷，《錄》一卷	313《太子左率王肅之集》三卷，《錄》一卷	285《太子左率王肅之集》三卷，《錄》一卷	295《太子左率王肅之集》三卷，《錄》一卷	332《太子左率王肅之集》三卷，《錄》一卷				○
333	292《黃門郎王徽之集》八卷	315《黃門郎王徽之集》八卷	286《黃門郎王徽之集》八卷	296《黃門郎王徽之集》八卷	333《黃門郎王徽之集》八卷				○

334	293《徵士謝敷集》五卷，《錄》一卷	317《徵士謝敷集》五卷，《錄》一卷	287《徵士謝敷集》五卷，《錄》一卷	297《徵士謝敷集》五卷，《錄》一卷	334《謝敷集》五卷				○
335	299《徵士戴逵集》十卷，《錄》一卷	305《徵士戴逵集》十卷，《錄》一卷	293《徵士戴逵集》十卷，《錄》一卷	303《徵士戴逵集》十卷，《錄》一卷	335《戴逵集》九卷，《錄》一卷				○
336	300《光祿大夫孫廞集》十卷	327《光祿大夫孫廞集》十卷	294《光祿大夫孫廞集》十卷	305《光祿大夫孫廞集》十卷	336《光祿大夫孫廞集》十卷				○
337	301《尚書左丞徐禪集》六卷	342《尚書左丞徐禪集》六卷	295《尚書左丞徐禪集》六卷	304《尚書左丞徐禪集》六卷	337《尚書左丞徐禪卷》六卷				○
338	294《太常卿孔汪集》十卷	319《太常卿孔汪集》十卷	288《太常卿孔汪集》十卷	298《太常卿孔汪集》十卷	338《太常卿孔汪集》十卷				○
339	295《陳統集》七卷	321《陳統集》七卷	289《陳統集》七卷	299《徐州從事陳統集》七卷	339《陳統集》七卷				○
340	296《太常王愷集》十五卷	323《太常王愷集》十五卷	290《太常王愷集》十五卷	300《太常王愷集》十五卷	340《太常王愷集》十五卷				○
341	297《右將軍王忱集》五卷，《錄》一卷	325《右將軍王忱集》五卷，《錄》一卷	291《右將軍王忱集》五卷，《錄》一卷	301《右將軍王忱集》五卷，《錄》一卷	341《右將軍王忱集》五卷，《錄》一卷				○
342	302《太子前率徐邈集》二十卷，《錄》一卷	273《太子前率徐邈集》二十卷，《錄》一卷	296《太子前率徐邈集》二十卷，《錄》一卷	306《太子前率徐邈集》二十卷，《錄》一卷	342《徐邈集》九卷，《錄》一卷				○
343	298《太常殷允集》十卷	272《太常殷允集》十卷	292《太常殷允集》十卷	302《太常殷允集》十卷	343《太常殷允集》十卷				○
344	303《給事中徐禪集》二十一卷	329《給事中徐乾集》二十卷，《錄》一卷	297《給事中徐乾集》二十卷，《錄》一卷	307《給事中徐乾集》二十卷，《錄》一卷	344《給事中徐乾集》二十一卷，《錄》一卷				○
345	304《冠軍將軍張玄之集》五卷，《錄》一卷	344《冠軍將軍張元之集》五卷，《錄》一卷	298《冠軍將軍張玄之集》五卷，《錄》一卷	308《冠軍將軍張玄之集》五卷，《錄》一卷	345《冠軍將軍張玄之集》五卷，《錄》一卷				○
346	305《員外常侍荀世之集》八卷	346《員外常侍荀世之集》八卷	299《員外常侍荀世之集》八卷	309《員外常侍荀世之集》八卷	346《員外常侍荀世之集》八卷				○
347	306《袁山松集》十卷	302《袁山松集》十卷	300《袁山松集》十卷	310《祕書監袁崧集》十卷	347《袁山松集》十卷				○

348	307《黃門郎魏過之集》五卷	304《黃門郎魏過之集》五卷	301《黃門郎魏過之集》五卷	311《黃門郎魏過之集》五卷	348《黃門郎魏過之集》五卷				○
349	308《驃騎將軍卞湛集》五卷	311《驃騎參軍卞湛集》五卷	302《驃騎參軍卞湛集》五卷	312《驃騎參軍卞湛集》五卷	349《驃騎將軍卞湛之集》五卷				○
350	310《豫章太守范寧集》十六卷	204《豫章太守范寧集》十六卷	304《豫章太守范寧集》十六卷	314《豫章太守范寧集》十六卷	350《范寧集》十六卷				○
351	309《金紫光祿大夫褚爽集》十六卷，《錄》一卷	306《金紫光祿大夫褚爽集》十六卷，《錄》一卷	303《金紫光祿大夫褚爽集》十六卷，《錄》一卷	313《金紫光祿大夫褚爽集》十六卷，《錄》一卷	351《褚爽集》十六卷，《錄》一卷				○
352	311《餘杭令范弘之集》六卷	203《餘杭令范弘之集》六卷	305《餘杭令范宏之集》六卷	315《餘杭令范弘之集》六卷	352《餘杭令范弘之集》六卷				○
353	312《司徒王珣集》十一卷	251《司徒王珣集》十卷，《錄》一卷	306《司徒王珣集》十卷，《錄》一卷	316《司徒王珣集》十卷，《錄》一卷	353《王珣集》十一卷，《錄》一卷				○
354	313《處士薄蕭之集》九卷	336《處士薄肅之集》七卷	307《處士薄蕭之集》十卷	317《處士薄蕭之集》十卷	354《處士薄蕭之集》九卷				○
355	314《安北參軍薄要集》九卷	337《安北參軍薄要集》九卷	308《安北參軍薄要集》九卷	318《安北參軍薄要集》九卷	355《安北參軍薄要集》九卷				○
356	315《薄邕集》七卷	335《薄邕集》七卷	309《薄邕集》七卷	319《薄邕集》七卷	356《薄邕集》七卷				○
357	316《延陵令唐邁之集》十一卷，《錄》一卷	333《延陵令唐邁之集》十一卷，《錄》一卷	310《延陵令唐邁之集》十一卷，《錄》一卷	320《延陵令曹邁之集》十一卷，《錄》一卷	357《延陵令唐邁之集》十卷，《錄》一卷				○
358	317《孫恩集》五卷	331《孫恩集》五卷	364《孫恩集》五卷	321《孫恩集》五卷	358《孫恩集》五卷				○
359	318《殿中將軍傅綽集》十五卷	308《殿中將軍傅綽集》十五卷	311《殿中將軍傅綽集》十五卷	322《殿中將軍傅綽集》十五卷	359《殿中將軍傅綽集》十五卷				○
360	319《驍騎將軍弘戎集》十六卷	292《驍騎將軍弘戎集》十六卷	313《驍騎將軍弘戎集》十六卷	323《驍騎將軍弘戎集》十六卷	360《驍騎將軍弘戎集》十六卷				○
361	320《御史中丞魏叔齊集》十五卷	293《御史中丞魏叔齊集》十五卷	314《御史中丞魏叔齊集》十五卷	324《御史中丞魏叔齊集》十五卷	361《御史中丞魏叔齊集》十五卷				○
362	321《司徒右長史劉寧之集》五卷	310《司徒右長史劉寧之集》五卷	315《司徒右長史劉寧之集》五卷	325《司徒右長史劉寧之集》五卷	362《司徒右長史劉寧之集》五卷				○

363	322《臨海太守辛德遠集》五卷	340《臨海太守辛德遠集》四卷	316《臨海太守辛德遠集》四卷	326《臨海太守辛德遠集》五卷	363《臨海太守辛德遠集》五卷				○
364	323《車騎參軍何瑾之集》十一卷	341《車騎參軍何瑾之集》十一卷	312《車騎參軍何瑾之集》十一卷	328《車騎參軍何瑾之集》十一卷	364《車騎將軍何瑾之集》十一卷				○
365	324《太保王恭集》五卷，《錄》一卷	343《太保王恭集》五卷，《錄》一卷	317《太保王恭集》五卷，《錄》一卷	329《太保王恭集》五卷，《錄》一卷	365《王恭集》五卷，《錄》一卷				○
366	325《殷顗集》十卷，《錄》一卷	345《殷覬集》十卷，《錄》一卷	318《殷覬集》十卷，《錄》一卷	330《南蠻校尉殷覬集》十卷，《錄》一卷	366《殷覲集》十卷，《錄》一卷				○
367	326《荊州刺史殷仲堪集》十二卷	274《荊州刺史殷仲堪集》十卷，《錄》一卷	319《荊州刺史殷仲堪集》十卷，《錄》一卷	331《荊州刺史殷仲堪集》十卷，《錄》一卷	367《殷仲堪集》十二卷				○
368	327《驃騎長史謝景重集》一卷	347《驃騎長史謝景重集》一卷		332《驃騎長史謝景重集》一卷	368《驃騎長史謝重景集》一卷				○
369	328《桓玄集》二十卷	307《桓玄集》二十卷	358《桓玄集》二十卷	333《桓玄集》二十卷	369《桓玄集》二十卷				○
370	329《丹陽令卞範之集》五卷，《錄》一卷	348《丹陽令卞範之集》五卷，《錄》一卷		334《丹陽令卞範之集》五卷，《錄》一卷	370《丹陽令卞範之集》五卷，《錄》一卷				○
371	330《光祿勳卞承之集》十卷，《錄》一卷	349《光祿勳卞承之集》十卷，《錄》一卷		335《光祿勳卞承之集》十卷，《錄》一卷	371《光祿勳卞承之集》十卷，《錄》一卷				○
372	331《東陽太守殷仲文集》七卷	309《東陽太守殷仲文集》五卷	320《東陽太守殷仲文集》五卷	336《東陽太守殷仲文集》五卷	372《殷仲文集》七卷				○
373	332《司徒王謐集》十卷，《錄》一卷	316《司徒王謐集》十卷，《錄》一卷	321《司徒王謐集》十卷，《錄》一卷	337《司徒王謐集》十卷，《錄》一卷	373《王謐集》十卷，《錄》一卷				○
374	333《光祿大大伏系之集》十卷，《錄》一卷	350《光祿大夫伏系之集》十卷，《錄》一卷	322《光祿大夫伏系之集》十卷，《錄》一卷	338《光祿大夫伏系之集》十卷，《錄》一卷	374《光祿大夫伏系之集》十卷，《錄》一卷				○
375	334《右軍參軍孔璠集》二卷	332《右軍參軍孔璠集》二卷	323《右軍參軍孔璠集》二卷	339《右軍參軍孔璠集》二卷	375《右軍參軍孔璠集》二卷				○
376	335《衛軍諮議湛方生集》十卷，《錄》一卷	322《衛軍諮議湛方生集》十卷，《錄》一卷	324《衛軍諮議湛方生集》十卷，《錄》一卷	340《衛將軍諮議湛方生集》十卷，《錄》一卷	376《衛軍諮議湛方生集》十卷，《錄》一卷				○

377	336《光祿大夫祖台之集》十六卷	199《光祿大夫祖台之集》二十卷	325《光祿大夫祖台之集》二十卷	346《光祿大夫祖台之集》二十卷	377《祖台之集》十六卷				○
378	337《通直常侍顧愷之集》七卷	351《通直常侍顧愷之集》二十卷	326《通直散騎常侍顧愷之集》二十卷	341《通直常侍顧愷之集》二十卷	378《通直常侍顧愷之集》七卷				○
379	338《太常劉瑾集》九卷	324《太常劉瑾集》五卷	327《太常劉瑾集》五卷	342《太常卿劉瑾集》五卷	379《太常劉瑾集》九卷				○
380	339《左僕射謝混集》五卷	352《左僕射謝混集》五卷	328《左僕射謝混集》五卷	343《左僕射謝混集》五卷	380《左僕射謝混集》三卷				○
381	340《祕書監滕演集》十卷，《錄》一卷	338《祕書監滕演集》十卷，《錄》一卷	329《祕書監滕演集》十卷，《錄》一卷	344《祕書監滕演集》十卷，《錄》一卷	381《祕書監滕演集》十卷，《錄》一卷				○
382	341《司徒長史王誕集》二卷	353《司徒長史王誕集》二卷	330《司空長史王誕集》二卷	345《司徒長史王誕集》二卷	382《司徒長史王誕集》二卷				○
383	342《太尉諮議劉簡之集》十卷	354《太尉諮議劉簡之集》十卷	331《太尉咨議劉簡之集》十卷	347《太尉諮議劉簡之集》十卷	383《太尉諮議劉簡之集》十卷				○
384	343《丹陽太守袁豹集》十卷，《錄》一卷	314《丹陽太守袁豹集》十卷，《錄》一卷	332《丹陽太守袁豹集》十卷，《錄》一卷	348《丹陽太守袁豹集》十卷，《錄》一卷	384《丹楊太守袁豹集》八卷，《錄》一卷				○
385	344《廬江太守殷遵集》五卷，《錄》一卷	355《廬江太守殷遵集》五卷，《錄》一卷	333《廬江太守殷遵集》五卷，《錄》一卷	349《廬江太守殷遵集》五卷，《錄》一卷	385《廬江太守殷遵集》五卷，《錄》一卷				○
386	345《興平令荀軌集》五卷	356《興平令荀軌集》五卷	334《興平令荀軌集》五卷	350《興平令荀軌集》五卷	386《興平令荀軌集》五卷				○
387	346《西中郎長史羊徽集》十卷，《錄》一卷	326《西中郎將長史羊徽集》十卷，《錄》一卷	335《西中郎長史羊徽集》十卷，《錄》一卷	351《西中郎長史羊徽集》九卷	387《西中郎長史羊徽集》九卷，《錄》一卷				○
388	附錄存疑類 398《國子博士周祇集》十一卷	318《國子博士周祇集》二十卷，《錄》一卷	336《國子博士周祇集》二十卷，《錄》一卷	352《國子博士周祇集》二十卷，《錄》一卷	388《國子博士周祇集》十一卷，《錄》一卷			○	
389	347《相國主簿殷闡集》十卷，《錄》一卷	357《相國主簿殷闡集》十卷，《錄》一卷	338《相國主簿殷闡集》十卷，《錄》一卷	353《相國主簿殷闡集》十卷，《錄》一卷	389《相國主簿殷闡集》十卷，《錄》一卷				○
390	348《太常傅迪集》十卷	358《太常傅迪集》十卷	339《太常傅迪集》十卷		390《太常傅迪集》十卷				○
391	349《始安太守卞裕之集》十五卷	328《始安太守卞裕集》十五卷	337《始安太守卞裕集》十五卷	354《始安太守卞裕之集》十五卷	391《始安太守卞裕集》十三卷				○

392	350《韋公藝集》六卷	359《韋公藝集》六卷	340《韋公藝集》六卷	355《韋公藝集》六卷	392《韋公藝集》六卷					○
393					393《卞伯玉集》五卷，《錄》一卷					○
394	351《毛伯成集》一卷	360《毛伯成集》一卷	341《毛伯成集》一卷	356《征西將軍毛伯成集》一卷	394《毛伯成集》一卷					○
395	附錄存疑類 399《宗欽集》二卷	361《宗欽集》二卷	351《宗欽集》二卷		395《宗欽集》二卷					○
396	354《中軍功曹殷曠之集》五卷	362《中軍功曹殷曠之集》五卷	345《中軍功曹殷曠之集》五卷	357《中軍功曹殷曠之集》五卷	396《中軍功曹殷曠之集》五卷					○
397	355《太學博士魏說集》十三卷	363《太學博士魏說集》十三卷	346《太學博士魏說集》十三卷	358《太學博士魏說集》十三卷	397《太學博士魏說集》十三卷					○
398	359《孔瞻集》九卷	367《孔瞻集》九卷	354《孔瞻集》九卷	363《孔瞻集》九卷	398《孔瞻集》九卷					○
399	356《征西主簿丘道護集》五卷，《錄》一卷	130《征西主簿邱道護集》五卷，《錄》一卷	347《征西主簿邱道護集》五卷，《錄》一卷	359《征西主簿邱道護集》五卷，《錄》一卷	399《征西主簿邱道護集》五卷，《錄》一卷					○
400	357《柴桑令劉遺民集》五卷，《錄》一卷	364《柴桑令劉遺民集》五卷，《錄》一卷	348《柴桑令劉遺民集》五卷，《錄》一卷	360《柴桑令劉遺民集》十卷	400《劉遺民集》五卷，《錄》一卷					○
401	358《郭澄之集》十卷	365《郭澄之集》十卷	352《郭澄之集》十卷	361《相國從事郭澄之集》十卷	401《郭澄之集》十卷					○
402	附錄存疑類 400《徵士周桓之集》一卷	366《處士周桓之集》一卷	353《徵士周桓之集》一卷	362《徵士周桓之集》一卷	402《徵士周桓之集》一卷					○
403					403《涼王李暠集》					○
404			390段業《九歎》、《七諷》十六篇		404《涼段業集》					○
405					405《蜀龔壯集》					○
406		374《封孚文筆》			406《南燕封孚集》					○
407					407《宋纖集》					○

408	361《徐廣集》十五卷，《錄》一卷	368《徐廣集》十五卷，《錄》一卷	357《祕書監徐廣集》十五卷，《錄》一卷		408《徐廣集》十二卷				○
409	360《陶潛集》九卷	339《陶潛集》五卷，《錄》一卷	355《陶潛集》五卷，《錄》一卷		409《陶潛集》九卷	○			
410					410《侯瑾集》二卷				○
411					411《賀道養集》十卷				○
412					412《魏刁雍集》				○
413					413《胡方回集》				○
414					414《蔡司徒書》三卷				○
415					415《左將軍王鎮惡與劉丹陽書》一卷				○
416					416《逍遙戲馬賦》				○
417					417《豐草詩》				○
418					418《漁獵賦》				○
419					419《高殿賦》				○
420	367《沙門支遁集》十三卷	387《沙門支遁集》十三卷		365《沙門支遁集》十三卷	420《沙門支遁集》八卷			○	
421	368《沙門釋惠遠集》十二卷	389《沙門釋惠遠集》十二卷	361《沙門釋惠遠集》十二卷	367《沙門釋惠遠集》十二卷	421《沙門釋惠遠集》十二卷				○
422	366《沙門支諦曇集》六卷	388《沙門支曇諦集》六卷	360《沙門支曇諦集》六卷	366《沙門支曇諦集》六卷	422《沙門支曇諦集》六卷				○
423	369《姚萇沙門僧肇集》一卷	390《姚萇沙門釋僧肇集》一卷	362《姚萇沙門釋僧肇集》一卷	368《姚萇沙門釋僧肇集》一卷	423《沙門釋僧肇集》一卷				○
424	372《武帝左九嬪集》四卷	378《晉武帝左九嬪集》四卷	365《武帝左九嬪集》四卷	370《武帝左九嬪集》四卷	424《武帝左九嬪集》四卷				○
425	373《太宰賈充妻李扶集》一卷	379《太宰賈充妻李扶集》一卷	368《太宰賈充妻李扶集》一卷	371《太宰賈充妻李扶集》一卷	425《賈充妻李扶集》一卷				○

426	371《司徒王渾妻鍾夫人集》五卷	377《司徒王渾妻鍾夫人集》二卷	367《司徒王渾妻鍾夫人集》五卷	369《司徒王渾妻鍾夫人集》五卷	426《王渾妻鍾夫人集》五卷				○
427	370《江州刺史王凝之妻謝道蘊集》二卷	375《江州刺史王凝之妻謝道蘊集》二卷	366《江州刺史王凝之妻謝道韞集》二卷	380《江州刺史王凝之妻謝道韞集》二卷	427《王凝之妻謝道韞集》二卷				○
428	374《武平都尉陶融妻陳窈集》一卷	380《武平都尉陶融妻陳窈集》一卷	369《武平都尉陶融妻陳窈集》一卷	372《武平都尉陶融妻陳窈集》一卷	428《武平都尉陶融妻陳窈集》一卷				○
429	375《都水使者妻陳玢集》五卷	381《都水使者妻陳玢集》五卷	370《都水使者徐藻妻陳玢集》五卷	373《都水使者妻陳玢集》五卷	429《都水使者妻陳玢集》五卷				○
430	376《海西令劉驎妻陳○集》七卷	382《海西令劉驎妻陳○集》七卷	371《海西令劉驎妻陳○集》七卷	374《海西令劉驎妻陳○集》七卷	430《海西令劉麟妻陳○集》七卷				○
431	377《劉柔妻王卲之集》十卷	383《劉柔妻王卲之集》十卷	372《劉柔妻王劭之集》十卷	375《劉柔妻王劭之集》十卷	431《劉柔妻王卲之集》十卷				○
432	378《散騎常侍傅伉妻辛蕭集》一卷	384《散騎常侍傅伉妻辛蕭集》一卷	374《散騎常侍傅伉妻辛蕭集》一卷	376《散騎常侍傅伉妻辛蕭集》一卷	432《散騎常侍傅伉妻辛蕭集》一卷				○
433	379《松陽令鈕滔母孫瓊集》二卷	376《松陽令鈕滔母孫瓊集》二卷	375《松陽令鈕滔母孫瓊集》二卷	377《松陽令鈕滔母孫瓊集》二卷	433《松陽令鈕滔母孫瓊集》二卷				○
434	380《成公道賢妻龐馥集》一卷	385《成公道賢妻龐馥集》一卷	376《成公道賢妻龐馥集》一卷	378《成公道賢妻龐馥集》一卷	434《成公道賢妻龐馥集》一卷				○
435	381《宣城太守何殷妻徐氏集》一卷	386《宣城太守何殷妻徐氏集》一卷	377《宣城太守何殷妻徐氏集》一卷	379《宣城太守何殷妻徐氏集》一卷	435《宣城太守何殷妻徐氏集》一卷				○
436					436《璿璣圖》一卷				○
437					437《王羲之妻郗夫人集》				○
438					438《陳新塗妻李氏集》				○
439					439《處士劉參妻王氏集》				○
440	353《曹毗集》四卷		349《曹毗集》四卷	236《光祿勳曹毗集》四卷					○
441	363《謝玄集》十卷	249《謝玄集》十卷		278《車騎將軍謝玄集》十卷					○

442	364《郭愔集》五卷			327《郭愔集》五卷					○
443	補遺 382《子虛上林音解》，陳武								○
444	補遺 383《羽獵長楊賦音解》，陳武								○
445	補遺 384《魯靈光殿賦注》，張載								○
446	補遺 385《揚都賦注》，庾闡								○
447	補遺 386《子虛上林賦注》，司馬彪								○
448	補遺 387《陶琬之詩》								○
449	補遺 388《傅咸集教》								○
450	補遺 389《傅咸奏事》								○
451	補遺 390《杜預奏事》								○
452	補遺 391《女史箴圖》一卷，顧愷之								○
453	附錄類補遺 392《傅休弈乘輿馬賦注》								○

454	附錄類補遺 393《袁喬江賦注》								○
455	附錄類補遺 394《曹毗魏都賦注》								○
456	附錄類補遺 395《郭璞江賦注》								○
457	附錄類補遺 396《趙至自敘》								○
458	附錄類補遺 397《晉安帝海物異名記》								○
459		136《馮文熊集》							○
460			356《張野集》十卷	364《張野集》十卷					○
461			359《沙門支道林集》十三卷						○
462			373《劉臻妻陳氏集》二卷						○
463			386陳壽次定《諸葛亮故事集》二十四篇					○	
464			387成公綏《錢神論》						○
465			392《阮德猷集》						○
466			393《衛恆集》	382《長水校尉衛恆集》					○
467				71《建威參軍劉伶集》三卷					○
468				234《江夏太守李錄集》十卷，《錄》一卷					○

三、總集類著錄書目比較表

3 總集類									
史志 編號	丁本 3 總集類 102 部	吳本 3 總集類 85 部	文本 3 總集類 113 部	黃本 3 總集 86 部	秦本 3 總集類 74 部	存佚情形			
						存	殘	輯	佚
1	1《文章流別集》四十一卷，摯虞	1 摯虞《文章流別集》六十卷	1 摯虞《文章流別集》六十卷	1《文章流別集》四十一卷，摯虞撰	1《文章流別集》四十一卷，摯虞撰				○
2		2 摯虞《志》二卷 3 摯虞《論》二卷	2 摯虞《志》二卷 3 摯虞《論》二卷	2《文章流別志論》二卷，摯虞撰	2《文章流別志論》二卷，摯虞撰			○	
3	24《相風賦》七卷，傅玄等	36 傅玄等撰《相風賦》七卷	16 傅玄等《相風賦》七卷	26《相風賦》七卷，傅玄等撰	3《相風賦》七卷，傅玄等撰				○
4			56 傅玄《七林》	74《七林》，傅玄撰	4《七林》，傅玄集				○
5	36《古遊仙詩注》一卷，應貞	47 應貞注《古游仙詩》一卷	38《古遊仙詩》一卷	19《古游仙詩》一卷，應貞注	5《古遊仙詩注》一卷，應貞撰				○
6			39 應貞注《應璩百一詩》八卷		6《應璩百一詩注》八卷，應貞撰				○
7	93《杜預集要》				7《集要》，杜預撰				○
8	4《善文》五十卷，杜預	4 杜預《善文》五十卷	103 杜預《善文》五十卷	67《善文》五十卷，杜預撰	8《善文》五十卷，杜預撰				○
9		16 陳勰《雜碑》二十二卷	57 陳勰《雜碑》二十二卷	41《雜碑》二十二卷，將作大匠陳勰撰	9《雜碑》二十二卷，將作大匠陳勰撰				○
10	43《碑文》十五卷，將作大匠陳勰	15 陳勰《碑文》十五卷	58 陳勰《碑文》十五卷	42《碑文》十五卷，陳勰撰	10《碑文》十五卷，將作大匠陳勰撰				○
11			104 華廙《善文》		11《善文》，華廙撰				○
12	11《晉歌章》八卷	79《晉歌章》十卷		12《晉歌章》八卷 13《晉歌章》十卷	12《晉歌章》八卷，荀勖撰				○
13	13《晉歌詩》十八卷	80《晉歌詩》十八卷		14《晉歌詩》十八卷	13《晉歌詩》十八卷，荀勖撰				○

14	16《晉詩》二十卷，索靖	68 索靖《晉詩》二十卷	32 索靖《晉詩》二十卷	15《晉詩》二十卷，索靖撰	14《晉詩》三十卷，索靖撰				○
15	41《碑論》十二篇，郭象	12 郭象《碑論》十二篇	63 郭象《碑論》十二篇	46《碑論》十二篇，郭象撰	15《碑論》十二篇，郭象撰				○
16	27《五都賦》五卷，并《錄》，張衡及左思撰		11《五都賦》六卷，并《錄》		16《五都賦》六卷，并《錄》，張衡、左思作	○			
17	7《齊都賦》一卷，左思	26 左思《齊都賦》一卷	15《齊都賦》二卷	31《齊都賦》一卷，左思撰	17《齊都賦》二卷，左思撰				○
18	28《三都賦注》三卷，張載、劉逵、衛瓘	35 張載、劉逵、衛瓘注《左思三都賦》三卷	21 張載及劉逵、衛瓘注《左思三都賦》三卷	33《三都賦》三卷，張載及侍中劉逵懷令衛瓘注	18《左思三都賦注》三卷，張衡及侍中劉逵懷令衛瓘撰				○
19					19《詩鈔》十卷，荀綽撰				○
20	32《古今五言詩美文》五卷，荀綽	49 荀綽《古今五言詩美文》五卷	34 荀綽《古今五言詩美文》五卷	24《古今五言詩美文》五卷，荀綽撰	20《古今五言詩美文》五卷，荀綽撰				○
21	18《方伎雜事》三百一十卷，葛洪撰			71《方伎雜事》三百一十卷，葛洪撰	21《五經百家方伎雜事》三百一十卷，葛洪撰				○
22	19《碑誄詩賦》百卷，葛洪	18 葛洪《碑誄詩賦》百卷		70《碑誄詩賦》百卷，葛洪撰	22《碑誄詩賦》一百卷，葛洪撰				○
23	20《移檄章表》三十卷，葛洪	19 葛洪《移檄章表》三十卷		59《移檄章表》三十卷，葛洪撰	23《移檄章表》三十卷，葛洪撰				○
24	33《百志詩》九卷，干寶	21 干寶《百志詩集》五卷	37 干寶《百志詩》九卷	18《百志詩》五卷，干寶撰	24《百志詩》九卷，干寶撰				○
25	26《子虛上林賦注》一卷，郭璞	33 郭璞《子虛上林賦注》一卷	18 郭璞注《子虛上林賦》一卷	38《子虛上林賦》一卷，郭璞注	25《子虛上林賦注》一卷，郭璞撰				○
26		42 張湛《古今箴銘集》十四卷，《錄》一卷	49 張湛《古今箴銘集》十四卷，《錄》一卷	9《古今箴銘集》十四卷，張湛撰	26《古今箴銘集》十四卷，《錄》一卷，張湛撰				○
27			43 張湛《古今九代歌詩》七卷	23《古今九代歌詩》七卷，張湛撰	27《古今九代歌詩》七卷，張湛撰				○

28	10《三都賦注》三卷，綦毋邃	27 綦毋邃《三都賦注》三卷	22 綦毋邃注《三都賦》三卷	34《三都賦》三卷，綦毋邃撰	28《三都賦注》三卷，綦毋邃撰				○
29	23《誡林》三卷，綦毋邃	28 綦毋邃《誡林》三卷	54 綦毋邃《誡林》三卷	47《誡林》三卷，綦毋邃撰	29《誡林》三卷，綦毋邃撰				○
30	9《二京賦》二卷，李軌、綦毋邃撰	24 李軌《二京賦》二卷	14《二京賦》二卷	36《二京賦》二卷，李軌、綦毋邃撰	30《二京賦音》二卷，李軌、綦毋邃撰				○
31	29《三都賦音》一卷，李軌	25 李軌《二都賦音》一卷	26 李軌《三都賦音》一卷	37《二都賦音》一卷，李軌撰	31《三都賦音》一卷，李軌撰				○
32	8《齊都賦音》一卷，李軌		27 李軌《齊都賦音》一卷	32《齊都賦音》一卷，李軌撰	32《齊都賦音》一卷，李軌撰				○
33	25《迦維國賦》二卷，右軍行參軍虞千紀	37 右軍行參軍虞干紀《迦維國賦》二卷	17 虞千紀《迦維國賦》二卷	27《迦維國賦》二卷，右軍行參軍虞千紀撰	33《迦維國賦》二卷，右軍行參軍虞千紀撰				○
34	30《木玄虛海賦注》一卷，蕭廣濟	38 蕭廣濟《木元虛海賦注》一卷	24 蕭廣濟注《木玄虛海賦》一卷	29《海賦》一卷，木華撰，蕭廣濟注	34《木元虛賦注》一卷，蕭廣濟撰				○
35					35《皇德頌》				○
36	37《百一詩》二卷，蜀郡太守李彪	48 李彪《百一詩》二卷	40 蜀郡太守李彪《百一詩》二卷	17《百一詩》二卷，蜀郡太守李彪撰	36《百一詩》二卷，蜀郡太守李彪撰				○
37	44《碑文》十卷，車灌	17 車灌《碑文》十卷	59 車灌《碑文》十卷	43《碑文》十卷，車灌撰	37《碑記》十卷，車灌撰				○
38			44《蘭亭詩》一卷	20《蘭亭詩》一卷	38《蘭亭詩》一卷	○			
39	39《翰林論》三卷，李充	23 李充《翰林論》三卷	5 李充《翰林論》五十四卷	7《翰林論》五十四卷，李充撰	39《翰林論》二卷，李充撰				○
40	6《名文集》四十卷，謝沈	6 謝沈《名文集》四十卷	8 謝沈《名文集》四十卷	5《名文集》四十卷，謝沉撰	40《名文集》四十卷，謝沈撰				○
41	5《文章志錄雜文》八卷，謝沈	7 謝沈《文章志錄雜文》八卷	9 謝沈《文章志錄雜文》八卷	4《文章志錄雜文》八卷，謝沉撰	41《文章志錄雜文》八卷，謝沈撰				○
42	83《書集》八十八卷，散騎常侍王履	14 王履《書集》八十卷	106 王履《書集》八十八卷	66《書集》八十八卷，散騎常侍王履撰	42《書集》八十八卷，王履撰				○

43					43《止馬詩》				○
44					44《甘棠頌》				○
45					45《佐命功臣銘》				○
46	22《木連理頌》二卷	41《木連理頌》二卷	35《木連理頌》二卷	40《木連理頌》二卷	46《木連理頌》二卷				○
47	31《靖恭堂頌》一卷，涼李暠	40 李暠《靖恭堂頌》一卷	36 涼王李暠《靖恭堂頌》一卷	39《靖恭堂頌》一卷，涼王隴四李暠玄盛撰	47《靖恭堂頌》一卷，涼王李暠撰				○
48					48《論集》八十六卷，殷仲文撰				○
49					49《雜論》十三卷，殷仲文撰				○
50					50《雜論》五十八卷，殷仲文撰				○
51		45 殷仲堪《策集》一卷	111 殷仲堪《策集》一卷	69《策集》一卷，殷仲堪撰	51《策集》一卷，殷仲堪撰				○
52	82《雜集》一卷，殷仲堪	44 殷仲堪《雜集》一卷	105 殷仲堪《雜集》一卷	68《雜集》一卷，殷仲堪撰	52《雜集》一卷，殷仲堪撰				○
53					53《雜集》九十五卷，殷仲堪撰				○
54			10顧愷之《晉文章記》		54《晉文章記》，顧愷之撰				○
55	2《文章流別本》十二卷，謝混	9 謝混《文章流別本》十二卷	4 謝混《文章流別本》十二卷	3《文章流別本》十二卷，謝混撰	55《文章流別本》十二卷，謝混撰				○
56	3《集苑》六十卷，謝混	8 謝混《集苑》六十卷	6謝混《集苑》六十卷	6《集苑》六十卷，謝沉撰	56《集苑》六十卷，謝混撰				○
57					57《名文集》四十卷，謝混撰				○
58	17《元正宴會詩集》四卷，伏滔、袁豹、謝靈運等撰	22 伏滔等《元正宴會詩集》四卷	45《晉元正宴會游集》四卷	25《晉元正宴會詩集》四卷，伏滔、袁豹、謝靈運等撰	58《晉元正宴會集》四卷，伏滔、袁豹、謝靈運撰				○

59	45《羊祜墮淚碑》一卷	73 羊祜《墮淚碑》一卷	60 羊祜《墮淚碑》一卷	44 羊祜《墮淚碑》一卷	59《羊祜墮淚碑》一卷				○
60	46《桓宣武碑》十卷	74《桓宣武碑》十卷	61《桓宣武碑》十卷	45《桓宣武碑》十卷	60《桓宣武碑》十卷				○
61			62《長沙景王碑文》三卷		61《長沙景王碑文》三卷				○
62					62《荊州雜碑》二卷				○
63					63《雍州雜碑》四卷				○
64					64《廣州刺史碑》十二卷				○
65					65《義興周許碑》一卷				○
66					66《太原王氏家碑誄頌贊銘集》二十六卷				○
67	47《設論集》三卷，東晉人撰	75《設論集》三卷	64《設論集》三卷	10《設論集》三卷，東晉人撰	67《設論集》三卷，東晉人撰				○
68					68《諸郡碑》一百六十六卷				○
69					69《雜碑文集》二十卷				○
70	附錄存疑類 101《吳晉雜事》九卷		109《吳晉雜筆》九卷		70《吳晉雜筆》九卷				○
71	35《二晉雜詩》二十卷	13《二晉雜詩》二十卷	33 荀綽《二晉雜詩》二十卷	16《二晉雜詩》二十卷	71《二晉雜詩》二十卷				○
72					72《文檢》六卷，河西人所著書				○
73	42《四帝誡》三卷，王誕	51 王誕《四帝誡》三卷	55 王誕《四帝誡》三卷	48《四帝誡》三卷，王誕撰	73《四帝誡》三卷，王誕撰				○
74				50《晉代名臣集》十五卷	74《晉代名臣文集》				○
75	12《讌樂歌辭》十卷，荀勖	69 荀勖《讌樂歌辭》十卷						○	

76	14《太樂歌辭》二卷，荀勖	70 荀勖《太樂歌辭》二卷							○
77	15《太樂雜歌辭》二卷，荀勖	71 荀勖《太樂雜歌辭》三卷							○
78	21《織綿迴文詩》一卷，苻堅秦州刺史竇滔妻蘇氏作	85 苻堅秦州刺史竇氏妻蘇氏《織錦迴文詩》一卷	47 苻堅秦州刺史竇滔妻蘇氏《織錦迴文詩》一卷	22《織錦迴文詩》一卷，秦苻堅秦州刺史竇滔妻始平蘇蕙若蘭撰					○
79	34 劉聰《述懷詩》百餘篇，賦頌五十餘篇								○
80	38《毛百成詩》一卷	78《毛伯成詩》一卷	41《毛伯成詩》一卷	21《毛伯成詩》一卷					○
81	40《傅子內外·中篇》百四十首，傅玄								○
82	48《夏侯湛論》三十餘篇								○
83	49《明眞論》一卷，袞州刺史宗岱	46 宗岱《明眞論》 卷	65 宗岱《明眞論》一卷	8《明眞論》一卷，宗岱撰					○
84	50《連珠》一卷，陸機	39 陸機《連珠》一卷	66 陸機《連珠》一卷	49《連珠》一卷，陸機撰，宋何承天注					○
85	51《咸康詔》四卷		68《晉咸康詔》四卷						○
86	52《晉朝雜詔》九卷		69《晉朝雜詔》九卷						○
87	53《晉雜詔》百卷，《錄》一卷		70《晉雜詔》百卷，《錄》一卷						○
88	54《晉雜詔》二十八卷，《錄》一卷		71《晉雜詔》二十八卷，《錄》一卷						○
89	55《晉詔》六十卷		72《晉詔》六十卷						○

90	56《晉文王武帝雜詔》十二卷		73《晉文王武王雜詔》十二卷						○
91	57《錄晉詔》十四卷								○
92	58《元帝詔》十二卷		74《晉元帝詔》十二卷						○
93	59《成帝詔草》十七卷		75《成帝詔草》十七卷						○
94	60《康帝詔草》十卷		76《康帝詔草》十卷						○
95	61《建元直詔》三卷		77《建元直詔》三卷						○
96	62《永和副詔》九卷		78《永和副詔》九卷						○
97	63《升平隆和興寧副詔》十卷		79《升平隆和興寧副詔》十卷						○
98	64《太元咸寧寧康副詔》二十二卷		80《太元咸寧寧康副詔》二十二卷						○
99	65《隆安直詔》五卷		81《隆安直詔》五卷						○
100	66《義熙詔》十卷		83《義熙詔》十卷						○
101	67《義熙副詔》		84《義熙副詔》十卷						○
102	68《元興大亨副詔》三卷		82《元興大亨副詔》三卷						○
103	69《晉諸公奏》十一卷	53《晉諸公奏》十一卷	90《晉諸公奏》十一卷	51《晉諸公奏》十一卷					○
104	70《魏名臣奏》三十卷，陳長壽	55 陳壽《魏名臣奏》三十卷	89 陳長壽《魏名臣奏》三十卷						○
105	71《漢名臣奏》三十卷，陳壽	54 陳壽《漢名臣奏》三十卷	88 陳長壽《漢名臣奏》三十卷						○
106	72《諸葛亮故事》二十四篇，陳壽定	56 陳壽《諸葛亮故事》二十四篇						○	

107	73《孔羣奏》二十二卷	61《孔羣奏》二十二卷	94《孔羣奏》二十二卷	53《孔羣奏》二十二卷					○
108	74《金紫光祿大夫周閔奏事》四卷	62《金紫光祿大夫周閔奏事》四卷	95《金紫光祿大夫周閔奏事》四卷	54《金紫光祿大夫周閔奏事》四卷					○
109	75《中丞劉卲奏事》六卷	64《中丞劉卲奏事》六卷	96《中丞劉卲奏事》六卷	55《中丞劉邵奏事》六卷					○
110	76《中丞司馬無忌奏事》十三卷	66《中丞司馬無忌奏事》十三卷	97《中丞司馬無忌奏事》十三卷	56《中丞司馬無忌奏事》十三卷					○
111	77《中丞虞谷奏事》六卷	63《中丞虞谷奏事》六卷	98《中丞虞谷奏事》六卷	57《中丞虞谷奏事》六卷					○
112	78《劉槐奏》五卷	67《劉隗奏》五卷	93《劉隗奏》五卷	52《劉隗奏》五卷					○
113	79《中丞高崧奏事》五卷	65《中丞高崧奏事》五卷	99《中丞高崧奏事》六卷	58《中丞高崧奏事》五卷					○
114	80《山公啓事》三卷	50 山濤《山公啓事》三卷	100《山公啓事》三卷	63《山公啓事》三卷，山濤撰				○	
115	81《范寧啓事》十卷	52《范寧啓事》十卷	102 范寧《啓事》十卷	64《范寧啓事》十卷					○
116	84《抱朴君書》一卷，葛洪	20 葛洪《抱朴君書》一卷	107 葛洪《抱朴君書》一卷	61《抱朴君書》一卷，葛洪撰					○
117	85《盧欽小道》			76《小道》，侍中范陽盧欽子若撰					○
118	86《蔡司徒書》三卷，蔡謨	77 蔡謨《蔡司徒書》三卷	108 蔡謨《蔡司徒書》三卷	62《司徒書》三卷，蔡謨撰					○
119	87《左將軍王鎮惡與劉丹陽書》一卷	72 王鎮惡《與劉丹陽書》一卷	110 左將軍王鎮惡《與劉丹陽書》一卷	65《晉左將軍王鎮惡與劉丹陽書》一卷					○
120	88《任子春秋》一卷，杜嵩	76 杜嵩《任子春秋》一卷							○
121	89《雜論》九十五卷，段仲堪	43 殷仲堪《雜論》九十五卷		11《雜論》九十五卷，殷仲堪撰					○
122	90《傳咸集奏》	57《傳咸集奏》		82《傳咸集奏》					○

123	91《孫楚集奏》	58《孫楚集奏》		83《孫楚集奏》					○
124	92《劉宏教》	59《劉弘教》							○
125	94《六夷頌》，索綏	81 索綏《六夷頌》							○
126	95《周詩》，夏侯湛	82 夏侯湛《周詩》							○
127	96《古今畫讚》，傅玄								○
128	97《畫讚》，顧愷之								○
129	98《七經詩》，傅咸	83 傅咸《七經詩》						○	
130	附錄存疑類 99《義熙以來至大明詔》三十卷								○
131	附錄存疑類 100《晉宋雜詔》四卷								○
132	附錄存疑類 102《靖恭堂銘》一卷，劉昺								○
133		5 杜預《集林鈔》一卷							○
134		10 孔寧《續文章流別》三卷							○
135		11 傅祇《文章駮論》							○
136		29 曹毗《魏都賦注》							○
137		30 皇甫謐《南都賦注》					○		
138		31 司馬彪《上林子虛賦注》	31 司馬彪注《子虛上林賦》	72《子虛上林賦注》，司馬彪撰					○
139		32 晉灼《子虛甘泉賦注》							○
140		34 庾闡《揚都賦注》							○

141		60 杜預《奏事》	92 杜預《奏事》	77 杜預《奏事》					○
142		84 苻堅秦州刺史竇氏妻蘇氏《迴文詩》八卷							○
143			7 吳朝士《文集》十三卷						○
144			12《雜賦》十八卷						○
145			13《東都賦》一卷						○
146			19 晁矯注《二京賦》一卷						○
147			20 武巽注《二京賦》二卷						○
148			23 張載注《王延壽魯靈光殿賦》	73《魯靈光殿賦注》，張載撰			○		
149			25 蕭廣濟注《江賦》						○
150			28 戴安道《南都賦圖》						○
151			29 史道碩《蜀都賦圖》						○
152			30 史道碩《琴賦圖》						○
153			42 張野《廬山唱和詩》						○
154			46《金谷詩集》						○
155			48 李宓釋河內趙子聲譏詩賦之屬二十餘篇						○
156			50 張湛《衆賢誡集》十五卷						○
157			51 張湛《雜誡箴》二十四卷						○

158			52 張湛《女箴》一卷						○
159			53 張湛《女史箴圖》一卷						○
160			67《三國詔誥》十卷						○
161			85《晉定品雜制》一卷						○
162			86《晉勅》						○
163			87《晉詔書黃素制》五卷						○
164			91《雜表奏駁》三十五卷						○
165			101 李重《雜奏議》	80《李重雜奏議》					○
166			112 裴秀《奏事》	81《裴秀奏事》					○
167			113 阮籍《奏記》						○
168				28《班固幽通賦》一卷，項岱注					○
169				30《三都賦》三卷，左思撰		○			
170				35《三京賦音》一卷，綦毋邃撰					○
171				60《典林》二十三卷，石季龍太傅京兆韋謏憲道撰					○
172				75《山公表注》，賈弼之撰					○
173				78《荀勖奏》					○
174				79《盧志奏》					○
175				84《孫盛奏事》					○
176				85《徐邈奏議》					○
177				86《郭璞奏》					○

附錄五：五家《補晉書藝文志》「道經部」著錄書目比較表

道經部									
史志 編號	丁本附錄 2 道家 15 部	吳本丙部子錄 2 道家類 道經 45 部	文本子部 14 神仙家類 126 部	黃本丙部子錄 2 道家 道經 16 部	秦本子部 13 道家類 道經 97 部	存佚情形			
						存	殘	輯	佚
1			26 晉哀帝《丹青符經》五卷		1《丹青符經》五卷，哀帝撰				○
2			27 晉哀帝《丹臺錄》三卷		2《丹臺錄》三卷，哀帝撰				○
3		50 晉簡文帝《談疏》六卷		49《簡文談疏》六卷，簡文帝撰	3《簡文談疏》六卷，簡文帝撰				○
4		23 嵇康《養生論》三卷			4《養生論》三卷，嵇康撰		○		
5					5《聲無哀樂論》，嵇康撰	○			
6					19《丹山圖詠》，木玄虛撰				○
7		51 徐苗《玄微論》		57《玄微論》，徐苗撰	20《元微論》，徐苗依道家撰				○
8			23《黃庭內景經》一卷		21《黃庭內景經》，景林眞人授	○			
9			24《黃庭外景經》三卷		22《黃庭外景經》一卷，景林眞人授	○			
10	8《黃庭內景經注》，南嶽魏夫人				23《黃庭內景經注》，南嶽魏夫人述				○
11					24《寶經》三十一卷，王褒授				○
12			21《大洞眞經》一卷		25《大洞眞經》，南嶽魏夫人讀				○

13			25 華存《清虛眞人王君內傳》一卷		26《清虛眞人王君內傳》一卷，南嶽魏夫人撰				○
14					27《胞一胎息歌訣》一卷，楊義撰				○
15					28《三元眞經》，南嶽夫人受自王君				○
16					29《太上智慧經》，南嶽夫人受自王君				○
17					30《上清王霞紫映內觀隱書》，九華眞妃撿付楊君				○
18					31《上清還晨歸童日暉中元書》，九華眞妃撿付楊君				○
19					32《奇法書》二卷，安妃授楊君				○
20					33《洞房經》，楊君、許長史同書				○
21					34《神化經》，道君於西晉末授道士王纂				○
22					35《神咒經》，道君於西晉末授道士王纂				○
23					36《三五大齋訣》，道君於西晉末授道士王纂				○
24		48 杜夷《幽求新書》二十卷		46《杜氏幽求新書》二十卷，杜夷行齊撰	37《杜氏幽求新書》二十卷，杜夷撰			○	
25		44 陸雲《陸子》十卷		36《陸子》十卷，陸雲撰	38《陸子》十卷，陸雲撰			○	
26		54 阮侃《攝生論》二卷		48《攝生論》二卷，阮侃德如撰	39《攝生論》二卷，阮侃撰				○

27		69 葛洪《運元眞氣圖》一卷			43《運元眞氣圖》一卷，葛仙公撰				○
28					44《葛仙翁抱息術》一卷，鄭君受自仙公而傳於葛洪者				○
29			44《太清經》		45《太清丹經》三卷，鄭君受自仙公而傳於葛洪者				○
30			80《九鼎經》 101《黃帝九鼎神丹經》		46《九鼎丹經》一卷，鄭君受自仙公而傳於葛洪者				○
31					47《金液經》一卷，鄭君受自仙公而傳於葛洪者				○
32					48《二皇內文》，鄭君受自仙公而傳於葛洪者	○			
33		62 葛洪《枕中記》一卷	59《枕中五行記》		49《枕中五行記》，鄭君受自仙公而傳於葛洪者	○			
34		57 葛洪《抱朴子內篇》二十一卷，《音》一卷	2 葛洪《抱朴子內篇》二十一卷，《音》一卷	40《抱朴子內篇》二十一卷，《音》一卷，葛洪撰	50《抱朴子內篇》二十一卷，《音》一卷，葛洪撰	○			
35					51《抱朴子外篇》三十卷，葛洪撰	○			
36			86 葛洪《神仙傳》十卷		52《神仙傳》十卷，葛洪撰	○			
37					53《抱朴君書》一卷，葛洪撰				○
38		66 葛洪《神仙傳略》一卷	16 葛洪《神仙傳略》一卷		56《神仙傳略》一卷，葛洪撰				○
39			13 葛洪《五岳眞形圖文》一卷		57《五嶽眞形圖文》一卷，葛洪撰	○			
40		68 葛洪《葛仙翁敘》一卷			58《葛仙翁敘》一卷，葛洪撰				○

41		70 葛洪《五金龍虎歌》一卷	12 葛洪《五金龍虎歌》一卷		59《五金龍虎歌》一卷，葛洪撰				○
42					60《葛仙翁歌訣》一卷，葛洪撰				○
43		65 葛洪《陰符十德經》十卷			61《陰符十德經》一卷，葛洪撰				○
44					62《老子戒經》一卷，葛洪撰				○
45	13《抱朴子別旨》一篇，葛洪	73 葛洪《抱朴子別旨》一卷	10《抱朴子別旨》二卷	42《抱朴子別旨》二卷	63《抱朴子別旨》一卷，葛洪撰	○			
46		64 葛洪《葛仙翁胎息術》一卷	18 葛洪《胎息術》一卷		64《葛仙翁胎息術》一卷，葛洪撰				○
47		59 葛洪《抱朴子養生論》一卷	4《抱朴子養生論》一卷 123《抱朴子養生論》一卷		65《抱朴子養生論》一卷，葛洪撰				○
48	4《大清玉碑子》一卷，葛洪與鄭惠遠答問	63 葛洪《太清玉碑子》一卷	5《太清玉碑》十一卷 124《太清玉碑子》一卷，葛洪與鄭惠遠問答		66《太清玉碑子》一卷，葛洪撰	○			
49					67《馬陰二君內傳》一卷，葛洪撰				○
50	14《元始上眞衆仙紀》一卷，葛洪	61 葛洪《元始上眞衆仙記》一卷			68《上眞衆仙記》一卷，葛洪撰	○			
51					69《隱論雜訣》一卷，葛洪撰				○
52	12《金木萬靈論》一篇，葛洪	72 葛洪《金木萬靈訣》一卷	20 葛洪《金木萬靈訣》一卷		70《金木萬靈訣》一卷，葛洪撰	○			
53	10《神仙金汋經》三卷，葛洪		9《抱朴子神仙金汋經》三卷	43《抱朴子金汋經》一卷	71《神仙金汋經》三卷，葛洪撰	○			
54	11《大丹問答》一篇，葛洪				72《大丹問答》一篇，葛洪撰				○

55		74 葛洪《枕中書》一卷	111 葛洪《枕中書》一卷	50《枕中書》一卷，葛洪撰	73《枕中書》一卷，葛洪撰	○			
56	9《太乙眞君固命歌》一卷，葛洪譯	60 葛洪譯《太乙眞君固命歌》一卷	88《太乙眞君固命歌》一卷		74《太乙眞君固命歌》一卷，葛洪譯				○
57			60 葛氏《房中祕術》一卷		75《序房內祕術》一卷，葛氏撰				○
58	15《三皇經》，鮑靚		125 鮑靜《三皇經》		76《三皇經》，鮑靚撰				○
59			1 華嶠《紫陽眞人周君傳》一卷		77《紫陽眞人周君傳》一卷，華嶠撰				○
60					80《養生要集》十卷，張湛撰				○
61					81《孝道寶經》一卷，許遜得				○
62	2《靈劍子》一卷，許遜	87 許遜《靈劍子》一卷	22 許遜《靈劍子》一卷		82《靈劍子》一卷，許遜撰				○
63	3《靈劍子引導子午記》，許遜	88 許遜《靈劍子引導子午記》一卷			83《靈劍子引導子午記》，許遜撰				○
64	5《度人經釋例》一卷，許遜	85 許遜《太上靈寶淨明飛仙度人經法釋例》一卷	61 許旌陽《度人經釋例》一卷		84《度人經釋例》一卷，許遜撰	○			
65	6《玄都省須知》一卷，許遜	86 許遜《太上淨明院補奏職局奏元都省須知》一卷	62《太上淨明院補奏職局奏玄都省都知》一卷		85《玄都省須知》一卷，許遜撰	○			
66	7《許眞君石函記》，許遜		126 許遜《石函記》		86《許眞君石函記》，許遜撰				○
67			14 許眞君《修九幽立成儀》一卷		87《許眞君脩九幽立成儀》，許遜撰				○
68		43 宣聘《宣子》二卷		39《宣子》二卷，宣聘撰	93《宣子》二卷，宣聘撰				○
69		47 蘇彥《蘇子》七卷		38《蘇子》七卷，蘇彥撰	94《蘇子》七卷，蘇彥撰			○	
70		83 顧谷《顧道士新書論經》三卷		44《顧道士新書論經》三卷，顧谷撰	95《顧道士新書經論》三卷，顧谷撰				○
71		76 蘇元明《太清石壁記》一卷			96《太清石壁記》一卷，蘇元明撰				○

72		82 蘇元明《太清石壁靈草記》一卷			97《太清石壁靈草記》一卷，蘇元明撰				○
73		77 蘇元明《龍虎還丹通元要訣》二卷			98《龍虎還丹通玄要訣》二卷，蘇元明撰				○
74		80 蘇元明《龍虎金液還丹通元論》一卷			99《龍虎金液還丹通玄論》一卷，蘇元明撰				○
75		78 蘇元明《青霞子寶藏論》三卷			100《青霞子寶藏論》三卷，蘇元明撰				○
76		79 蘇元明《青霞子授芳君歌》一卷	6《青霞子授茅君歌》一卷		101《青霞授茅君歌》一卷，蘇元明撰				○
77		45 孫綽《孫子》十二卷		45《孫子》十二卷，孫綽撰	103《孫子》十二卷，孫綽撰			○	
78			83 孫綽《列仙傳讚》三卷		104《列仙傳讚》，孫綽撰				○
79		49 苻朗《苻子》二十卷		47《苻子》二十卷，苻朗元達撰	105《苻子》二十卷，苻朗撰			○	
80		75 王長生《王眞人陰丹訣》一卷	11《王眞人陰丹訣》一卷，王長生撰		107《王眞人陰丹訣》一卷，王長生撰				○
81					108《侯眞人傳》一卷，盧播撰				○
82					109《紫虛元君魏夫人內傳》一卷，項宗撰				○
83			30《南嶽夫人內傳》一卷		110《紫虛元帝南嶽夫人內傳》一卷，范邈撰				○
84					111《玉清神虛內眞紫元丹章》十餘卷，紫清上宮九華安眞妃降授				○
85	1《老子化胡經》二卷，王浮	21 王浮《老子化胡經》	7 王浮《老子化胡經》十卷		112《老子化胡經》二卷，王浮撰		○		

86			85郭元祖《列仙傳讚》二卷，《序》一卷		120《列仙傳讚》二卷，郭元祖撰				○
87					121《列仙讚序》一卷，郭元祖撰				○
88			19王羲之《許先生傳》一卷		122《許先生傳》一卷，王羲之撰				○
89					123《仙人許遠游傳》一卷，王羲之撰				○
90					124《葛仙翁別傳》				○
91					125《真人王褒內傳》				○
92					126《葛洪別傳》				○
93					127《吳猛別傳》				○
94					128《許邁別傳》				○
95					144《服餌僊經》數十篇，董謐獻				○
96					145《雲中音誦科誡》二十卷		○		
97					146《錄圖眞經》十餘卷				○
98		19郭璞《玉照定眞經》一卷							○
99		29向秀《列子注難嵇康養生論》							○
100		46 唐滂《唐子》十卷		37《唐子》十卷，唐滂惠潤撰				○	
101		52陶淵明《道戒》							○
102		71葛洪《爐鼎要妙圖經》一卷							○
103		81蘇元明《青霞子龍虎訣妙簡》一卷							○

104		84 許遜《太上靈寶淨明飛仙度人經法》五卷							○
105			3《抱朴子神仙服食藥方》十卷						○
106			8 稚川眞人《校證術》一卷						○
107			15 庾闡《列仙論》						○
108			17《仙人馬君陰君內傳》一卷						○
109			28 許遠《遊詩》十二首						○
110			29 王獻之《畫符及神》一卷						○
111			31《抱朴子玉策記》						○
112			32《馬明生別傳》						○
113			33 李遵《太玄眞人東鄉司命茅君內傳》一卷						○
114			34 施安《五星圖》						○
115			35 施安《二十四神經》						○
116			36《三皇內文天文》三卷						○
117			37《玄文》上中下三經						○
118			38《混成經》二卷						○
119			39《玄錄》二卷						○
120			40《九生經云云至李先生口訣肘後》二卷						○

121			41《自來符云云至玉斧符》十卷						○
122			42《青龍經》						○
123			43《中黃經》			○			
124			45《通明經》						○
125			46《按摩經》						○
126			47《道引經》十卷						○
127			48《玄陽子經》						○
128			49《玄女經》			○			
129			50《素女經》			○			
130			51《彭祖經》 115《彭祖經》						○
131			52《陳赦經》						○
132			53《子都經》						○
133			54《張虛經》						○
134			55《天門子經》						○
135			56《容成經》						○
136			57《入山經》						○
137			58《金丹經》						○
138			63《易內戒》 107《易內戒》						○
139			64《赤松子經》 108《赤松子經》						○
140			65《河圖記命符》 109《河圖記命符》						○
141			66董仲舒《李少君家錄》						○
142			67董仲舒《仙經》						○
143			68《玉策記》						○

144			69《昌宇經》						○
145			70《玉鈐經中篇》						○
146			71《神仙經》						○
147			72《黃白方》二十五卷 117《神仙經黃白方》二十五卷						○
148			73《九丹經》						○
149			74《金銀液經》 119《金銀液經》						○
150			75《黃白中經》五卷 118《黃白中經》五卷						○
151			76《周公城名疏》						○
152			77《九天祕記》						○
153			78《太乙遁甲玉鈐經》						○
154			79《靈寶經》						○
155			81 曹毗《杜蘭香傳》						○
156			82《成公興內傳》						○
157			84《靈人率元子自序》一卷						○
158			87 葛洪《漢武內傳》三卷						○
159			89《河圖玉版》						○
160			90《清虛眞人裴君內傳》一卷						○
161			91 楊羲《書靈寶五符》一卷						○
162			92《王君傳》一卷						○
163			93 許穆《步七元星圖》						○

164			94許穆書《飛步經》一卷						○
165			95西嶽公《禁山符》一卷						○
166			96 楊羲《書中黃制虎豹符》一卷						○
167			97許穆書《太素五神二十四神并迴元隱道經》一卷						○
168			98《八素陰陽歌》一卷						○
169			99《列紀黃素書》一卷						○
170			100 楊羲《書酆宮事》一卷						○
171				41《抱朴子內篇佚文》，葛洪撰		○			
172			102《祭法》一卷 104《祭法》一卷						○
173			103《太清觀天經》九篇						○
174			105《五靈丹經》一卷						○
175			106《孔安國祕記》						○
176			110《洞眞經》						○
177			112《玉鈐經》						○
178			113《荊山記》						○
179			114《龍首記》						○
180			116《黃山公記》						○
181			120《玉牒經》						○
182			121《銅柱經》						○
183			122《茅處玄華陽子自序》一卷						○

附錄六：五家《補晉書藝文志》「佛經部」著錄書目比較表

佛經部									
史志 編號	丁本附錄 1 釋家 127 部	吳本丙部子錄 3 釋家類 496 部	文本子部 15 釋家類 418 部	黃　本	秦本子部 12 釋家類 223 部	存佚情形			
						存	殘	輯	佚
1					1《西國佛經》，竺法護撰				○
2		330 竺法護譯《衆經目》一卷			2《衆經目》，竺法護撰				○
3	102《耆闍崛山解》，竺法護		155《耆闍崛山解經》一卷，竺法護譯		3《耆闍崛山解》，竺法護撰				○
4					4《阿難念佛經》，康僧會譯				○
5					5《鏡面王經》，康僧會譯				○
6					6《察微王經》，康僧會譯				○
7					7《梵皇經》，康僧會譯				○
8					8《小品經》，康僧會譯				○
9					9《六度集》，康僧會譯	○			
10					10《雜譬喻經》，康僧會譯				○
11					11《安般守意經注》，康僧會撰并製經序	○			
12					12《注竟經注》，康僧會撰并製經序				○
13					13《道樹經注》，康僧會撰并製經序				○
14		130 朱仕行譯《放光般若經》	1《放光經》二十卷，朱士行譯		14《放光般若經》九十章，朱仕行譯	○			

15					15《維摩法華三本起等佛經》，支恭明譯				○
16		10 智猛譯《泥洹經》二十卷			16《泥洹經》二十卷，智猛譯				○
17					17《僧祇律》，智猛譯				○
18			290 衛道安解釋《維摩法華經》		18《維摩經》，衛道安解釋				○
19					19《法華經》，衛道安解釋				○
20					20《解意經》一卷，道安所受				○
21					21《成具光明經》一卷，道安所受				○
22					22《般若經》，道安初講				○
23					23《般若道行經注》				○
24					24《析疑甄解》二十餘卷				○
25	56《大品經序》一卷，道安	154 釋道安《大品經序》一卷			25《大品經序》一卷，釋道安撰				○
26	57《了本生死經注序》一卷，道安	155 釋道安《了本生死經注序》一卷			26《了本生死經注序》一卷，釋道安撰				○
27	58《增一阿含經序》一卷，道安	156 釋道安《增一阿含經序》一卷			27《增一阿含經序》一卷，釋道安撰				○
28	60《十四卷鞞婆序》一卷，道安	158 釋道安《十四卷鞞婆序》一卷			28《鞞婆序》一卷，釋道安撰				○
29	61《十法句義序》一卷，道安	159 釋道安《十法句義序》一卷	353《十法句義》一卷，釋道安		29《十法句義序》一卷，釋道安撰				○
30	62《賢劫經略解》一卷，道安	160 釋道安《賢劫經略解》一卷			30《賢劫經略解》一卷，釋道安撰				○
31	63《持心梵天經略解》一卷，道安	161 釋道安《持心梵天經略解》一卷			31《持心梵天經略解》一卷，釋道安撰				○

32	64《金剛密跡經略解》一卷，道安		347《密迹金剛經瓶解》一卷，釋道安		32《金剛密跡經略解》一卷，釋道安撰				○
33	65《人欲生經注解》一卷，道安	162 釋道安《人欲生經注解》一卷			33《人欲生經注解》一卷，釋道安撰				○
34	43《了本生死注解》一卷，道安 66《了本生死經注解》一卷，道安	163 釋道安《了本生死經注解》一卷	346《了本生死注》一卷，釋道安		34《了本生死經注解》一卷，釋道安撰				○
35	67《十二門經注解》一卷，道安	164 釋道安《十二門經注解》一卷			35《十二門經注解》一卷，釋道安撰				○
36	68《十二門禪經注解》一卷，道安	165 釋道安《十二門禪經注解》一卷			36《十二門禪經注解》一卷，釋道安撰				○
37	69《般若經注解》一卷，道安				37《般若經注解》一卷，釋道安撰				○
38	70《光讚般若略解》二卷，道安				38《光讚般若略解》二卷，釋道安撰				○
39	37《陰持入注解》二卷，道安 71《陰持入經注解》二卷，道安	166 釋道安《陰持入經注解》一卷	351《陰持入經注》二卷，釋道安		39《陰持入經注解》二卷，釋道安撰				○
40	45《大道地解》一卷，道安 72《大道地經注解》二卷，道安	167 釋道安《大道地經注解》二卷	352《大道地經注》一卷，釋道安		40《大道地經注解》二卷，釋道安撰	○			
41	34《答法汰難》二卷，道安	142 釋道安《答法汰難》二卷			41《答法汰難》二卷，釋道安撰				○
42	35《般若析疑略》二卷，道安		340《析疑略》一卷，釋道安		42《般若析疑略》二卷，釋道安撰				○
43	36《大十二門注解》二卷，道安		344《大十二門注》二卷，釋道安		43《大十二門注解》二卷，釋道安撰				○

44	38《光讚析中解》一卷，道安	143 釋道安《光讚析中解》一卷	338《安光讚析中解》一卷，釋道安		44《光讚析中解》一卷，釋道安撰				○
45	39《道行集異注》一卷，道安		343《道行品集異注》一卷，釋道安		45《道行集異注》一卷，釋道安撰				○
46	40《小十二門注解》一卷，道安		345《小十二門注》一卷，釋道安		46《小十二門注解》一卷，釋道安撰				○
47	41《光讚鈔解》一卷，道安	144 釋道安《光讚鈔解》一卷	339《光讚鈔解》一卷，釋道安		47《光讚鈔解》一卷，釋道安撰				○
48	42《般若析疑準》一卷，道安		341《析疑准》一卷，釋道安		48《般若析疑準》一卷，釋道安撰				○
49	44《起盡解》一卷，道安	145 釋道安《起盡解》一卷	342《起盡解》一卷，釋道安		49《起盡解》一卷，釋道安撰				○
50	46《賢劫諸度無極解》一卷，道安	146 釋道安《賢劫諸度無極解》一卷	348《賢劫八萬四千度無極經解》一卷，釋道安		50《賢劫諸度無極解》一卷，釋道安撰				○
51	47《安般守意解》一卷，道安		350《安般守意經解》一卷，釋道安		51《安般守意解》一卷，釋道安撰				○
52	48《密跡持心二經甄解》一卷，道安				52《密跡持心二經甄解》一卷，釋道安撰				○
53	49《人本欲生注撮解》一卷，道安	147 釋道安《人本欲生注撮解》一卷	349《人本欲生經注撮解》一卷，釋道安		53《人本欲生經撮解》一卷，釋道安撰				○
54	50《衆經十法連雜解》一卷，道安	148 釋道安《衆經十法連雜解》一卷			54《衆經千法連雜解》一卷，釋道安撰				○
55	51《義指注解》一卷，道安	149 釋道安《義指注解》一卷	354《義指注》一卷，釋道安		55《義指注解》一卷，釋道安撰				○
56	52《九十八結連劫通解》一卷，道安	150 釋道安《九十八結連劫通解》一卷	355《九十八結解》一卷，釋道安		56《九十八結連劫通解》一卷，釋道安撰				○
57	53《三十二相解》一卷，道安	151 釋道安《三十二相解》一卷	356《三十二相解》一卷，釋道安		57《三十二相解》一卷，釋道安撰				○
58	54《三界混然諸僞雜錄》一卷，道安	152 釋道安《三界混然諸僞雜錄》一卷	357《三界諸天錄》一卷，釋道安		58《三界混然諸僞雜錄》一卷，釋道安撰				○

59	55《答法將難》一卷，道安	153 釋道安《答法將難》一卷			59《答法將難》一卷，釋道安撰				○
60		141 釋道安《綜理衆經目錄》一卷			60《綜理衆經目錄》一卷，釋道安撰				○
61	90《泥洹經注》，道安	168 釋道安《泥洹經注》			61《泥洹經注》，釋道安撰				○
62			298《道安傳》□卷		62《釋道安傳》				○
63		171 瓦官寺僧支遁《安般》	326 支遁注《安般四禪諸經》		63《安般經注》，支遁撰				○
64		172 瓦官寺僧支遁《四禪》			64《四禪經注》，支遁撰				○
65	28《卽色遊玄論》一卷，支遁	174 瓦官寺僧支遁《卽色游玄論》一卷	406《卽色遊玄論》一卷，支遁撰		65《卽色論》，支遁撰				○
66					66《遊玄論》，支遁撰				○
67					67《座右銘》，支遁撰				○
68	106《切悟章》，支遁	170 瓦官寺僧支遁《切悟章》			68《切悟章》，支遁撰				○
69	27《釋矇論》一卷，支遁	169 瓦官寺僧支遁《釋矇論》	408《釋矇論》一卷，支遁撰		69《釋矇論》一卷，支遁撰				○
70	29《辨三乘論》一卷，支遁	175 瓦官寺僧支遁《辨三乘論》一卷	407《辨三乘論》一卷，支遁撰		70《解三乘論》一卷，支遁撰				○
71	30《聖不辨智論》一卷，支遁	176 瓦官寺僧支遁《聖不辨智論》一卷	409《聖不辯知論》一卷，支遁撰		71《聖不辨智論》一卷，支遁撰				○
72	31《本業經序》一卷，支遁	177 瓦官寺僧支遁《本業經序》一卷	410《本業經序》一卷，支遁撰		72《本業經序》一卷，支遁撰				○
73	32《四本起禪序》一卷，支遁	178 瓦官寺僧支遁《四本起禪序》一卷	411《本起四禪序》一卷，支遁撰		73《四本起禪序》一卷，支遁撰				○
74	33《道行指歸》一卷，支遁	179 瓦官寺僧支遁《道行指歸》一卷	412《道行旨歸》一卷，支遁撰		74《道行指歸論》一卷，支遁撰				○
75					75《支法師銘贊》，袁宏撰				○
76					76《支法師誄》，周雲寶撰				○
77			297《支遁傳》，郗超序傳		77《支遁傳》，郗超撰				○

78					78《東山僧傳》，郗超撰				○
79					79《沙門不得爲高士論》，王坦之撰				○
80			231《遺教經》一卷，鳩摩羅什譯		80《遺教經》一卷	○			
81		11 天竺沙門曇摩羅懺譯《泥洹經》三十卷			81《泥洹經》三十卷，曇摩羅懺譯				○
82		12 天竺沙門曇摩羅懺譯《金光明等經》	257《金光明經》四卷，曇摩讖譯		82《金光明等經》，曇摩羅懺譯	○			
83					83《維摩經》，曇摩羅懺譯				○
84					84《法華經》，曇摩羅懺譯				○
85					85《成實論》，曇摩羅懺譯				○
86		85 姚秦鳩摩羅什譯《大智度論》一百卷	237《大智論》百卷，鳩摩羅什譯		86《大智度論》一百卷，鳩摩羅什譯	○			
87		47 姚秦鳩摩羅什譯《十住經》六卷	218《十住經》五卷，鳩摩羅什譯		87《十住經》，鳩摩羅什譯	○			
88		86 姚秦鳩摩羅什譯《維摩詰所說經注》六卷			88《維摩詰所說經》十卷，鳩摩羅什譯		○		
89		68 姚秦鳩摩羅什譯《金剛般若波羅密經》一卷	228《金剛般若經》一卷，鳩摩羅什譯		89《金剛般若波羅密經》一卷，鳩摩羅什譯	○			
90		71 姚秦鳩摩羅什譯《妙法蓮華經》七卷	211《新法華經》七卷，鳩摩羅什譯		90《妙法蓮華經》，鳩摩羅什譯	○			
91		72 姚秦鳩摩羅什譯《觀世音菩薩普門品》一卷			91《觀世音普門品》，鳩摩羅什譯	○			
92					92《諸深大經論》十有餘部，鳩摩羅什譯				○
93					93《續出經論》三百餘卷，鳩摩羅什譯				○

94		82 姚秦鳩摩羅什譯《十誦律》五十八卷	243《十誦律》六十一卷，鳩摩羅什譯		94《十誦律》，鳩摩羅什撰	○			
95					95《龍樹菩薩傳》一卷，鳩摩羅什撰	○			
96					96《馬鳴菩薩傳》一卷，鳩摩羅什撰	○			
97					97《提婆菩薩傳》一卷，鳩摩羅什撰	○			
98	24《實相論》二卷，鳩摩羅什		289 鳩摩羅什《實相論》二卷		98《實相論》二卷，鳩摩羅什撰				○
99	25《維摩經注解》三卷，鳩摩羅什	51 姚秦鳩摩羅什譯《維摩詰所說經》三卷	216《新維摩詰經》三卷，鳩摩羅什譯		99《維摩經注解》三卷，鳩摩羅什撰				○
100	26《答問論》二卷，鳩摩羅什				100《答問論》二卷，鳩摩羅什撰				○
101	16《寶藏論》三卷，僧肇	234 釋僧肇《寶藏論》三卷	294 僧肇《寶藏論》三卷		101《寶藏論》三卷，僧洪肇撰		○		
102					102《僧肇寶論》三卷，僧洪肇撰		○		
103	21《丈六卽眞論》一卷，僧肇	233 釋僧肇《丈六卽眞論》一卷			103《丈六卽眞論》一卷，僧洪肇撰				○
104	22《維摩經注解》五卷，僧肇	235 釋僧肇《維摩經注解》五卷			104《維摩經注解》五卷，僧洪肇撰	○			
105	23《長阿含經序》一卷，僧肇	236 釋僧肇《長阿含經序》一卷			105《長阿含經序》一卷，僧洪肇撰				○
106	20《物不遷論》一卷，僧肇	231 釋僧肇《物不遷論》			106《物不遷論》一卷，僧洪肇撰				○
107	19《不眞空論》一卷，僧肇	230 釋僧肇《不眞空論》			107《不眞空論》一卷，僧洪肇撰				○
108	18《涅盤無名論》一卷，僧肇	232 釋僧肇《涅槃無名論》			108《涅槃無名論》一卷，僧洪肇撰				○

109	17《般若無知論》一卷，僧肇	229 釋僧肇《般若無知論》			109《般若無知論》一卷，僧洪肇撰				○
110		100 長安僧佛陀耶舍譯《佛說長阿含經》二十二卷	247《長阿含經》二十二卷，佛馱耶舍譯		110《長阿含經》二十二卷，佛陀邪舍撰	○			
111		99 長安僧佛陀耶舍譯《四分律》四十四卷	248《曇無德律》四十五卷，佛馱耶舍譯		111《四分律》四十四卷，佛陀邪舍撰	○			
112					112《五明論》，佛陀邪舍撰				○
113					113《毗婆沙論解》，佛陀邪舍撰				○
114		102 長安僧佛陀耶舍譯《虛空藏菩薩經》一卷	249《虛空藏經》一卷，佛馱耶舍譯		114《虛空藏經》一卷，佛陀邪舍撰	○			
115		44 罽賓僧曇摩耶舍譯《舍利弗阿毗曇經》二十二卷	251《舍利弗阿毗曇論》二十二卷，毗婆沙譯		115《阿毗曇論》，曇摩耶含譯	○			
116		38 瞿曇僧伽提婆譯《阿毗曇心》 41 瞿曇僧伽提婆譯《阿毗曇心論》四卷	204《阿毗曇心論》十六卷，僧伽提婆譯 206《阿毗曇心論》四卷，僧伽提婆譯		116《阿毗曇》心論》，僧伽提婆譯	○			
117		39 瞿曇僧伽提婆譯《三法度》 42 瞿曇僧伽提婆譯《三法度論》三卷	208《三法度論》二卷，僧伽提婆譯		117《三法度論》，僧伽提婆譯	○			
118					118《增一阿含經》，僧伽提婆譯				○
119		37 瞿曇僧伽提婆譯《中阿含經》六十卷	202《中阿含經》六十卷，竺道祖筆受		119《中阿含經》，僧伽提婆譯	○			
120					120《二諦論》，道生譯				○

121					121《佛無淨論》，道生譯				○
122					122《應有緣論》，道生譯				○
123					123《沙彌塞律》，道生譯				○
124					124《善不受報義》，道生撰				○
125					125《頓悟成佛義》，道生撰				○
126					126《佛性常有論》，道生撰				○
127					127《應有緣論》，道生撰				○
128					128《維摩詰經義疏》，道生撰	○			
129					129《法華經義疏》，道生撰				○
130					130《泥洹經義疏》，道生撰				○
131					131《小品經義疏》，道生撰				○
132					132《涅槃諸經》十餘部，曇摩、智嵩等譯				○
133					133《涅槃義記》，智嵩撰				○
134			265《大方廣佛華嚴經》五十卷，支法領譯		134《華嚴經》三萬六千偈，支法領譯				○
135					135《色空義》，佛馱跋羅撰				○
136		103 佛馱跋陀羅譯《觀佛三昧海經》六卷	267《觀佛三昧經》八卷，佛馱跋陀羅譯		136《觀佛三昧經》，佛馱跋羅撰				○
137		104 佛馱跋陀羅譯《泥洹》			137《般泥洹經》，佛馱跋羅撰				○
138		105 佛馱跋陀羅譯《修行方便論》	268《禪經修行方便經》二卷，佛馱跋陀羅譯		138《修行方便論》，佛馱跋羅撰				○
139					139《法顯大僧衹律》十五部，佛馱跋羅撰	○			

140	81《大品經序》一卷，僧叡	216 釋僧叡《大品經序》			140《大品經序》一卷，僧叡撰				○
141	82《小品經序》一卷，僧叡	217 釋僧叡《小品經序》			141《小品經序》一卷，僧叡撰				○
142	83《法華經後序》一卷，僧叡	218 釋僧叡《法華經序》			142《法華經後序》二卷，僧叡撰				○
143	84《維摩詰經序》一卷，僧叡	219 釋僧叡《維摩經序》			143《維摩經後序》一卷，僧叡撰				○
144	85《思益經序》一卷，僧叡	220 釋僧叡《思益經序》			144《思益經序》一卷，僧叡撰				○
145	86《自在王經序》一卷，僧叡	221 釋僧叡《自在王禪經序》			145《自在王經序》一卷，僧叡撰				○
146	87《道行經序》一卷，僧叡	222 釋僧叡《道行經序》一卷			146《道行經序》一卷，僧叡撰				○
147	88《關中出經序》一卷，僧叡	223 釋僧叡《關中出經序》一卷			147《關中出經序》一卷，僧叡撰				○
148	89《十部律序》一卷，僧叡	224 釋僧叡《十部律序》一卷			148《十部律序》一卷，僧叡撰				○
149		225 釋僧叡《大秦衆經目錄》			149《大秦衆經目錄》，僧叡撰				○
150					150《十四音訓》，僧叡撰				○
151	73《毗雲指歸》一卷，竺僧度 108《毗雲指歸》一卷，竺僧度	136 東莞竺僧度《毗曇指歸》	322 僧度《毗曇旨歸》 413《昆曇旨歸》一卷，竺僧度撰		151《毗雲指歸》一卷，竺僧度撰				○
152					152《阿毗雲心論》四卷，竺僧敷撰				○
153	75《神無形論》一卷，竺僧敷	182 竺僧敷《神無形論》	313《神無形論》一卷，釋僧敷撰 317 竺僧敷《神無形論》		153《神無形論》一卷，竺僧敷撰				○

154	76《經論都錄》一卷，支敏度				154《經論都錄》一卷，支敏度撰				○
155	77《人物始義論》一卷，康法暢	131 康法暢《人物始義論》			155《人物始義論》一卷，康法暢撰				○
156	79《六識指歸》十二首，曇徽	186 釋曇徽《六識指歸》十二首	304《六識指歸》一卷，釋曇微撰 324 釋曇徽《六識旨歸》十二首 415《六識旨歸》十二首一卷，釋曇微		156《六識指歸》十二首，康法邃撰				○
157	80《譬喻經》十卷，康法邃	133 康法邃《譬喻經》十卷	181《譬喻經》十卷，康法邃抄集		157《譬喻經》十卷，康法邃撰				○
158	78《立本論》九卷，曇徽	185 釋曇徽《立本論》九篇	323 釋曇徽《立本論》九篇 414《立本論》九篇一卷，釋曇微		158《立本論》九卷，曇徽撰				○
159	91《維摩詰經注》，竺道生	202 竺道生《維摩詰經注》			159《維摩經注》，竺道生撰				○
160	92《十四科元贊義記》一卷，竺道生	203 竺道生《十四科元贊義記》一卷			160《十四科元贊義記》一卷，竺道生撰				○
161					161《蓮社錄》，瞿詵撰				○
162	93《維摩經子注》五卷，曇詵 補遺 112《維摩詰子注》五卷，釋曇詵		301 曇詵《維摩經注》五卷		162《維摩經正注》五卷，瞿詵撰				○
163	94《窮通論》一卷，曇詵 補遺 113《窮通論》一卷，釋曇詵	205 曇詵《維摩經窮通論》	302 曇詵《窮通論》一卷		163《窮通論》一卷，瞿詵撰				○

164	101《釋駁論》一卷，道恆	226 釋道恆《釋駁論》	314 釋道恆《釋駁論》一卷		164《釋駁論》一卷，道恆撰				○
165	95《立本論》九篇，法遇				165《立本論》九卷，法遇撰				○
166	96《法華經義疏》，道融	206 釋道融《法華義疏》	305 釋道融《法華》		166《法華經義疏》，道融撰				○
167	97《十地經義疏》，道融	209 釋道融《十地義疏》	308 釋道融《十地經義疏》		167《十地經義疏》，道融撰				○
168	98《維摩經義疏》，道融	210 釋道融《維摩義疏》	309 釋道融《維摩經義疏》		168《維摩經義疏》，道融撰				○
169	99《法華經義疏》四卷，曇影	211 釋曇影《法華義疏》四卷	311 釋曇影《法華義疏》四卷		169《法華經義疏》四卷，曇影撰				○
170	100《中論注》，曇影	212 釋曇影《中論注》	312 釋曇影注《中論》		170《中論注》，曇影撰				○
171	103《首楞嚴經注》，帛遠	18 帛遠譯《首楞嚴經注》			171《護首楞嚴經注》，帛遠撰				○
172	104《放光般若經注》，法祚	24 帛法祚《放光般若經注顯宗論》	168 帛法祚注《放光般若經》		172《放光般若經注》，法祚撰				○
173	105《顯宗論》，法祚				173《顯宗論》，法祚撰				○
174	107《法華經義疏》四卷，竺法崇	135 剡葛峴山僧竺法崇《法華義疏》四卷	327 竺法崇《法華義疏》四卷		174《法華經義疏》四卷，竺法崇撰				○
175	109《勝蔓經注》，竺慧超	137 河內竺慧超《勝鬘經注》	325 竺慧超《勝鬘經注》		175《崇勝蔓經注》，慧超撰				○
176	110《人物始義論》，支僧敦	180 支僧敦《人物始義論》	316 支僧敦《人物始義論》		176《人物始義論》，支僧敦撰				○
177	111《十住經注解》，僧衛	184 僧衛《十住經注解》	319 僧衛《十住經注解》		177《十住經注解》，僧衛撰				○
178		132 支敏度《傳譯經錄》	310 支敏度《傳譯經錄》		178《傳譯經錄》，支敏度撰				○
179		204 釋道流、道祖《諸經目》			179《諸經目錄》，釋道祖撰				○
180			299 康泓《道人單道開傳》一卷		180《道人善道開傳》一卷，康泓撰				○
181			333 顧愷之《竺法曠傳》		181《竺法曠傳》，顧愷撰				○

182			332《于法蘭別傳》		182《于法蘭別傳》				○
183					183《志節沙門傳》，釋法安撰				○
184					184《禪數諸經禪戒典》百卷，慧遠撰				○
185		187 釋慧遠《法性論》			185《法性論》十四篇，慧遠撰				○
186	1《沙門不敬王者論》一卷，慧遠	191 釋慧遠《沙門不敬王者論》五篇			186《沙門不敬王者論》一卷，慧遠撰				○
187	2《釋論》二十卷，慧遠				187《釋論》二十卷，慧遠撰				○
188	3《法性論》一卷，慧遠				188《法性論》一卷，慧遠撰				○
189	7《修行方便禪經序》一卷，慧遠	196 釋慧遠《修行方便禪經序》一卷			189《脩行方便禪經序》一卷，慧遠撰				○
190	8《三法度論序》，慧遠	197 釋慧遠《三法度論序》			190《三法度論》一卷，慧遠撰				○
191	9《明報應論》一卷，慧遠	198 釋慧遠《明報應論》一卷			191《明報應論》一卷，慧遠撰				○
192	10《辨心識論》一卷，慧遠	199 釋慧遠《辨心識論》一卷			192《辨心識論》一卷，慧遠撰				○
193	11《沙門袒服論》一卷，慧遠	200 釋慧遠《沙門袒服論》一卷			193《沙門袒服論》一卷，慧遠撰				○
194	4《問大乘中深義十八科》三卷，慧遠	192 釋慧遠《問大乘中深義十八科》三卷			194《問大乘中深義十八科》三卷，慧遠撰				○
195	5《阿毗雲心論序》，慧遠	194 釋慧遠《阿毗雲心論序》			195《阿毗曇心論序》，慧遠撰				○
196	6《妙法蓮花經序》，慧遠	195 釋慧遠《妙法蓮華經序》			196《妙法蓮華經序》，慧遠撰				○
197	12《大智度論要略鈔》二十卷，慧遠	189 釋慧遠《大智論要文》二十卷	287《大智論鈔》二十卷，釋慧遠鈔		197《大智度論略鈔》二十卷，慧遠撰				○
198	13《大智度論序》，慧遠	188 釋慧遠《大智論序》			198《大智度論序》，慧遠撰				○

199	14《佛影讚》，慧遠	190 釋慧遠《天竺佛影銘》			199《佛影讚》，慧遠撰					○
200					200《法華經講義》，慧持撰					○
201					201《阿毗曇講義》，慧持撰					○
202		8 釋法顯譯《摩訶僧衹律》四十六卷 110 佛馱跋陀羅《摩訶僧衹律》四十卷	278《摩訶僧衹律》四十卷，釋法顯、佛馱跋陀羅譯 399《僧衹律》四十卷，佛馱跋陀羅譯		202《摩訶僧衹衆律》，法顯得自外國	○				
203					203《薩婆多衆律》，法顯得自外國					○
204			280《雜阿毗曇新論》十二卷，釋法顯、佛馱跋陀羅譯		204《雜阿毗曇心》，法顯得自外國					○
205					205《綖經》一部，法顯得自外國					○
206			277《方等泥洹經》二卷，釋法顯、佛馱跋陀羅譯		206《方等般泥洹經》，法顯得自外國					○
207		4 釋法顯譯《大般泥洹經》六卷	276《大般泥洹經》六卷，釋法顯、佛馱跋陀羅譯		207《摩訶泥洹經》，法顯得自外國	○				
208					208《摩訶僧抵阿毗曇》，法顯得自外國					○
209					209《彌沙塞律藏本》，法顯得自外國					○
210					210《長阿含》，法顯得自外國					○
211					211《雜阿含》，法顯得自外國					○
212		6 釋法顯譯《雜藏經》	281《雜藏經》一卷，釋法顯、佛馱跋陀羅譯		212《雜藏》一部，法顯得自外國	○				

213					213《法顯傳》二卷		○		
214					214《法顯行傳》一卷				○
215					215《于法蘭別傳》				○
216					216《高坐道人別傳》				○
217			334《佛圖澄別傳》		217《佛圖澄別傳》				○
218			295《名德沙門題目》		218《名德沙門題目》				○
219			336《安法師傳》		219《安法師傳》				○
220					220《安和上傳》				○
221			335《支遁別傳》		221《支遁別傳》				○
222					222《支法師傳》				○
223					223《蓮社高賢傳》	○			
224	15《釋三報論》二卷，慧遠	193 釋慧遠《釋三報論》二卷							○
225	59《中阿含經序》一卷，道安	157 釋道安《中阿含經序》一卷							○
226	74《阿毗雲心論》四卷，道慈筆受	201 釋道慈筆受《阿毗雲心論》四卷							○
227	補遺 114《禪祕要法》三卷，鳩摩羅什	76 姚秦鳩摩羅什譯《禪祕要法經》三卷	245《禪法要》三卷，鳩摩羅什譯			○			
228	補遺 115《禪法要》三卷，鳩摩羅什	93 姚秦鳩摩羅什譯《禪法要解經》二卷	234《禪法要解》二卷，鳩摩羅什譯			○			
229	補遺 116《禪法要解》二卷，沮渠京聲		416《禪法要解》二卷，沮渠京聲						○

230	補遺 117《首楞嚴三昧經注》，支道林								○
231	補遺 118《四阿含暮鈔序》二卷，鳩摩佛提	428苻秦沙門鳩摩羅佛提譯《四阿含暮抄解》二卷	189《四阿含暮抄經》二卷，竺佛念、佛護譯						○
232	補遺 119《合首楞三昧經記》一卷，支敏度								○
233	補遺 120《毘摩羅詰提經義疏》，僧叡								○
234	補遺 121《賢劫千佛經序》一卷，曇無蘭		191《賢劫千佛名經》一卷，竺曇無蘭譯						○
235	補遺 122《三十七品序》一卷，曇無蘭		190《三十七品經》一卷，竺曇無蘭譯						○
236	補遺 123《明漸論》一卷，曇無成								○
237	補遺 124《實相論》，曇無成								○
238	補遺 125《菩提經注》，僧馥								○
239	補遺 126《舍利佛阿毗曇序》一卷，道標								○
240	補遺 127《十惠經序》一卷，佛調	238竺佛調譯《十慧經》							○

241		1 釋支曇籥《六言梵唄》	321 支曇籥《六言梵唄》						○
242		2 馬允孫《法喜集》二卷							○
243		3 馬允孫《省經贊》一卷							○
244		5 釋法顯譯《大般涅槃經》三卷				○			
245		7 釋法顯譯《比邱尼僧衹律波羅提木叉戒經》一卷				○			
246		9 釋法顯譯《僧衹戒本》一卷	279《僧衹比邱戒本》一卷，釋法顯、佛馱跋陀羅譯						○
247		13 法立譯《曇缽經》五卷							○
248		14 竺曇摩羅刹譯《賢劫正法華光贊》等一百六十五部					○		
249		15 聶承遠譯《超日明三昧經》二卷	161《超日明經》二卷，聶承遠整理						○
250		16 聶承遠譯《佛說越難經》	365《越難經》一卷，聶承遠刪改			○			
251		17 帛遠譯《惟逮弟子本起五部僧》等三部經	167 帛遠譯《弟子本起經五部僧經》						○
252		19 帛遠譯《菩薩修行經》半卷				○			
253		20 帛遠譯《佛說菩薩逝經》							○
254		21 帛遠譯《佛說大愛道般涅槃經》							○
255		22 帛遠譯《佛般泥洹經》二卷							○

256		23 帛遠譯《佛說賢者五福經》				○			
257		25 優婆塞衛士度譯《道行般若經》二卷	173《摩訶般若波羅密道行經》二卷，衛士度						○
258		26 卑摩羅叉續譯《十誦毗尼序》二卷				○			
259		27 帛尸梨蜜多羅譯《佛說大灌頂神呪經》十二卷	176《灌頂經》九卷，帛尸梨蜜多羅譯			○			
260		28 帛尸梨蜜多羅譯《佛說大孔雀王神呪經》	177《大孔雀王神咒》一卷，尸梨蜜所出			○			
261		29 帛尸梨蜜多羅譯《佛說大孔雀王雜神呪經》	178《孔雀王雜神咒》一卷，尸梨蜜所出			○			
262		30 罽賓僧伽跋澄譯《阿毗曇毗婆沙經》	186《雜阿毗曇毗婆沙論》四卷，僧伽跋澄譯						○
263		31 罽賓僧伽跋澄譯《婆須蜜經》							○
264		32 罽賓僧伽跋澄譯《尊婆須蜜菩薩所集論》十卷	187《婆須蜜集》十卷，僧伽跋澄譯			○			
265		33《僧伽羅刹所集佛行經》五卷	188《僧伽羅刹集經》三卷，僧伽跋澄譯			○			
266		34 苻秦僧曇摩難提譯《阿育王子法益壞日因緣經》一卷				○			
267		35 苻秦僧曇摩難提譯《增壹阿含經》	194《增一阿含經》三十三卷，曇摩難提口誦、竺佛念譯			○			

268		36 苻秦僧曇摩難提譯《毗曇心三法度》等一百六卷							○
269		40 瞿曇僧伽提婆譯《阿毗曇八犍度論》三十卷	203《阿毗曇八犍度》二十卷，僧伽提婆譯			○			
270		43 罽賓僧曇摩耶舍譯《差摩經》一卷	212《差摩經》一卷，張普明譯						○
271		45 罽賓僧曇摩耶舍譯《佛說樂瓔珞莊嚴方便經》一卷							○
272		46 後秦姚興《通三世論》	292 姚興《通三世論》						○
273		48 姚秦鳩摩羅什譯《自在王菩薩經》[illegible]卷	221《自在王經》二卷，鳩摩羅什譯			○			
274		49 姚秦鳩摩羅什譯《佛說彌勒成佛經》一卷	227《彌勒成佛經》一卷，鳩摩羅什譯			○			
275		50 姚秦鳩摩羅什譯《佛說彌勒下生經》	226《彌勒下生經》一卷，鳩摩羅什譯			○			
276		52 姚秦鳩摩羅什譯《思益梵天所問經》四卷	219《思益義經》四卷，鳩摩羅什譯			○			
277		53 姚秦鳩摩羅什譯《諸法無行經》二卷	229《諸法無行經》一卷，鳩摩羅什譯			○			
278		54 姚秦鳩摩羅什譯《持世經》四卷	220《持世經》四卷，鳩摩羅什譯			○			
279		55 姚秦鳩摩羅什譯《富樓那會第十七》三卷	223《菩薩藏經》三卷，鳩摩羅什譯						○
280		56 姚秦鳩摩羅什譯《善臂菩薩會第二十六》二卷							○
281		57 姚秦鳩摩羅什譯《佛說須摩提菩薩經》				○			

282		58 姚秦鳩摩羅什譯《佛說阿彌陀經》	225《無量壽經》一卷，鳩摩羅什譯			○			
283		59 姚秦鳩摩羅什譯《千佛因緣經》一卷				○			
284		60 姚秦鳩摩羅什譯《佛說首楞嚴三昧經》三卷	217《新首楞嚴經》二卷，鳩摩羅什譯						○
285		61 姚秦鳩摩羅什譯《莊嚴菩提心經》	230《菩提經》一卷，鳩摩羅什譯			○			
286		62 姚秦鳩摩羅什譯《不思議光菩薩所說經》一卷				○			
287		63 姚秦鳩摩羅什譯《大樹緊那羅王所問經》四卷				○			
288		64 姚秦鳩摩羅什譯《文殊師利問菩提經》				○			
289		65 姚秦鳩摩羅什譯《大金色孔雀王呪經》一卷				○			
290		66 姚秦鳩摩羅什譯《摩訶般若波羅密經》三十卷	109《新大品經》二十四卷，鳩摩羅什譯			○			
291		67 姚秦鳩摩羅什譯《小品般若波羅密經》十卷	110《新小品經》七卷，鳩摩羅什譯			○			
292		69 姚秦鳩摩羅什譯《仁王護國般若波羅密經》二卷				○			
293		70 姚秦鳩摩羅什譯《摩訶般若波羅密大明呪經》				○			
294		73 姚秦鳩摩羅什譯《集一切福德三昧經》三卷				○			

295		74 姚秦鳩摩羅什譯《佛說放牛經》				○			
296		75 姚秦鳩摩羅什譯《佛垂般涅槃略說教誡經》				○			
297		77 姚秦鳩摩羅什譯《佛說海八德經》				○			
298		78 姚秦鳩摩羅什譯《佛說燈指因緣經》				○			
299		79 姚秦鳩摩羅什譯《佛說梵網經》二卷				○			
300		80 姚秦鳩摩羅什譯《佛藏經》四卷	222《佛藏經》三卷，鳩摩羅什譯			○			
301		81 姚秦鳩摩羅什譯《清淨毗尼方廣經》一卷				○			
302		83 姚秦鳩摩羅什譯《十誦比尼戒本》一卷	244《十誦比邱戒本》一卷，鳩摩羅什譯			○			
303		84 姚秦鳩摩羅什譯《十住毗婆沙論》十五卷	239《十住論》十卷，鳩摩羅什譯				○		
304		87 姚秦鳩摩羅什譯《十二門論》一卷	241《十二門論》一卷，鳩摩羅什譯			○			
305		88 姚秦鳩摩羅什譯《發菩提心論》二卷				○			
306		89 姚秦鳩摩羅什譯《中論》四卷	240《中論》四卷，鳩摩羅什譯			○			
307		90 姚秦鳩摩羅什譯《百論》二卷	242《百論》二卷，鳩摩羅什譯			○			
308		91 姚秦鳩摩羅什譯《大藏嚴經論》十五卷							○
309		92 姚秦鳩摩羅什譯《坐禪三昧法門經》二卷	235《禪經》三卷，鳩摩羅什譯			○			

310		94 姚秦鳩摩羅什譯《思惟要略法》				○			
311		95 姚秦鳩摩羅什譯《菩薩訶色欲法》	233《菩薩呵色欲經》一卷，鳩摩羅什譯			○			
312		96 姚秦鳩摩羅什譯《衆經撰雜譬喻》二卷	236《雜譬喻經》一卷，鳩摩羅什譯			○			
313		97 姚秦鳩摩羅什譯《成實論》二十卷	238《誠實論》十六卷，鳩摩羅什譯			○			
314		98 慧觀《記內禁輕重》二卷	300《卑摩羅叉內禁輕重》二卷，慧觀記						○
315		101 長安僧佛陀耶舍譯《四分戒本》一卷	250《曇無德戒本》一卷，佛馱耶舍譯						○
316		106 佛馱跋陀羅《大方廣佛華嚴經》六十卷				○			
317		107 佛馱跋陀羅《文殊師利發願經》	275《文殊師利發願經》一卷，佛馱跋陀羅譯			○			
318		108 佛馱跋陀羅《大方等如來藏經》	269《大方等如來藏經》一卷，佛馱跋陀羅譯 398《大方等如來藏經》一卷，佛馱跋陀羅譯			○			
319		109 佛馱跋陀羅《佛說出生無量門持經》半卷	271《出生無量門招經》一卷，佛馱跋陀羅譯			○			
320		111 佛馱跋陀羅《波羅提木叉僧祇戒本》一卷				○			
321		112 佛馱跋陀羅《達磨多羅禪經》二卷				○			

322		113 北涼沙門曇無讖譯寫《涅槃》三十三卷	252《大般涅槃經》三十六卷，曇摩讖譯			○			
323		114 北涼沙門曇無讖譯《大集大雲悲華地持優婆塞戒》				○			
324		115 北涼沙門曇無讖譯《金光明海龍王菩薩戒本》				○			
325		116 北涼沙門曇無讖譯《大方廣三戒經》三卷				○			
326		117 北涼沙門曇無讖譯《大方等大集經》三十卷	253《方等大集經》二十九卷，曇摩讖譯			○			
327		118 北涼沙門曇無讖譯《佛說腹中女聽經》				○			
328		119 北涼沙門曇無讖譯《大般涅槃經》四十卷				○			
329		120 北涼沙門曇無讖譯《大方等大雲經》四卷	255《方等大雲經》四卷，曇摩讖譯			○			
330		121 北涼沙門曇無讖譯《佛說文竭陀王經》				○			
331		122 北涼沙門曇無讖譯《優婆塞戒經》七卷	260《優婆塞戒經》七卷，曇摩讖譯			○			
332		123 北涼沙門曇無讖譯《菩薩地持經》八卷	259《菩薩地持經》八卷，曇摩讖譯			○			
333		124 北涼沙門曇無讖譯《佛所行讚經》八卷					○		

334		125 北涼安陽侯沮渠京聲譯《觀世音》一卷				○			
335		126 北涼安陽侯沮渠京聲譯《彌勒》一卷				○			
336		127 北涼安陽侯沮渠京聲譯《佛母般泥洹經》一卷							○
337		128 北涼安陽侯沮渠京聲譯《治禪病祕要經》二卷				○			
338		129 浮陀跋摩譯《毗婆沙論》一百卷					○		
339		134 竺法雅《格義》	293 竺法雅《格義》						○
340		138 釋道安《般若道行密迹安般諸經注》二十二卷							○
341		139 釋道安《經錄》							○
342		140 釋道安《僧尼軌範佛法憲章》							○
343		173 瓦官寺僧支遁《莊子逍遙篇注》							○
344		181 竺法汰《義疏本無義論》							○
345		183 竺僧敷《放光道行》	318 竺僧敷《放光經道行經義疏》						○
346		207 釋道融《大品義疏》	306 釋道融《大品》						○
347		208 釋道融《金光明義疏》	307 釋道融《金光明經義疏》						○
348		213 釋僧叡《大智論》							○
349		214 釋僧叡《十二門論》							○

350		215 釋僧叡《中論序》				○			
351		227 釋道恆《百行箴》	315 釋道恆《百行箴》						○
352		228 釋道恆《標作舍利弗毗曇序》							○
353		237 竺佛調譯《法鏡經》				○			
354		239 竺法護譯《菩薩十住行道品經》	84《菩薩十住經》一卷，竺法護譯			○			
355		240 竺法護譯《漸備一切智德經》五卷	11《漸備一切智經》十卷，竺法護譯			○			
356		241 竺法護譯《等目菩薩所問三昧經》三卷	97《等目菩薩經》二卷，竺法護譯			○			
357		242 竺法護譯《佛說如來興顯經》四卷	38《如來興顯經》四卷，竺法護譯			○			
358		243 竺法護譯《度世品經》六卷	7《度世品經》六卷，竺法護譯			○			
359		244 竺法護譯《密迹金剛力士會第三》七卷	8《密迹經》五卷，竺法護譯						○
360		245 竺法護譯《淨居天子會第四》二卷							○
361		246 竺法護譯《寶髻菩薩會第四十七》二卷	22《寶髻經》二卷，竺法護譯						○
362		247 竺法護譯《佛說普門品經》一卷	69《普門經》一卷，竺法護譯			○			
363		248 竺法護譯《佛說胞胎經》一卷	73《胞胎經》一卷，竺法護譯			○			
364		249 竺法護譯《文殊師利佛土嚴淨經》二卷	17《嚴淨佛土經》二卷，竺法護譯			○			

365		250 竺法護譯《郁迦羅越問菩薩行經》一卷	28《郁迦長者經》一卷，竺法護譯			○			
366		251 竺法護譯《幻士仁賢經》一卷	31《幻士仁賢經》一卷，竺法護譯			○			
367		252 竺法護譯《佛說須摩提經》	46《須摩經》一卷，竺法護譯			○			
368		253 竺法護譯《佛說阿闍世王女阿述達菩薩經》一卷	96《阿述達經》一卷，竺法護譯 144《阿闍世女經》一卷，竺法護譯			○			
369		254 竺法護譯《佛說離垢施女經》一卷	27《離垢施女經》一卷，竺法護譯			○			
370		255 竺法護譯《佛說如幻三昧經》三卷	70《如幻三昧經》二卷，竺法護譯			○			
371		256 竺法護譯《太子刷護經》				○			
372		257 竺法護譯《慧上菩薩問大善權經》二卷	49《大善權經》二卷，竺法護譯			○			
373		258 竺法護譯《彌勒菩薩所問本願經》	71《彌勒本願經》一卷，竺法護譯			○			
374		259 竺法護譯《大哀經》八卷	6《大哀經》七卷，竺法護譯			○			
375		260 竺法護譯《寶女所問經》四卷	37《寶女經》四卷，竺法護譯			○			
376		261 竺法護譯《無言童子經》二卷	50《無言童子經》一卷，竺法護譯			○			
377		262 竺法護譯《阿差末菩薩經》七卷	26《無盡意經》四卷，竺法護譯 94《阿差末經》四卷，竺法護譯			○			

378		263 竺法護譯《賢劫經》十卷	3《賢劫經》七卷，竺法護譯						○
379		264 竺法護譯《佛說八陽神呪經》				○			
380		265 竺法護譯《佛說滅十方冥經》	57《滅十方冥經》一卷，竺法護譯						○
381		266 竺法護譯《佛說寶網經》三卷	65《寶網童子經》一卷，竺法護譯			○			
382		267 竺法護譯《佛說觀彌勒菩薩下生經》				○			
383		268 竺法護譯《大方等頂王經》一卷	52《頂王經》一卷，竺法護譯			○			
384		269 竺法護譯《諸佛要集經》二卷	23《要集經》二卷，竺法護譯						○
385		270 竺法護譯《持心梵天所問經》四卷	9《持心經》六卷，竺法護譯			○			
386		271 竺法護譯《普超三昧經》四卷	14《普超經》四卷，竺法護譯			○			
387		272 竺法護譯《三昧宏通廣顯定意經》四卷	18《阿耨達經》二卷，竺法護譯						○
388		273 竺法護譯《佛說海龍王經》四卷	13《海龍王經》四卷，竺法護譯			○			
389		274 竺法護譯《佛說無垢賢女經》				○			
390		275 竺法護譯《持人菩薩所問經》四卷	56《持人菩薩經》三卷，竺法護譯			○			
391		276 竺法護譯《佛說文殊師利現寶藏經》二卷	21《寶藏經》三卷，竺法護譯			○			
392		277 竺法護譯《順權方便經》二卷	66《順權方便經》二卷，竺法護譯			○			

393		278 竺法護譯《佛說大淨法門品經》一卷	29《大淨法門經》一卷，竺法護譯			○			
394		279 竺法護譯《梵女首意經》	40《首意女經》一卷，竺法護譯			○			
395		280 竺法護譯《佛說無極寶三昧經》二卷	95《無極寶經》一卷，竺法護譯			○			
396		281 竺法護譯《佛說魔逆經》一卷	32《魔逆經》一卷，竺法護譯						○
397		282 竺法護譯《須眞天子經》二卷	30《須眞天子經》，竺法護譯 162《須眞天子經》二卷，曇摩羅察口授						○
398		283 竺法護譯《普曜經》八卷	5《普耀經》八卷，竺法護譯			○			
399		284 竺法護譯《佛說太子沐魄經》	76《太子慕魄經》一卷，竺法護譯			○			
400		285 竺法護譯《佛說鹿母經》	129《鹿母經》一卷，竺法護譯			○			
401		286 竺法護譯《過去佛分衛經》	92《過去佛分衛經》一卷，竺法護譯			○			
402		287 竺法護譯《佛說賴吒和羅所問德光太子經》一卷	34《德光太子經》一卷，竺法護譯						○
403		288 竺法護譯《如來獨證自誓三昧經》	91《獨證自誓三昧經》一卷，竺法護譯			○			
404		289 竺法護譯《佛說見忉利天爲母說法經》三卷	24《佛昇忉利天品經》二卷，竺法護譯			○			
405		290 竺法護譯《佛說盂蘭盆經》				○			
406		291 竺法護譯《佛說月光童子經》	42《月明童子經》一卷，竺法護譯			○			

407		292 竺法護譯《佛說心明經》	81《心明女梵志婦飯汁施經》一卷，竺法護譯						○
408		293 竺法護譯《佛說龍施菩薩本起經》	125《龍施經》一卷，竺法護譯 137《龍施本起經》一卷，竺法護譯			○			
409		294 竺法護譯《佛說乳光佛經》	80《乳光經》一卷，竺法護譯			○			
410		295 竺法護譯《佛說菩薩行五十緣身經》	43《五十緣身行經》一卷，竺法護譯						○
411		296 竺法護譯《佛說決定總持經》	36《決定持經》一卷，竺法護譯 100《總持經》一卷，竺法護譯			○			
412		297 竺法護譯《佛說無所希望經》一卷	86《象步經》一卷，竺法護譯			○			
413		298 竺法護譯《佛說四輩經》				○			
414		299 竺法護譯《佛說四不可得經》	77《四不可得經》一卷，竺法護譯						○
415		300 竺法護譯《光讚般若波羅密經》十卷	2《光讚經》十卷，竺法護譯			○			
416		301 竺法護譯《正法華經》十卷	4《正法華經》十卷，竺法護譯			○			
417		302 竺法護譯《阿惟越致遮經》四卷	16《阿維越致經》四卷，竺法護譯			○			
418		303 竺法護譯《佛說方等般泥洹經》二卷	48《方等泥洹經》二卷，竺法護譯			○			
419		304 竺法護譯《等集衆德三昧經》三卷	25《等集衆德三昧經》三卷，竺法護譯			○			

420		305 竺法護譯《佛說央崛魔經》	83《〇掘摩經》一卷，竺法護譯			○			
421		306 竺法護譯《佛說央崛髻經》				○			
422		307 竺法護譯《佛說力士移山經》	54《移山經》一卷，竺法護譯			○			
423		308 竺法護譯《佛說四未曾有法經》				○			
424		309 竺法護譯《佛說離睡經》				○			
425		310 竺法護譯《佛說受歲經》				○			
426		311 竺法護譯《佛說樂想經》				○			
427		312 竺法護譯《佛說尊上經》				○			
428		313 竺法護譯《佛說應法經》				○			
429		314 竺法護譯《佛說聖法印經》	53《聖法印經》一卷，竺法護譯			○			
430		315 竺法護譯《佛說當來變經》	79《當來變經》一卷，竺法護譯			○			
431		316 竺法護譯《佛說槃後灌臘經》				○			
432		317 竺法護譯《佛說生經》五卷	12《生經》五卷，竺法護譯			○			
433		318 竺法護譯《五百弟子自說本起經》一卷	67《五百弟子本起經》一卷，竺法護譯			○			
434		319 竺法護譯《舍頭諫經》一卷	103《虎耳意經》一卷，竺法護譯						○
435		320 竺法護譯《佛說大迦葉本經》	59《迦葉集結經》一卷，竺法護譯 110《迦葉本經》一卷，竺法護譯						○

436		321 竺法護譯《琉璃王經》	62《琉璃王經》一卷，竺法護譯			○			
437		322 竺法護譯《佛說所欲致患經》	88《所欲致患經》一卷，竺法護譯			○			
438		323 竺法護譯《佛說四自侵經》	45《四自侵經》一卷，竺法護譯			○			
439		324 竺法護譯《佛說身觀經》				○			
440		325 竺法護譯《分別經》				○			
441		326 竺法護譯《佛說文殊師利淨律經》一卷	35《文殊師利淨律經》一卷，竺法護譯			○			
442		327 竺法護譯《佛說文殊悔過》一卷	55《文殊師利五體悔過經》一卷，竺法護譯			○			
443		328 竺法護譯《修行道地經》八卷	10《修行經》七卷，竺法護譯			○			
444		329 竺法護譯《法觀經》				○			
445		331 聶道眞譯《諸菩薩求佛本業經》				○			
446		332 聶道眞譯《無垢施菩薩應辯會第三十三》一卷							○
447		333 聶道眞譯《文殊師利般涅槃經》				○			
448		334 聶道眞譯《異出菩薩本起經》				○			
449		335 聶道眞譯《三曼陀颰陀羅菩薩經》	285《三曼陀跋陀羅菩薩經》一卷，聶道眞譯			○			
450		336 聶道眞譯《菩薩受戒經》							○

451		337 前涼優婆塞支施崙譯《佛說須賴經》一卷							○
452		338《佛說決定毗尼經》一卷	284《決定毗尼經》一卷			○			
453		339《太子和修經》				○			
454		340《佛說摩訶衍寶嚴經》一卷				○			
455		341《佛說大方廣十輪經》八卷				○			
456		342 北涼沙門釋法盛《菩薩投身飼餓虎起塔因緣經》				○			
457		343《佛說放鉢經》一卷				○			
458		344 釋祇多密譯《佛說菩薩十住經》	387《菩薩十住經》一卷，祇多蜜譯			○			
459		345 釋祇多密譯《寶如來三昧經》二卷				○			
460		346《度諸佛境界智光嚴經》一卷				○			
461		347《佛說方等泥洹經》二卷							○
462		348《佛說彌勒來時經》				○			
463		349《別譯雜阿含經》二十卷				○			
464		350《佛說師子月佛本生經》				○			
465		351《佛說滿願子經》				○			
466		352《大方廣如來祕藏經》二卷				○			
467		353《佛說金剛三昧本性清淨不壞不滅經》				○			
468		354《佛滅度後棺斂葬送經》				○			

469		355《大乘大悲芬陀利經》八卷				○			
470		356《菩薩本行經》三卷				○			
471		357 乞伏秦釋聖堅譯《佛說羅摩伽經》四卷				○			
472		358 乞伏秦釋聖堅譯《太子須大拏經》一卷	395《太子須大拏經》一卷，法堅譯			○			
473		359 乞伏秦釋聖堅譯《佛說睒子經》				○			
474		360 乞伏秦釋聖堅譯《佛說賢首經》				○			
475		361 乞伏秦釋聖堅譯《演道俗業經》	396《演道俗業經》一卷，法堅譯			○			
476		362 乞伏秦釋聖堅譯《佛說灌洗佛經》				○			
477		363 乞伏秦釋聖堅譯《佛說無崖際總持法門經》一卷				○			
478		364 乞伏秦釋聖堅譯《阿難分別經》							○
479		365 乞伏秦釋聖堅譯《佛說婦人遇辜經》				○			
480		366 乞伏秦釋聖堅譯《除恐災患經》一卷				○			
481		367《菩薩睒子經》				○			
482		368《佛說長壽王經》				○			
483		369 安息沙門安法領譯《道神足無極變化經》四卷				○			

484		370 安息沙門安法領譯《阿育王傳》五卷				○			
485		371《佛說報恩奉盆經》				○			
486		372 西域沙門竺曇無蘭《採華違王上佛授決經》				○			
487		373 西域沙門竺曇無蘭《佛說陀鄰尼鉢經》				○			
488		374 西域沙門竺曇無蘭《幻師颰陀神呪經》				○			
489		375 西域沙門竺曇無蘭《佛說摩尼羅亶經》				○			
490		376 西域沙門竺曇無蘭《佛說檀持羅麻油述經》				○			
491		377 西域沙門竺曇無蘭《佛說呪時氣病經》				○			
492		378 西域沙門竺曇無蘭《佛說呪齒經》				○			
493		379 西域沙門竺曇無蘭《佛說呪目經》				○			
494		380 西域沙門竺曇無蘭《佛說呪小兒經》				○			
495		381 西域沙門竺曇無蘭《佛說四泥犁經》				○			
496		382 西域沙門竺曇無蘭《玉耶經》				○			
497		383 西域沙門竺曇無蘭《佛說國王不黎先尼十夢經》				○			
498		384 西域沙門竺曇無蘭《佛說鐵城泥犁經》				○			

499		385 西域沙門竺曇無蘭《佛說阿耨颰經》				○			
500		386 西域沙門竺曇無蘭《佛說梵志頞波羅延問種尊經》				○			
501		387 西域沙門竺曇無蘭《佛說泥犁經》				○			
502		388 西域沙門竺曇無蘭《佛說寂志梁經》一卷	417《寂志果經》一卷，竺曇無蘭譯			○			
503		389 西域沙門竺曇無蘭《佛說水沫所漂經》				○			
504		390 西域沙門竺曇無蘭《佛說戒德香經》				○			
505		391 西域沙門竺曇無蘭《佛說阿鵰阿那含經》				○			
506		392 西域沙門竺曇無蘭《佛說自愛經》				○			
507		393 西域沙門竺曇無蘭《佛說大魚事經》				○			
508		394 西域沙門竺曇無蘭《佛說中心經》				○			
509		395 西域沙門竺曇無蘭《佛說新歲經》				○			
510		396 西域沙門竺曇無蘭《佛說比丘聽施經》				○			
511		397 西域沙門竺曇無蘭《佛說見正經》				○			
512		398 西域沙門竺曇無蘭《佛說阿難七夢經》				○			
513		399 西域沙門竺曇無蘭《佛說五苦章句經》				○			

514		400 西域沙門竺曇無蘭《伽葉赴佛般涅槃經》				○			
515		401 釋法炬譯《佛說優塡王經》				○			
516		402 釋法炬譯《佛說前世三轉經》				○			
517		403 釋法炬譯《佛說阿闍世王受決經》				○			
518		404 釋法炬譯《佛說灌佛經》				○			
519		405 釋法炬譯《佛說波斯匿王太后崩塵土坌身經》				○			
520		406 釋法炬譯《頻婆娑羅王詣佛供養經》				○			
521		407 釋法炬譯《佛說恆水經》				○			
522		408 釋法炬譯《佛說頂生王故事經》				○			
523		409 釋法炬譯《佛說求欲經》				○			
524		410 釋法炬譯《佛說苦陰因事經》				○			
525		411 釋法炬譯《佛說瞻婆比丘經》				○			
526		412 釋法炬譯《佛說伏婬經》				○			
527		413 釋法炬譯《佛說數經》				○			
528		414 釋法炬譯《佛說樓炭經》六卷	169《樓炭經》六卷，法炬譯			○			
529		415 釋法炬譯《難提釋經》				○			
530		416 釋法炬譯《佛說相應相可經》				○			

531		417 釋法炬譯《慢法經》							○
532		418 釋法炬譯《佛說羅云忍辱經》				○			
533		419 釋法炬譯《阿闍世王問五逆經》				○			
534		420 釋法炬譯《佛說法海經》				○			
535		421 釋法炬譯《佛說沙曷比丘功德經》				○			
536		422 釋法炬譯《比丘避女惡名欲自殺經》				○			
537		423 釋法炬譯《佛說羣牛譬經》				○			
538		424 釋法炬譯《佛為年少比丘說止事經》				○			
539		425 釋法炬譯《諸德福田經》	172《福田經》一卷，法炬、法立譯						○
540		426 釋法炬譯《法句譬喻經》四卷	171《法句本末經》四卷，法炬、法立譯			○			
541		427 西域沙門迦留《十二遊經》	193《十二遊經》一卷，迦留陀伽譯 358《十二遊經》一卷，彊梁婁譯			○			
542		429《佛說梵志計水淨經》				○			
543		430《佛說古來世時經》				○			
544		431《佛本緣本致經》				○			
545		432《佛說鹹水喻經》				○			
546		433 支法度譯《佛說逝童子經》	368《逝童子經》一卷，支法度出			○			

547		434 支法度譯《佛說善生子經》	369《善生子經》一卷，支法度出			○			
548		435《佛說稻稈經》				○			
549		436《佛說造立形像福報經》				○			
550		437《佛說法常住經》				○			
551		438 北涼沙門釋法衆《大方等陀羅尼經》四卷	283《方等檀持陀羅尼經》四卷，釋法衆譯						○
552		439《師子奮迅菩薩所問經》				○			
553		440《佛說華聚陀羅尼呪經》				○			
554		441《善法方便陀羅尼經》				○			
555		442《金剛祕密善門陀羅經》				○			
556		443《六字呪王經》				○			
557		444 竺難提譯《請觀世音菩薩消伏毒害陀羅尼經》一卷				○			
558		445《佛說箭喻經》				○			
559		446《佛說辟除賊害呪經》				○			
560		447 無羅叉譯《放光般若波羅密多經》三十卷				○			
561		448 苻秦沙門曇摩蜱譯《摩訶般若波羅密鈔經》五卷	185《摩訶鉢羅若波羅蜜經抄》五卷，曇摩蜱執、竺佛念譯			○			
562		449《三歸五戒慈心厭離功德經》				○			

563		450《佛說兜調經》				○			
564		451《舍衛國王夢見十事經》				○			
565		452《玉耶女經》				○			
566		453《食施獲五福報經》	105《五福施經》一卷，竺法護譯			○			
567		454《薩曇芬陀利經》半卷				○			
568		455《金剛三昧經》二卷				○			
569		456 北涼沙門釋道泰譯《入大乘論》二卷							○
570		457 北涼沙門釋道泰譯《大丈夫論》二卷							○
571		458 沙門若羅嚴譯《佛說時非時經》				○			
572		459 姚秦沙門竺法念譯《十住斷結經》十四卷	198《十住斷結經》十一卷，竺佛念譯			○			
573		460 姚秦沙門竺法念譯《菩薩瓔珞經》二十卷	197《菩薩瓔珞經》十二卷，竺佛念譯			○			
574		461 姚秦沙門竺法念譯《菩薩處胎經》五卷	199《菩薩處胎經》五卷，竺佛念譯			○			
575		462 姚秦沙門竺法念譯《中陰經》二卷	200《中陰經》二卷，竺佛念譯			○			
576		463 姚秦沙門竺法念譯《菩薩瓔珞本業經》二卷				○			
577		464 姚秦沙門竺法念譯《戒因緣經》十卷				○			
578		465 姚秦沙門竺法念譯《出曜經》二十卷	196《出曜經》十九卷，竺佛念譯			○			

579		466《摩鄧女解形中六事經》				○			
580		467《餓鬼報應經》				○			
581		468《佛說出家功德經》				○			
582		469《佛說梵摩難國王經》				○			
583		470《佛說普達王經》				○			
584		471《佛說五王經》				○			
585		472《佛說無上處經》				○			
586		473《盧至長者因緣經》一卷				○			
587		474《佛說鬼母子經》				○			
588		475《佛說得道梯隥錫杖經》				○			
589		476《佛說頞多和多耆經》				○			
590		477《佛說佛治身經》				○			
591		478《佛說治意經》				○			
592		479《佛說木槵經》				○			
593		480《佛說護淨經》				○			
594		481《佛說因緣僧護經》一卷				○			
595		482《薩婆多毗尼毗婆沙》八卷，《續》一卷				○			
596		483《毗尼母經》八卷				○			
597		484《舍利弗問經》				○			
598		485《沙彌十戒法并威儀》一卷				○			

599		486《佛說大愛道比丘尼經》二卷				○			
600		487《佛說目連問戒律中五百輕重事經》一卷				○			
601		488《三彌底部論》三卷							○
602		489《辟支佛因緣論》一卷							○
603		490《三慧經》				○			
604		491《佛使比丘迦旃延說法沒盡偈》				○			
605		492《三藏》							○
606		493《雜藏傳》							○
607		494《那先比丘經》三卷				○			
608		495《阿育王譬喻經》				○			
609		496《無明羅刹經》一卷				○			
610			15《維摩詰經》一卷，竺法護譯						○
611			19《首楞嚴經》二卷，竺法護譯						○
612			20《無量壽經》二卷，竺法護譯						○
613			33《濟諸方等經》一卷，竺法護譯			○			
614			39《般舟三昧經》二卷，竺法護譯						○
615			41《十二因緣經》一卷，竺法護譯						○
616			44《六十二見經》一卷，竺法護譯						○
617			47《隨權女經》一卷，竺法護譯						○

618			51《温室經》一卷，竺法護譯						○
619			58《無思議孩童經》一卷，竺法護譯						○
620			60《彌勒成佛經》一卷，竺法護譯						○
621			61《舍利佛目連游諸國經》一卷，竺法護譯						○
622			63《奈女耆域經》一卷，竺法護譯			○			
623			64《寶施女經》一卷，竺法護譯						○
624			68《佛爲菩薩五夢經》一卷，竺法護譯						○
625			72《舍利弗本願經》一卷，竺法護譯						○
626			74《十地經》一卷，竺法護譯						○
627			75《摩目犍連本經》一卷，竺法護譯						○
628			78《菩薩悔過經》一卷，竺法護譯						○
629			82《大六向拜經》一卷，竺法護譯						○
630			85《摩調王經》一卷，竺法護譯						○
631			87《照明三昧經》一卷，竺法護譯						○
632			89《法沒盡經》一卷，竺法護譯						○

633			90《菩薩齋法》一卷，竺法護譯 160《菩薩齋法經》一卷，竺法護譯						○
634			93《五蓋疑結失行經》一卷，竺法護譯						○
635			98《閑居經》｜卷，竺法護譯						○
636			99《更出小品經》七卷，竺法護譯						○
637			101《超日明經》一卷，竺法護譯						○
638			102《刪維摩詰經》一卷，竺法護譯						○
639			104《無憂施經》一卷，竺法護譯						○
640			106《樓炭經》五卷，竺法護譯						○
641			107《勇伏定經》二卷，竺法護譯						○
642			108《嚴淨定經》一卷，竺法護譯						○
643			109《慧明經》一卷，竺法護譯						○
644			111《光世音大勢至受決經》一卷，竺法護譯						○
645			112《諸佛方經》一卷，竺法護譯						○
646			113《目連上淨諸天經》一卷，竺法護譯						○

647			114《普首童經》一卷，竺法護譯						○
648			115《十方佛名經》一卷，竺法護譯						○
649			116《三品修行經》一卷，竺法護譯						○
650			117《金益長者子經》一卷，竺法護譯						○
651			118《衆祐經》一卷，竺法護譯						○
652			119《觀行不移四事經》一卷，竺法護譯						○
653			120《小法沒盡經》一卷，竺法護譯						○
654			121《四婦喻經》一卷，竺法護譯						○
655			122《廬夷亘經》一卷，竺法護譯						○
656			123《諸神咒經》一卷，竺法護譯						○
657			124《廅羅王經》一卷，竺法護譯						○
658			126《檀若經》一卷，竺法護譯						○
659			127《馬王經》一卷，竺法護譯						○
660			128《普義經》一卷，竺法護譯						○
661			130《給孤獨明德經》一卷，竺法護譯						○

662			131《龍王兄弟陀〇誠王經》一卷，竺法護譯						○
663			132《勸化王經》一卷，竺法護譯						○
664			133《百佛名經》一卷，竺法護譯						○
665			134《更出阿闍世王經》二卷，竺法護譯						○
666			135《植衆德本經》一卷，竺法護譯						○
667			136《沙門果證經》一卷，竺法護譯						○
668			138《佛悔過經》一卷，竺法護譯						○
669			139《三轉月明經》一卷，竺法護譯						○
670			140《解無常經》一卷，竺法護譯						○
671			141《胎藏經》一卷，竺法護譯						○
672			142《離垢蓋經》一卷，竺法護譯						○
673			143《小郁迦經》一卷，竺法護譯						○
674			145《賈客經》二卷，竺法護譯						○
675			146《人所從來經》一卷，竺法護譯						○

676			147《誡羅云經》一卷，竺法護譯							○
677			148《雁王經》一卷，竺法護譯							○
678			149《十等藏經》一卷，竺法護譯							○
679			150《雁王五百雁俱經》一卷，竺法護譯							○
680			151《誡具經》一卷，竺法護譯							○
681			152《決道俗經》一卷，竺法護譯							○
682			153《猛施經》一卷，竺法護譯							○
683			154《城喻經》一卷，竺法護譯							○
684			156《譬喻三百首經》二十五卷，竺法護譯							○
685			157《比邱尼誡經》一卷，竺法護譯							○
686			158《誡王經》一卷，竺法護譯							○
687			159《三品悔過經》一卷，竺法護譯							○
688			163 梁慧皎《高僧傳》□卷			○				
689			164《異維摩詰經》二卷，竺叔蘭譯							○
690			165《首楞嚴經》三卷，竺叔蘭譯							○

691			166《惟逮菩薩經》一卷，帛法祖譯						○
692			170《大方等如來藏經》一卷，法炬譯						○
693			174《合維摩詰經》五卷，支敏度所集						○
694			175《合首楞嚴經》八卷，支敏度所集						○
695			179《阿○佛制諸菩薩學成品經》二卷，支道根出						○
696			180《方等法華經》五卷，支道根出						○
697			182《十誦比邱戒本》一卷，曇摩持、竺佛念譯						○
698			183《教授比邱二歲壇文》一卷，曇摩持、竺佛念譯						○
699			184《比邱尼大戒》一卷，竺佛念、曇摩持、慧常譯						○
700			192《益意經》三卷，康道和譯						○
701			195《中阿含經》五十九卷，曇摩難提口誦、竺佛念譯						○
702			201《王子法益壞目因緣經》一卷，竺佛念譯						○
703			205《鞞婆沙阿毗曇論》十四卷，僧伽提婆譯						○

704			207《教授比邱尼法》一卷，僧伽提婆譯						○
705			213《衆律要用》二卷，曇摩譯						○
706			214《新賢劫經》七卷，鳩摩羅什譯						○
707			215《華首經》十卷，鳩摩羅什譯						○
708			224《稱揚諸佛功德經》三卷，鳩摩羅什譯						○
709			232《十二因緣觀經》一卷，鳩摩羅什譯						○
710			246《薩羅國王經》一卷，羅什譯			○			
711			254《方等王虛空藏經》五卷，曇摩讖譯						○
712			256《悲華經》十卷，曇摩讖譯			○			
713			258《海龍王經》四卷，曇摩讖譯						○
714			261《菩薩戒經》八卷，曇摩讖譯						○
715			262《菩薩戒優婆塞戒壇文》一卷，曇摩讖譯						○
716			263《阿毗曇毗婆沙論》六十卷，釋道泰、浮陀跋摩譯			○			
717			264《寶梁經》二卷，釋道龔出						○

718			266《法業華嚴旨歸》二卷，佛馱跋陀羅譯						○
719			270《菩薩十住經》一卷，佛馱跋陀羅譯						○
720			272《新微密持經》一卷，佛馱跋陀羅譯						○
721			273《本業經》一卷，佛馱跋陀羅譯						○
722			274《淨六波羅密經》一卷，佛馱跋陀羅譯						○
723			282《佛游天竺記》一卷，釋法顯、佛馱跋陀羅譯			○			
724			286《菩薩受齋經》一卷，聶道眞譯			○			
725			288 王延秀《感應傳》八卷						○
726			291 僧洪肇《肇論》四卷			○			
727			296《高逸沙門傳》一卷，釋法濟撰						○
728			303《立命論》九篇一卷，釋曇微撰						○
729			320 帛法猷《三契經》						○
730			328 孫綽《道賢論》						○
731			329 孫綽《喻道論》						○
732			330 孫綽《名德沙門論》						○
733			331 孫綽《正像論》						○

734			337 孫綽《高逸沙門傳》						○
735			359《文殊師利現寶藏經》二卷，安法欽譯						○
736			360《阿闍世王經》二卷，安法欽譯						○
737			361《阿難目佉經》一卷，安法欽譯						○
738			362《大阿育王經》五卷，安法欽譯			○			
739			363《道神足無極變化經》二卷，安法欽譯			○			
740			364《迦葉詰阿難經》一卷						○
741			366《文殊師利現寶藏經》二卷，支法度出						○
742			367《十善十惡經》一卷，支法度出						○
743			370《瓔珞經》十二卷，祇多蜜譯						○
744			371《維摩詰經》四卷，祇多蜜譯						○
745			372《禪經》四卷，祇多蜜譯						○
746			373《大智度經》四卷，祇多蜜譯						○
747			374《如幻三昧經》二卷，祇多蜜譯						○
748			375《阿術達經》一卷，祇多蜜譯						○
749			376《無所希望經》一卷，祇多蜜譯						○

750			377《普賢觀經》一卷，祇多蜜譯						○
751			378《無極寶三昧經》一卷，祇多蜜譯						○
752			379《五蓋疑結失行經》一卷，祇多蜜譯						○
753			380《所欲致患經》一卷，祇多蜜譯						○
754			381《如來獨證自誓三昧經》一卷，祇多蜜譯						○
755			382《法沒盡經》一卷，祇多蜜譯						○
756			383《菩薩正齋經》一卷，祇多蜜譯						○
757			384《照明三昧經》一卷，祇多蜜譯						○
758			385《分衛經》一卷，祇多蜜譯						○
759			386《威革長者六向拜經》一卷，祇多蜜譯						○
760			388《摩調王經》一卷，祇多蜜譯						○
761			389《指鬘經》一卷，祇多蜜譯						○
762			390《浮光經》一卷，祇多蜜經						○
763			391《彌勒所問本願經》一卷，祇多蜜譯						○

764			392《十地經》一卷，祇多蜜譯						○
765			393《寶女施經》一卷，祇多蜜譯						○
766			394《普門品經》一卷，祇多蜜譯						○
767			397《過去因果經》四卷，佛馱跋陀羅譯						○
768			400《無量壽至眞等正覺經》一卷，竺法力譯						○
769			401《迦葉結集戒經》一卷，釋嵩公出						○
770			402《○沙王五願經》一卷，釋嵩公出						○
771			403《日難經》一卷，釋嵩公出						○
772			404《迦葉禁戒經》一卷，釋退公出						○
773			405《佛開解梵志阿颰經》一卷，釋法勇出						○
774			418 王喬之《等念佛三昧詩》						○